RÉUSSIR
LE PERMIS DE CHASSER

Éditions du Gerfaut
6-8, rue du docteur Maunoury
28000 Chartres
www.editionsdugerfaut.com

Couverture : Claire Mieyeville pour Lunedit
Mise à jour 2023 : lunedit.com

Dépôt légal : septembre 2022
ISBN : 978-2-35191-278-2

Les éditions du Gerfaut bénéficient du soutien de la Région Centre-Val de Loire, de l'État (DRAC Centre-Val de Loire) et de Ciclic Centre-Val de Loire.

Imprimé en Espagne.

François-Xavier Allonneau

RÉUSSIR LE PERMIS DE CHASSER

GERFAUT

LA RÉACTUALISATION DE CE MANUEL TIENT COMPTE NOTAMMENT :

• de la loi chasse du 24 juillet 2019 (n° 2019-773, portant création de l'Office français de la biodiversité, modifiant les missions des fédérations des chasseurs et renforçant la police de l'environnement) ;
• du décret du 29 janvier 2020 (n°2020-59, relatif à la période de chasse du sanglier en France métropolitaine) ;
• du décret du 5 février 2020 (n°2020-87, relatif à l'autorisation de chasser accompagné et aux procédures de rétention et suspension administratives du permis de chasser et de l'autorisation de chasser accompagné) ;
• de l'arrêté du 25 juin 2020 fixant le contenu de la formation à la sécurité à la chasse des accompagnateurs des titulaires d'une autorisation de chasser ;
• de l'arrêté du 5 octobre 2020 relatif à la sécurité en matière d'activité cynégétique.

L'AUTEUR

François-Xavier Allonneau

Rédacteur en chef de *Connaissance de la Chasse* ; ancien rédacteur en chef et fondateur de *Billebaude* ; ancien rédacteur en chef de *Chiens de Chasse* ; auteur de *La Cuisine du gibier*, photos Serge Simon (Sud-Ouest) et de *Je dresse et j'éduque mon chien*, Prix de la Société centrale canine 2018, avec Max Carli, photos Serge Simon (Sud-Ouest) ; coordinateur de *Le cerf et sa vénerie à travers les âges* de Fernand du Boisrouvray (Montbel) et de *Taïaut ! Mémoires et album d'un suiveur* de Christiane Convert Desprez (Montbel).

IN MEMORIAM

Fernand du Boisrouvray (1934-1996)

Auteur et créateur de *Réussir le permis de chasser* en 1980 (Pierre Bordas et Fils puis Gerfaut) ; rédacteur en chef de *Plaisirs de la Chasse* ; chroniqueur cynégétique du *Figaro ;* collaborateur de *La Revue nationale de la chasse*, *Connaissance de la Chasse*, *Le Chasseur français* ; auteur, co-auteur et traducteur d'une vingtaine de livres dont *La Forêt au fil de l'homme* (Crépin-Leblond) et *Le cerf et sa vénerie à travers les âges* (Montbel) ; personnalité de l'année au titre de la chasse et de la protection de la nature (1985) ; la promotion 2017 du Brevet Grand Gibier organisé par l'Anccg porte son nom. ; un site lui est dédié sur : pastichesdumas.com/boisrouvray/ ; nous pourrons lire également la page Wikipédia bien documentée : Fernand de Jacquelot du Boisrouvray

OFB
OFFICE FRANÇAIS DE LA BIODIVERSITÉ

L'auteur remercie vivement pour leur coopération : David Gaillardon, conseiller chasse du directeur général de l'OFB ; David François, chargé de missions Usages et ruralité à la Direction de la police et du permis de chasser de l'OFB ; Fabien Chaudré, chef du Service du permis de chasser à la Direction de la police et du permis de chasser de l'OFB.

SOMMAIRE

1

TOUTES LES QUESTIONS ET LES RÉPONSES OFFICIELLES DE L'EXAMEN DU PERMIS DE CHASSER

1 LA SÉCURITÉ ET L'ARMEMENT

Attention, de nombreuses questions liées à ces thèmes sont éliminatoires lors de l'examen du permis de chasser. Elles figurent en couleur (voir question n° 2). Les réponses correspondant à des questions **éliminatoires** figurent aussi en couleur (voir question n° 2 ci-après p. 21).

A QUESTIONS

1. J'ai mis le cran de sûreté. En cas de choc, les percuteurs

❏ a : pourraient fonctionner
❏ b : ne pourraient pas fonctionner

2. Debout dans une barque, un chasseur en action de chasse respecte-t-il les règles de sécurité ?

❏ a : oui
❏ b : non

3. Posté dans une battue, je blesse un sanglier,

❏ a : je ne quitte pas mon poste avant la fin de la traque
❏ b : je quitte mon poste pour aller l'achever
❏ c : je quitte mon poste après avoir prévenu mes voisins

4. Pour franchir un fossé,

❏ a : je mets le cran de sûreté
❏ b : j'ouvre mon fusil
❏ c : je décharge mon fusil

5. Avant de monter sur ce tas de branchages,

❏ a : je mets le cran de sûreté
❏ b : j'ouvre mon fusil
❏ c : je décharge mon fusil

6. Puis-je tirer sans risque de ricochets ?

❏ a : oui
❏ b : non

7. La portée limite dangereuse d'un plomb n° 5 diamètre 3 mm est de

❏ a : 100 mètres
❏ b : plus de 200 mètres

8. La portée utile d'une balle tirée dans un canon lisse est-elle supérieure à celle d'une balle tirée dans un canon rayé ?

❏ a : oui
❏ b : non

9. Pour fermer mon fusil,

❏ a : je relève les canons
❏ b : je relève la crosse

10. En attente, prêt à épauler, puis-je avoir le doigt sur la détente ?

❏ a : oui (comme en A)
❏ b : non (comme en B)

11. La balle d'une arme à canon rayé peut-elle encore blesser quelqu'un au-delà de 1 000 mètres ?

❏ a : oui
❏ b : non

12. Assis dans une barque, chasseur et rameur doivent être

❏ a : dos à dos
❏ b : tournés dans la même direction

13. Si je glisse par erreur une cartouche de 20 dans mon fusil calibre 12, est-ce dangereux ?

❏ a : oui
❏ b : non

14. Pour chasser le faisan, il est préférable de charger mon fusil avec des cartouches à plombs

❏ a : n° 3
❏ b : n° 6
❏ c : n° 9

15. Pour chasser la grive, il est préférable de charger mon fusil avec des cartouches à plombs

❑ a : n° 3
❑ b : n° 6
❑ c : n° 9

16. Pour ne pas blesser inutilement un lièvre, je ne tire pas au-delà d'une distance de

❑ a : 30 mètres
❑ b : 50 mètres
❑ c : 70 mètres

17. Dans mon fusil calibre 12, chambré à 70 mm, puis-je tirer sans danger n'importe quelle cartouche de calibre 12 ?

❑ a : oui
❑ b : non

18. Dans mon fusil calibre 12, chambré à 65 mm, puis-je tirer sans danger n'importe quelle cartouche de calibre 12 ?

❑ a : oui
❑ b : non

19. Le plomb n° 4 va-t-il plus loin que le plomb n° 8 ?

❑ a : oui
❑ b : non

20. Le choke a pour effet

❑ a : de resserrer la gerbe de plombs
❑ b : d'élargir la gerbe de plombs

21. Un fusil calibre 12 tire-t-il des cartouches plus grosses qu'un fusil calibre 20 ?

❑ a : oui
❑ b : non

22. Le chiffre 7 du calibre 7 x 64 est une indication relative

❑ a : au diamètre de la balle
❑ b : au poids de la balle
❑ c : à la longueur de la balle

23. Une de ces deux balles est interdite à la chasse,

❑ a : la balle blindée
❑ b : la balle expansive

24. La cartouche magnum à plombs est expressément réservée à

❑ a : une chambre de 65 mm
❑ b : une chambre de 70 mm
❑ c : une chambre de 76 mm

25. Mon fusil et ma carabine peuvent-ils tirer des balles ?

❑ a : oui
❑ b : non

26. Les rayures d'un canon rayé pour le tir à balle servent à

❑ a : accroître la précision de tir
❑ b : réduire le recul de l'arme

27. Sur la base d'une cartouche à balle se trouve l'inscription 270. Il s'agit

❑ a : du poids de la charge de poudre
❑ b : d'une indication relative au diamètre de la balle

28. Pour franchir une clôture,

❑ a : je mets le cran de sûreté
❑ b : j'ouvre mon fusil
❑ c : je décharge mon fusil

29. Avant de monter sur un tas de branchages,

❑ a : je ne suis pas obligé de décharger mon fusil
❑ b : je dois décharger mon fusil

30. Croisant une autre personne,

❑ a : seul le chasseur A tient correctement son fusil
❑ b : seul le chasseur B tient correctement son fusil

31. En battant un buisson avec son fusil chargé, un chasseur respecte-t-il les règles de sécurité ?

❑ a : oui
❑ b : non

32. De ces trois numéros de plombs, lequel correspond au plus gros diamètre ?

❑ a : n° 3
❑ b : n° 6
❑ c : n° 9

33. Un fusil de type mixte comporte

❑ a : deux canons rayés
❑ b : un canon lisse et un canon rayé

34. Un fusil de type express comporte

❑ a : deux canons rayés
❑ b : un canon lisse et un canon rayé

35. Dans une battue de grand gibier, posté au fond d'un fossé,

❑ a : je suis bien placé car peu visible du gibier qui approche
❑ b : je constitue un danger car mon tir ne sera pas fichant

36. En battue, il faut commencer à mettre en joue le gibier

❑ a : dès qu'on le voit
❑ b : dès qu'il est à portée de tir
❑ c : dès qu'il dépasse un angle de 30° par rapport à mon voisin de poste

37. Pour matérialiser un angle de 30° vers ma droite, j'effectue

❑ a : 5 pas à droite et 3 pas perpendiculairement
❑ b : 6 pas à droite et 2 pas perpendiculairement
❑ c : 3 pas à droite et 2 pas perpendiculairement

38. Au signal de fin de battue, je commence par

❑ a : décharger mon arme
❑ b : aider mes voisins à ramasser leur gibier
❑ c : vérifier mes impacts de balle lorsque j'ai tiré

39. Ce chasseur commet-il une imprudence ?

❑ a : oui
❑ b : non

40. Je peux être posté sur le bas-côté d'une route

❑ a : si je ne tire pas dans sa direction ni au-dessus
❑ b : si je tire avec une arme à canons lisses
❑ c : en aucun cas

41. Après avoir chuté avec mon arme, il est indispensable de vérifier prioritairement

❑ a : la ligne de visée
❑ b : la propreté de la crosse
❑ c : l'intérieur des canons

42. Une balle tirée dans un fusil à canons lisses peut-elle être encore dangereuse à 1 000 mètres ?

❑ a : oui
❑ b : non

43. Avec des cartouches identiques tirées à une même distance, la gerbe de plombs la plus large sera obtenue par

❑ a : un canon plein choke
❑ b : un canon demi-choke
❑ c : un canon quart de choke

44. Avec des cartouches identiques tirées à une même distance, la gerbe de plombs la plus serrée sera obtenue par

❑ a : un canon plein choke
❑ b : un canon demi-choke
❑ c : un canon lisse amélioré

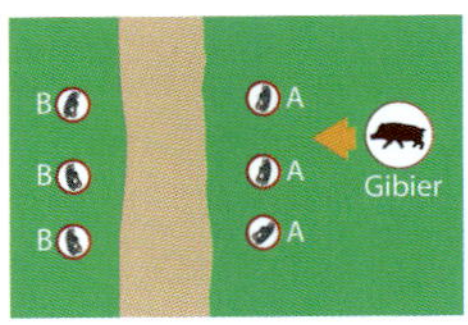

45. Vous êtes posté dans une battue de grand gibier. Le gibier et les rabatteurs arrivent face à la ligne des chasseurs. Tous les chasseurs se placent

❑ a : comme le chasseur A
❑ b : comme le chasseur B

46. Dans cette situation, tirer cet oiseau est

- ❏ a : dangereux
- ❏ b : pas dangereux

47. Ce tracteur est à 150 mètres, j'ai du plomb n° 5,

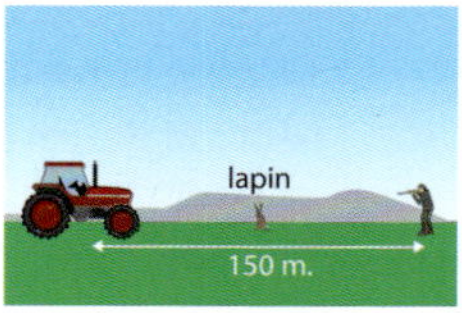

- ❏ a : je tire
- ❏ b : je ne tire pas

48. Un faisan passe au-dessus de la ligne des tireurs,

- ❏ a : je tire tout de suite
- ❏ b : je suis mon gibier et je tirerai derrière la ligne
- ❏ c : je désépaule et réépaulerai derrière la ligne

49. Dans ces conditions,

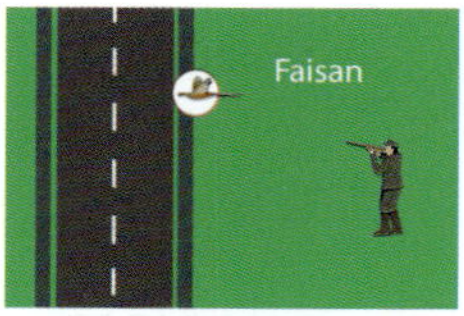

- ❏ a : je tire, car le faisan vient de mon territoire
- ❏ b : je tire, car il n'y a personne sur la route
- ❏ c : je ne tire pas

50. Je peux être posté sur le bas-côté d'une route

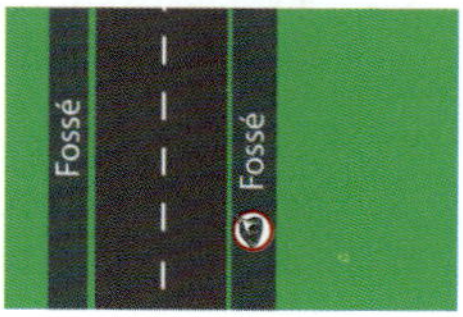

- ❏ a : si je ne tire pas dans sa direction ni au-dessus
- ❏ b : si je tire avec une arme à canons lisses
- ❏ c : en aucun cas

51. Dans ces conditions,

- ❏ a : je tire
- ❏ b : je ne tire pas

52. Dans ces conditions,

- ❏ a : je tire
- ❏ b : je ne tire pas

53. Une personne souffrant d'un handicap moteur peut-elle tirer à partir de son véhicule dont le moteur est arrêté ?

❏ a : oui
❏ b : non

54. Lors d'une battue au grand gibier, le port d'un vêtement ou d'un accessoire fluorescent est une mesure

❏ a : très utile pour la sécurité des traqueurs et des postés
❏ b : qui fait fuir le gibier
❏ c : qui ne présente aucun intérêt

55. Courir avec une arme chargée est-il dangereux ?

❏ a : oui
❏ b : non

56. Une arme fermée est considérée

❏ a : comme sans danger lorsque la sûreté est mise
❏ b : comme dangereuse quelles que soient les circonstances
❏ c : comme sans danger lorsque ses canons sont orientés vers le sol

57. Le chargement d'un fusil semi-automatique se fait

❏ a : comme en A
❏ b : comme en B

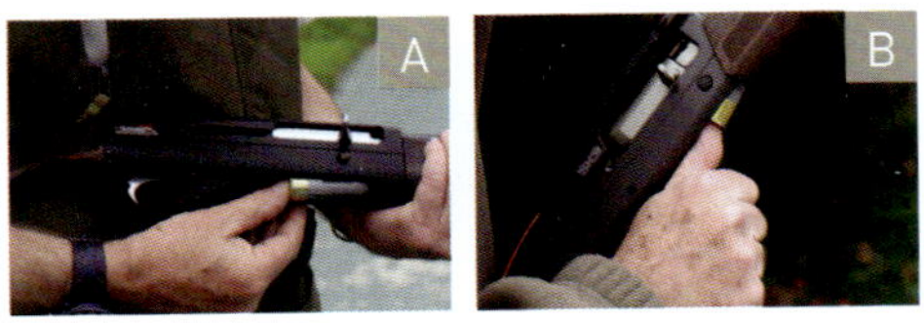

58. La meilleure sécurité pour une arme à rechargement semi-automatique est

❏ a : le cran de sécurité enclenché
❏ b : la culasse ouverte, sans cartouche dans le magasin

59. Pour tirer un gibier,

- ❏ a : je dois me lever de ma canne-siège (A)
- ❏ b : je peux rester assis sur ma canne-siège (B)

60. Pour chasser devant soi avec une arme équipée d'une bretelle, il est conseillé

- ❏ a : d'enlever la bretelle de son arme avant de la charger (comme en A)
- ❏ b : de porter son arme chargée à l'épaule (comme en B)

61. Avant de ranger mon arme dans son étui long,

- ❏ a : je m'assure qu'elle est déchargée et non approvisionnée
- ❏ b : je fais simplement pression sur les queues de détente pour dégager les percuteurs

62. Une fois l'action de chasse terminée, mon arme

- ❏ a : peut être déchargée
- ❏ b : doit être déchargée

63. Une fois l'action de chasse terminée, mon arme

- ❏ a : doit être ouverte
- ❏ b : peut rester fermée

64. En action de chasse, je tiens toujours mon arme avec les canons dirigés

- ❏ a : soit vers le ciel, soit vers le sol
- ❏ b : soit vers le ciel, soit à hauteur du regard (d'une personne)

65. Pour enlever une épine qui s'est glissée dans ma botte, je pose mon fusil

- ❏ a : sans le décharger
- ❏ b : après l'avoir déchargé

66. Un lapin se faufile droit dans une haie,

❑ a : je tire car je sais qu'il n'y a personne de l'autre côté de la haie
❑ b : je ne tire pas

67. Pour traverser une route,

❑ a : j'ouvre mon fusil
❑ b : je décharge mon fusil

68. Avant de mettre mon chien en laisse,

❑ a : j'ouvre mon fusil
❑ b : je décharge mon fusil

69. Ce chasseur tient son arme de façon dangereuse,

❑ a : je lui demande de tenir son arme correctement
❑ b : je me tais car ce n'est pas mon affaire

70. Dans cette situation,

❑ a : seul le chasseur A tient correctement son fusil
❑ b : seul le chasseur B tient correctement son fusil
❑ c : les chasseurs A et B tiennent correctement leur fusil

71. Dans cette situation,

❑ a : seul le chasseur A tient correctement son fusil
❑ b : seul le chasseur B tient correctement son fusil
❑ c : les chasseurs A et B tiennent correctement leur fusil

72. Dans cette situation,

❑ a : seul le chasseur A tient correctement son fusil
❑ b : seul le chasseur B tient correctement son fusil
❑ c : les chasseurs A et B tiennent correctement leur fusil

73. La distance au-delà de laquelle on ne doit pas tirer un gibier sans risquer de le blesser est de

❑ a : 30 mètres
❑ b : 50 mètres

74. La portée maximale d'une balle tirée avec une arme à canon rayé de calibre 7 x 64 peut atteindre

❑ a : 500 mètres
❑ b : 1 000 mètres
❑ c : plus de 2 000 mètres

75. La chasse à l'arc est-elle autorisée aux titulaires du permis de chasser pouvant justifier de leur participation à un stage de formation ?

❑ a : oui
❑ b : non

76. La chasse à l'arbalète est-elle autorisée aux chasseurs pouvant justifier de leur participation à un stage de formation ?

❑ a : oui
❑ b : non

77. Le stecher d'une carabine est un mécanisme qui permet de rendre le départ du coup extrêmement sensible lorsqu'on touche la queue de détente. Son utilisation est-elle dangereuse en battue ?

❑ a : oui
❑ b : non

B RÉPONSES

1. a Le cran de sûreté (dit aussi de sécurité) n'est pas d'une sûreté absolue ! Il bloque uniquement la détente. En cas de choc, le coup peut partir car ni la gâchette ni les percuteurs ne sont bloqués.

2. b Dans un bateau, chasseur et rameur doivent être dos à dos. Ce chasseur ne respecte pas les règles de sécurité.

3. a Si, posté lors d'une battue, je blesse un sanglier, je dois impérativement ne pas quitter mon poste avant la sonnerie de fin de traque.

4. c La sécurité prime sur tout. Avant de franchir un fossé, je décharge mon fusil.

5. c La sécurité prime sur tout. Avant de monter sur ce tas de branchages, je décharge mon fusil.

6. b Sous cet angle, le tir sur l'eau est dangereux : les plombs risquent de ricocher.

7. b Un plomb n° 5 diamètre 3 mm est dangereux à plus de 200 mètres, car il peut encore blesser.

8. b Une balle tirée dans un canon lisse (fusil) a une portée utile plus faible que celle tirée dans un canon rayé (carabine).

9. b Par souci de sécurité, je relève toujours la crosse de mon fusil pour le fermer.

10. b Le doigt sur la détente, je risque l'accident. Prêt à épauler, je peux, pour être plus rapide, avoir le doigt sur le pontet.

11. a Une arme à canon rayé a une portée utile très importante. À plus de 1 000 mètres, une balle tirée avec ce type d'arme peut encore blesser. D'où la nécessité absolue des tirs fichants.

12. a Dans une embarcation, le chasseur doit toujours être placé, qu'il soit debout ou assis, de façon à ce que l'arme fermée ne soit jamais dirigée en direction du rameur.

13. a À chaque calibre correspondent des munitions adaptées. Toute erreur de type de munition est dangereuse pour le chasseur et pour l'arme. Surtout, ne mélangez jamais vos cartouches de différents calibres.

14. b Parmi ces trois numéros de plombs, le mieux adapté pour chasser le faisan est le n° 6.

15. c Parmi ces trois numéros de plombs, le mieux adapté pour chasser la grive est le n° 9.

16. a Je ne dois pas tirer un lièvre au-delà de 30 mètres ; je risque fort de le blesser inutilement.

17. b Si mon fusil est chambré à 70 mm, je ne peux pas tirer de cartouches magnum de 76 mm sans risquer un accident.

18. b Si mon fusil est chambré à 65 mm, je ne peux pas tirer de cartouches de 70 mm sans risquer un accident.

19. a Le plomb n° 4, plus gros et plus lourd que le plomb no 8, va aussi plus loin.

20. a Le choke d'un fusil, qui est situé à l'extrémité du canon, a pour effet de resserrer la gerbe de plombs, donc d'augmenter la portée.

21. a Un fusil de calibre 12 tire des cartouches plus grosses qu'un fusil de calibre 20.

22. a Le chiffre 7 du calibre 7 x 64 est une indication relative au diamètre de la balle, en mm.

23. a En France, il est interdit d'utiliser la balle blindée pour chasser. Seule la balle expansive est autorisée.

24. c La cartouche magnum ne peut être tirée qu'avec une arme chambrée à 76 mm.

25. a Fusil et carabine peuvent tirer des balles.

26. a Les rayures d'un canon rayé impriment à la balle un mouvement de rotation qui accroît la précision du tir.

27. b L'inscription 270 d'une cartouche à balle est une indication sur le diamètre de la balle en 1/1 000 de pouce.

28. c Avant de franchir une clôture, que je sois accompagné ou seul, je décharge toujours mon fusil.

29. b Monté sur un tas de branchages, je n'ai pas déchargé mon fusil. Je ne respecte pas les règles de sécurité. Je fais courir un risque aux autres et à moi-même.

30. b Une arme chargée ne doit jamais être braquée vers une personne, car à tout moment, un accident peut survenir. En action de chasse, je tiens toujours mon arme avec les canons dirigés vers le ciel.

31. b En battant un buisson avec son fusil chargé, un chasseur ne respecte pas les règles de sécurité. À tout moment, le coup peut partir. De plus, il prendra l'habitude de ne pas le faire non plus avec son fusil non chargé mais fermé.

32. a Plus le numéro d'un plomb de chasse est petit, plus son diamètre est grand. Le plomb n° 3 est donc plus gros que le n° 6 et que le n° 9, par exemple.

33. b On appelle fusil mixte (ou carabine double) une arme comportant un canon rayé et un canon lisse.

34. a Un express ou carabine double comporte deux canons rayés, juxtaposés ou superposés. C'est une arme particulièrement adaptée au tir du grand gibier en battue.

35. b À balle, le tir fichant est un impératif. Il faut toujours prendre le maximum de hauteur pour pouvoir tirer de haut en bas. Dans ces conditions, on ne tire jamais du fond d'un fossé.

36. c En battue, la sécurité de ses voisins doit être en permanence à l'esprit de chacun. On ne commence à épauler que quand le gibier a dépassé un angle de 30° par rapport à son voisin.

37. a Pour matérialiser un angle de 30° vers la droite, j'effectue 5 pas vers la droite, puis 3 pas perpendiculairement. La droite ainsi déterminée à partir de mon poste constitue un angle de 30°.

38. a Au signal de fin de battue, la première des choses à faire est de décharger son arme. Ce n'est qu'ensuite que je dois éventuellement vérifier mes impacts de balles ou aider mes voisins.

39. a Un fusil ne doit en aucun cas être utilisé comme un bâton, le coup peut partir à n'importe quel moment. De plus, je risque d'endommager les canons.

40. c L'emprise de la route située entre les deux fossés fait partie de la voie publique. Même si la route se situe sur mon territoire, je n'y suis pas détenteur du droit de chasse. De plus, il m'est interdit d'y être posté.

41. c Le risque, après une chute, consiste à voir ses canons obstrués par de la boue, de la neige ou des végétaux. Il est impératif, avant de se remettre en chasse, de vérifier que rien ne se trouve dans les canons.

42. a La portée maximale d'une balle de calibre 12, par exemple, tirée dans un canon lisse est de plus de 1 000 mètres. Au grand gibier, le tir fichant est obligatoire même avec un fusil.

43. c Parmi ces canons, c'est avec le quart de choke que sera obtenue la gerbe la plus large, pour des cartouches identiques.

44. a Plus un canon est choké, plus la gerbe qu'il produit sera serrée. C'est dans un canon plein choke que sera obtenue la gerbe la plus dense.

45. a Posté dans une battue de grand gibier, je me place ventre au bois en lisière de la parcelle parcourue par les rabatteurs. Je tire toujours derrière moi, lorsque le gibier a dépassé la ligne.

46. a Ce faisan vole au ras des maïs, à hauteur d'homme. Le tir est très dangereux.

47. b **À 150 mètres, un plomb n° 5 peut encore blesser. Lapin et tracteur sont dans le même axe, je ne tire pas.**

48. c **Placé sur une ligne de tireurs, je dois être très vigilant à la sécurité. Lorsqu'un gibier passe au-dessus de la ligne, je désépaule et je réépaulerai pour tirer derrière la ligne.**

49. c **La loi interdit de tirer au-dessus ou en direction d'une route, que quelqu'un y circule ou pas.**

50. c **L'emprise de la route située entre deux fossés fait partie de la voie publique. Même si la route se situe sur mon territoire, je n'y suis pas détenteur du droit de chasse, il m'est donc interdit d'y être posté.**

51. b **Une balle tirée dans un canon rayé peut retomber à plus de 2000 mètres. Dans ces conditions, le tir n'est pas fichant et la balle peut être dangereuse à distance, car j'ignore ce qui se trouve derrière la crête. Je dois donc m'abstenir de tirer.**

52. b **Je ne peux tirer ce chevreuil sans risquer d'atteindre la maison située derrière lui. Dans ces conditions, je ne tire pas.**

53. a Une personne souffrant d'un handicap moteur peut se rendre à son poste avec son véhicule et tirer à partir de celui-ci uniquement si le moteur est arrêté.

54. a Le port d'un vêtement ou d'un accessoire fluorescent ne fait pas fuir le gibier et est très utile pour la sécurité des traqueurs et des postés. Il est strictement conseillé pour l'ensemble des chasses à tir collectives (petit et grand gibier) ou sur les territoires où opèrent plusieurs chasseurs (type société communale et ACCA), il peut même être généralisé pour l'ensemble des chasses à tir de mouvement.

55. a **En toutes circonstances, il est très dangereux de courir avec une arme chargée.**

56. b **Quelles que soient les circonstances, une arme fermée doit toujours être considérée comme une arme chargée, donc à risque.**

57. b **Le chargement ou le déchargement d'un fusil semi-automatique se fait canon vers le haut, toujours en direction d'une zone sécurisée.**

58. b **Une arme semi-automatique est sécurisée quand elle est déchargée et que sa culasse est ouverte.**

59. a **Le tir en position assise est dangereux, d'autant plus qu'il ne permet pas le tir fichant. Il faut se lever et tirer debout.**

60. a **La bretelle n'est qu'un accessoire ; pour des raisons de sécurité évidentes, il est fortement conseillé de l'enlever en action de chasse.**

61. a Avant de ranger mon arme dans un étui long, il est indispensable de vérifier que celle-ci est déchargée et non approvisionnée.

62. b La sécurité et le respect des autres veulent qu'une fois l'action de chasse terminée, l'arme soit ouverte et déchargée.

63. a La sécurité et le respect des autres veulent qu'une fois l'action de chasse terminée, l'arme soit ouverte et déchargée.

64. a Une arme chargée ne doit jamais être braquée vers une personne, car à tout moment, un accident peut survenir. En action de chasse, je tiens toujours mon arme avec les canons dirigés vers le ciel.

65. b Pour enlever une épine qui s'est glissée dans ma botte, je décharge mon fusil avant de le poser.

66. b On ne doit jamais tirer en direction d'une haie à portée de fusil car l'on ne sait pas ce qui se trouve derrière.

67. b Avant de traverser une route, je décharge mon fusil.

68. b Avant de mettre mon chien en laisse, comme pour toute autre interruption de l'action de chasse, je dois décharger mon fusil.

69. a La sécurité est l'affaire de tous. Si un chasseur – même plus âgé – tient son arme de façon dangereuse, je lui demande de tenir celle-ci correctement. Tout mauvais comportement doit faire l'objet de remarques immédiates.

70. c La sécurité et le respect des autres (chasseurs, traqueurs, accompagnants et usagers de la nature) veulent qu'une fois l'action de chasse terminée, l'arme soit ouverte et déchargée.

71. b Une arme chargée ne doit jamais être braquée vers une personne, car à tout moment un accident peut survenir. En action de chasse, je tiens toujours mon arme avec les canons dirigés vers le ciel.

72. c Une arme chargée ne doit jamais être braquée vers une personne, car à tout moment un accident peut survenir. En action de chasse, je tiens toujours mon arme avec les canons dirigés vers le ciel.

73. a Au-delà de 30 mètres, une cartouche calibre 12 chargée à 30 g de plombs n° 7 blessera le plus souvent le gibier, qui continuera sa fuite mais mourra dans les jours qui suivent. Il faut donc s'abstenir de tirer à plus de 30 mètres.

74. c Une balle de carabine tirée dans un canon rayé peut retomber à plus de 2 000 mètres. Il est donc indispensable, dans tous les cas, de pratiquer un tir fichant.

75. a Pour pouvoir utiliser un arc pour la chasse, un chasseur doit préalablement participer à une session de formation organisée par une FDC.

76. b Quelles que soient les conditions, l'utilisation de l'arbalète est interdite pour la chasse en France.

77. a Le stecher est un mécanisme qui permet de rendre le départ du coup extrêmement sensible lorsqu'on touche la queue de détente. Il évite au chasseur le coup de doigt. Pour des raisons de sécurité, il ne doit s'utiliser qu'à l'approche ou à l'affût.

2 LA FAUNE SAUVAGE

A QUESTIONS

1. Je trouve un faon tout seul,

❏ a : je le laisse où il est sans y toucher
❏ b : je le recueille pour en prendre soin
❏ c : je le porte au garde-chasse le plus proche

2. Après une première couvée détruite, cet oiseau pourra-t-il, la même année, en avoir une deuxième ?

❏ a : oui
❏ b : non

3. Cet animal est généralement dans un terrier durant le jour

❏ a : en toute saison
❏ b : en hiver uniquement
❏ c : jamais

4. La tularémie est transmissible à l'homme par l'intermédiaire

❏ a : des lapins
❏ b : des lièvres

5. La présence de cet animal se signale par

❏ a : les terriers qu'il creuse
❏ b : les huttes qu'il construit au bord de l'eau
❏ c : les écorçages qu'il commet aux jeunes arbres

6. À quel moment le canard colvert peut-il commencer à nicher ?

❏ a : au mois de février
❏ b : au mois de juin

7. La ponte chez cet oiseau est composée normalement de

❏ a : 2 œufs
❏ b : 6 œufs

8. **Les jeunes colverts sont volants à partir de**

- ❑ a : 2 mois
- ❑ b : 3 mois

9. **Les jeunes faisans mangent essentiellement**

- ❑ a : des insectes
- ❑ b : des végétaux

10. **Les jeunes perdrix mangent essentiellement**

- ❑ a : des insectes
- ❑ b : des végétaux

11. **Le brocard adulte perd ses bois**

- ❑ a : au printemps
- ❑ b : en automne

12. **Cet oiseau se nourrit principalement**

- ❑ a : de vers de terre
- ❑ b : de baies
- ❑ c : d'herbes aquatiques

13. **Les marcassins gardent leurs rayures au maximum**

- ❑ a : 6 mois
- ❑ b : 12 mois

14. **Cette espèce fait son nid**

- ❑ a : dans le creux des arbres morts
- ❑ b : dans un arbre
- ❑ c : à même le sol

15. **Chez cette espèce, la plupart des naissances ont lieu normalement**

- ❑ a : en février-mars
- ❑ b : en juin-juillet

16. **Les cornes de cet animal poussent-elles de façon continue sans tomber chaque année ?**

- ❑ a : oui
- ❑ b : non

17. Le chevreuil perd-il ses bois chaque année ?

❑ a : oui
❑ b : non

18. Le cerf perd ses bois

❑ a : chaque année
❑ b : tous les trois ans
❑ c : jamais

19. Cette espèce affectionne particulièrement

❑ a : la plaine agricole
❑ b : les terrains marécageux
❑ c : les terrains rocheux

20. Cette espèce fréquente surtout

❑ a : les champs cultivés
❑ b : les bois
❑ c : les zones marécageuses

21. Une population de sangliers peut-elle doubler en une année ?

❑ a : oui
❑ b : non

22. Une population de chevreuils s'accroît chaque année d'environ

❑ a : 35 %
❑ b : 70 %
❑ c : 100 %

23. Une population de cerfs peut-elle doubler en une année ?

❑ a : oui
❑ b : non

24. Le rut du chamois a lieu

❑ a : en août-septembre
❑ b : en novembre-décembre

25. Le rut du cerf a lieu

❑ a : en septembre-octobre
❑ b : en janvier-février

26. **Chez cette espèce, la durée de gestation est d'environ**

❏ a : 3 mois
❏ b : 8 mois

27. **La femelle de cette espèce a normalement**

❏ a : une seule portée par an en hiver
❏ b : une seule portée par an en été
❏ c : plusieurs portées dans l'année

28. **Une lapine donne naissance en moyenne dans l'année à**

❏ a : 5 petits
❏ b : 20 petits

29. **Un coq faisan féconde généralement**

❏ a : une poule
❏ b : plusieurs poules

30. **La femelle de cette espèce porte-t-elle des cornes ?**

❏ a : oui
❏ b : non

31. **Lorsqu'il a perdu ses bois, le brocard peut être distingué**

❏ a : par une tache postérieure blanche en forme de cœur
❏ b : par une tache postérieure blanche en forme de haricot
❏ c : par l'absence de tache postérieure blanche

32. **Cet oiseau est**

❏ a : un canard plongeur
❏ b : un canard de surface
❏ c : une foulque

33. **Cet oiseau est**

❏ a : un faisandeau
❏ b : un râle des genêts

34. Cet oiseau est

- ❑ a : un pluvier doré
- ❑ b : une tourterelle des bois
- ❑ c : un épervier

35. Cet oiseau est

- ❑ a : migrateur
- ❑ b : sédentaire

36. Cet oiseau est

- ❑ a : une grive litorne
- ❑ b : un merle femelle
- ❑ c : une alouette

37. Cet oiseau est

- ❑ a : un perdreau
- ❑ b : un faisandeau
- ❑ c : une caille

38. Cet oiseau est

- ❑ a : sédentaire
- ❑ b : migrateur

39. Cet oiseau est

- ❑ a : sédentaire
- ❑ b : migrateur

40. Cet animal est

- ❑ a : un bouquetin
- ❑ b : un chamois
- ❑ c : un mouflon

41. Cet oiseau est

- ❑ a : une perdrix grise
- ❑ b : une perdrix rouge
- ❑ c : un lagopède

42. Cet oiseau est

❑ a : un courlis cendré
❑ b : une bécasse
❑ c : une bécassine des marais

43. Cet oiseau est

❑ a : migrateur
❑ b : sédentaire

44. Cet oiseau est

❑ a : un tadorne de Belon
❑ b : un souchet
❑ c : un pilet

45. Cet oiseau est

❑ a : un vanneau
❑ b : un huîtrier-pie

46. Cet animal est

❑ a : une belette
❑ b : un putois
❑ c : une genette

47. Cet oiseau est

❑ a : un pic vert
❑ b : un geai des chênes
❑ c : une grive musicienne

48. Cet animal est

❑ a : un chevreuil
❑ b : un daim
❑ c : un chamois

49. Cet oiseau est

❑ a : un grand tétras
❑ b : une poule de grand tétras

50. La chouette hulotte est un rapace

❏ a : diurne
❏ b : nocturne

51. Le hibou moyen-duc est-il protégé ?

❏ a : oui
❏ b : non

52. Cet animal est

❏ a : une genette
❏ b : un lynx
❏ c : un chat forestier ou chat sauvage

53. Le chat forestier ou chat sauvage est

❏ a : un chat domestique retourné à l'état sauvage
❏ b : un chat domestique au pelage particulier
❏ c : une espèce sauvage

54. Cet oiseau est

❏ a : une avocette
❏ b : un huîtrier-pie

55. La femelle du lièvre fait plusieurs portées par an. Elle donne naissance au total dans l'année à

❏ a : 3 jeunes
❏ b : 6 jeunes
❏ c : 13 jeunes

56. Chez le chevreuil, la plupart des naissances ont lieu

❏ a : en février-mars
❏ b : en mai-juin

57. Dans une même année, cet animal peut-il avoir plusieurs portées ?

❏ a : oui
❏ b : non

58. Cette espèce est

❑ a : un pigeon ramier
❑ b : un pigeon biset

59. Cet oiseau est

❑ a : un canard plongeur
❑ b : un canard de surface

60. Une biche adulte met bas normalement chaque année

❑ a : 1 faon
❑ b : 2 faons
❑ c : 3 faons

61. La chute des bois du cerf a lieu généralement

❑ a : entre février et avril
❑ b : entre octobre et décembre

62. La ponte moyenne d'une poule faisane est de

❑ a : 4 à 5 œufs
❑ b : 9 à 15 œufs

63. Les faisandeaux éclosent après une couvaison de

❑ a : 24 jours
❑ b : 35 jours

64. La gestation de la laie est de l'ordre de

❑ a : 4 mois
❑ b : 6 mois

65. Cet animal est

❑ a : une biche
❑ b : une chevrette
❑ c : un brocard

66. Chez cette espèce, le rut a lieu

❑ a : au printemps
❑ b : en été
❑ c : en automne

67. Cet animal est

❑ a : monogame
❑ b : polygame

68. Chez cette espèce, les naissances ont lieu

❑ a : en février-mars
❑ b : en mai-juin
❑ b : en août-septembre

69. Une chevrette vient de mettre bas deux faons. Cette situation est

❑ a : habituelle
❑ b : exceptionnelle

70. La chute des bois du chevreuil a lieu

❑ a : en août
❑ b : en novembre
❑ c : en juin

71. Les cornes de cet animal tombent

❑ a : en automne
❑ b : au printemps
❑ c : jamais

72. La femelle de cette espèce met bas chaque année

❑ a : 1 jeune
❑ b : 2 jeunes
❑ c : 3 jeunes

73. La durée de gestation de la lapine est de

❑ a : 30 jours
❑ b : 50 jours

74. Une portée de lapine comporte en moyenne

❑ a : 1 à 2 lapereaux
❑ b : 3 à 5 lapereaux
❑ c : 8 à 10 lapereaux

75. Cet animal vit habituellement

❑ a : en solitaire
❑ b : en couple
❑ c : en groupe social

76. Un lapin de garenne adulte pèse

❑ a : 1 à 2 kg
❑ b : 3 à 4 kg

77. Cet oiseau est

❑ a : une poule d'eau
❑ b : une foulque macroule
❑ c : un râle d'eau

78. Cet oiseau est

❑ a : une poule d'eau
❑ b : une foulque macroule
❑ c : un râle d'eau

79. Cet oiseau est

❑ a : un râle d'eau
❑ b : un râle des genêts
❑ c : une poule d'eau

80. Cet oiseau est

❑ a : une sarcelle d'hiver
❑ b : un canard siffleur
❑ c : un chevalier gambette

81. Cet oiseau est

❑ a : une bécassine
❑ b : une barge
❑ c : une bécasse

82. Le pigeon ramier effectue

❏ a : une seule couvée par an
❏ b : plusieurs couvées par an

83. Ce pigeon est

❏ a : un ramier
❏ b : un biset

84. Ce pigeon est

❏ a : un ramier
❏ b : un colombin

85. Les jeunes de cette espèce sont

❏ a : nidicoles
❏ b : nidifuges

86. Cet oiseau est

❏ a : sédentaire
❏ b : migrateur

87. On appelle croûle de la bécasse

❏ a : le vol nuptial du mâle
❏ b : le premier vol des jeunes bécasses

88. La bécasse niche-t-elle occasionnellement en France ?

❏ a : oui
❏ b : non

89. La grive mauvis est

❏ a : migratrice
❏ b : sédentaire

90. **Cet oiseau est**

❑ a : une grive mauvis
❑ b : une grive draine

91. **Cet oiseau est**

❑ a : une grive draine
❑ b : une grive musicienne
❑ c : un merle noir

92. **Cette espèce est**

❑ a : sédentaire
❑ b : migratrice

93. **La ponte du vanneau huppé comporte le plus souvent**

❑ a : 4 œufs
❑ b : 8 œufs

94. **Cet animal est**

❑ a : un mouflon
❑ b : un bouquetin
❑ c : un isard

95. **Cet animal passe généralement le jour**

❑ a : dans un terrier
❑ b : dans un gîte
❑ c : dans un champ cultivé

96. **Chez le blaireau, les naissances ont lieu**

❑ a : en janvier-février
❑ b : en juillet-août

97. **Les poussins de perdrix sont**

❑ a : nidifuges
❑ b : nidicoles

98. Une ponte normale de perdrix grise comporte généralement

❑ a : 8 à 10 œufs
❑ b : 15 à 20 œufs

99. L'incubation des œufs de perdrix grise dure

❑ a : 15 jours
❑ b : 24 jours

100. Le lièvre passe habituellement le jour dans

❑ a : un terrier
❑ b : un gîte
❑ c : une bauge

101. Chez cette espèce, le mâle est

❑ a : monogame
❑ b : polygame

102. La portée d'une hase comporte en moyenne

❑ a : 3 jeunes
❑ b : 8 jeunes

103. La durée de gestation d'une hase est de

❑ a : 40 jours
❑ b : 80 jours

104. Les jeunes colverts sont

❑ a : nidicoles
❑ b : nidifuges

105. Une ponte de canard colvert comporte

❑ a : 1 à 5 œufs
❑ b : 10 à 15 œufs
❑ c : 20 à 25 œufs

106. Cet oiseau est

❑ a : un canard de surface
❑ b : un canard plongeur

107. Cette sarcelle d'été est

❑ a : un mâle
❑ b : une femelle

108. Cet oiseau est

❑ a : en plumage nuptial
❑ b : en plumage d'éclipse

109. Cet oiseau est

❑ a : un canard de surface
❑ b : un canard plongeur

110. Cet oiseau est

a : un jeune canard colvert
b : un canard souchet
c : un canard siffleur

111. Cet oiseau est

❑ a : un canard pilet
❑ b : un fuligule milouin

112. Cet oiseau est

❑ a : un canard chipeau
❑ b : un canard pilet
❑ c : un canard souchet

113. Cet oiseau niche-t-il en France ?

❑ a : oui
❑ b : non

114. L'analyse des pelotes alimentaires de réjection permet-elle de préciser le régime alimentaire de l'oiseau qui les a émises ?

❏ a : oui
❏ b : non

115. Cet oiseau est

❏ a : un autour de palombes
❏ b : un faucon crécerelle

116. Cet oiseau est

❏ a : un hibou moyen-duc
❏ b : une chouette effraie

117. Chez cette espèce, seul le mâle porte-t-il des cornes ?

❏ a : oui
❏ b : non

118. Cet oiseau est

❏ a : un grèbe huppé
❏ b : une foulque macroule
❏ c : un fuligule nyroca

119. Cet oiseau est

❏ a : chassable
❏ b : protégé

120. Cet oiseau est

❏ a : un courlis corlieu
❏ b : une avocette

121. Cet oiseau est

❏ a : un pic épeiche
❏ b : un pic vert
❏ c : un pic noir

122. Cet oiseau est

❏ a : protégé
❏ b : chassable

123. Cet animal est

❏ a : une fouine
❏ b : une martre
❏ c : une genette

124. Chez le renard, la femelle a chaque année

❏ a : 1 portée
❏ b : 3 ou 4 portées

125. Cet oiseau est

❏ a : un choucas des tours
❏ b : une corneille
❏ c : un corbeau freux

126. Cet animal se rencontre surtout

❏ a : dans les greniers
❏ b : en forêt
❏ c : en plaine

127. Cet animal est

❏ a : une fouine
❏ b : une martre
❏ c : un putois

128. Cet animal est

❏ a : une fouine
❏ b : une martre
❏ c : un putois

129. Cet animal est

❏ a : une loutre
❏ b : un ragondin
❏ c : un rat musqué

130. Cet oiseau au cri en forme de sifflement caractéristique est

- ❑ a : un chevalier gambette
- ❑ b : un pluvier doré
- ❑ c : un vanneau huppé

131. L'espérance de vie d'un lièvre est de

- ❑ a : 10 ans
- ❑ b : 3 ans

132. Cet oiseau est

- ❑ a : une corneille noire
- ❑ b : un corbeau freux

133. Cet oiseau est

- ❑ a : une chouette hulotte
- ❑ b : une chouette effraie
- ❑ c : un hibou moyen-duc

134. Cet animal est

- ❑ a : une hermine
- ❑ b : une belette
- ❑ c : un furet

135. Cet animal est-il un pigeon ramier ?

- ❑ a : oui
- ❑ b : non

136. Cette espèce est-elle chassable ?

- ❑ a : oui
- ❑ b : non

137. Suis-je autorisé à tirer ?

- ❑ a : oui
- ❑ b : non

138. La fouine est une espèce

❏ a : chassable
❏ b : protégée

139. Cette espèce est-elle chassable ?

❏ a : oui
❏ b : non

140. Cet animal peut-il être chassé en France ?

❏ a : oui
❏ b : non

141. En France, laquelle de ces trois espèces d'oies est chassable ?

❏ a : la bernache nonnette
❏ b : la bernache cravant
❏ c : l'oie cendrée

142. Cette espèce peut-elle être chassée en France ?

❏ a : oui
❏ b : non

143. Cette espèce est-elle chassable ?

❏ a : oui
❏ b : non

144. Les espèces de limicoles qui fréquentent les bords de mer peuvent-elles toutes être chassées ?

❏ a : oui
❏ b : non

145. En France, sont protégés

❏ a : seulement les rapaces nocturnes
❏ b : seulement les rapaces diurnes
❏ c : tous les rapaces

146. Suis-je autorisé à chasser cette espèce ?

❑ a : oui
❑ b : non

147. Suis-je autorisé à chasser cette espèce ?

❑ a : oui
❑ b : non

148. Cet oiseau est

❑ a : une nette rousse
❑ b : une sarcelle d'hiver

149. Suis-je autorisé à chasser cette espèce ?

❑ a : oui
❑ b : non

150. Cette espèce est

❑ a : protégée
❑ b : chassable

B RÉPONSES

1. a Si je trouve un faon tout seul, je le laisse là où il est. Je n'y touche pas car sa mère pourrait l'abandonner.

2. a Après une première couvée détruite, cette faisane pourra en avoir une autre la même année.

3. a Le blaireau est un animal nocturne. Dans la journée et en toute saison, il se tient dans un terrier.

4. b La tularémie, maladie due à une bactérie, atteint essentiellement les populations de lièvres. Cette maladie peut être transmissible à l'homme par contact avec les viscères.

5. a Par les terriers qu'il creuse, le blaireau ne passe pas inaperçu.

6. a Le canard colvert peut commencer à nicher dès le mois de février, notamment le sédentaire.

7. a Comme pour tous les colombidés de France, la ponte du pigeon ramier est normalement composée de deux œufs.

8. a À partir de 2 mois, les jeunes colverts sont volants.

9. a Les insectes constituent le menu essentiel des jeunes faisans.

10. a Les insectes constituent le menu essentiel des jeunes perdrix.

11. b Les bois du brocard adulte tombent en octobre-novembre, donc en automne.

12. a Cette bécasse consomme essentiellement des vers de terre.

13. a La livrée rayée des marcassins n'est plus visible après l'âge de 6 mois.

14. c Ce faisan vénéré fait son nid à même le sol, comme le faisan commun.

15. b Les poussins de perdrix rouge naissent normalement en juin-juillet.

16. a Les cornes du chamois poussent de façon continue et ne tombent jamais.

17. a Chaque année, le chevreuil perd ses bois à l'automne.

18. a Chaque année, le vieux cerf perd ses bois en fin d'hiver et le jeune cerf au début du printemps.

19. c Le mouflon fréquente surtout les terrains rocheux de moyenne altitude.

20. a La caille des blés, gallinacé migrateur, affectionne particulièrement les champs cultivés.

21. a Une population de sangliers peut s'accroître de 100 %, c'est-à-dire doubler en une année.

22. a Chaque année, une population de chevreuils non chassée s'accroît naturellement d'environ 35 %.

23. b Chaque année, une population de cerfs non chassée s'accroît naturellement d'environ 20 %.

24. b Chez le chamois, le rut a lieu en novembre-décembre.

25. a Chez le cerf, le rut, appelé brame, a lieu en septembre-octobre.

26. b Cette biche porte son petit pendant environ huit mois.

27. c En règle générale, la femelle du lièvre a trois portées par an.

28. b La femelle du lapin de garenne donne naissance, en moyenne, à 20 petits dans l'année.

29. b Le coq faisan est polygame, il peut féconder plusieurs poules.

30. a Comme le mâle, la femelle du chamois porte des cornes.

31. b Sans ses bois, le mâle du chevreuil se reconnaît par sa tache postérieure blanche en forme de haricot.

32. c Cet oiseau est une foulque macroule. Plusieurs dizaines de milliers de couples se reproduisent chaque année en France.

33. a Cet oiseau est un jeune faisan ou faisandeau.

34. c Cet oiseau est un épervier. Comme tous les rapaces, il est protégé.

35. a Cette tourterelle des bois est un oiseau migrateur. Elle passe l'hiver en Afrique.

36. a Cet oiseau est une grive litorne. Elle niche dans l'Est de la France et colonise peu à peu l'ensemble du pays.

37. c Cet oiseau est une caille des blés. C'est un migrateur qui passe l'hiver en Afrique.

38. b Cet oiseau est une grue cendrée, une espèce protégée. Grandes migratrices, les grues cendrées qui passent ou hivernent en France viennent principalement de Scandinavie et des Pays baltes.

39. b Cet oiseau est une bécassine des marais. Elle est migratrice. Nombre de ces oiseaux passent l'hiver en France, d'autres vont en Afrique.

40. c Cet animal est un mouflon.

41. b Cet oiseau est une perdrix rouge.

42. a Cet oiseau est un courlis cendré. En France, cette espèce est surtout présente sur le littoral, en hivernage.

43. a Cette sarcelle d'été est un oiseau migrateur. Elle passe l'hiver en Afrique.

44. a Cet oiseau est un tadorne de Belon. Il est protégé et ses effectifs augmentent en France, aussi bien en hivernage qu'en période de nidification.

45. a Cet oiseau est un vanneau huppé.

46. b Ce petit mammifère est un putois. Les milieux humides constituent son habitat préféré.

47. b Cet oiseau est un geai des chênes. Il appartient à la même famille que la pie et la corneille, celle des corvidés.

48. a Cet animal est un chevreuil.

49. a Cet oiseau est un grand tétras ou grand coq de bruyère. C'est un habitant des forêts de montagne.

50. b Cet oiseau est une chouette hulotte. C'est un rapace nocturne qui consomme essentiellement des petits rongeurs et des oiseaux. Comme tous les rapaces, il est protégé.

51. a Cet oiseau est un hibou moyen-duc. Un rapace nocturne qui consomme essentiellement des petits rongeurs et des oiseaux. Comme tous les rapaces, il est protégé.

52. c Ce mammifère carnivore est un chat forestier ou chat sauvage. En France, on le rencontre essentiellement dans le quart nord-est et dans les Pyrénées. Il est totalement protégé.

53. c Le chat forestier ou chat sauvage est une espèce sauvage. Sa queue épaisse, portant deux à cinq anneaux et terminée par un manchon noir, ainsi qu'une bande noire sur le dos qui s'arrête à la naissance de la queue le distinguent du chat domestique.

54. a Cet oiseau est une avocette. Elle niche et hiverne sur le littoral français. C'est une espèce protégée.

55. b La femelle du lièvre ou hase donne naissance au total à 13 levrauts par an, mais la mortalité peut être élevée.

56. b Chez le chevreuil, la période des naissances s'étend du 15 avril au 15 juin. Au 15 mai, 50 % des naissances ont eu lieu.

57. a Chaque année, une lapine met bas 10 et 25 lapereaux, en 2 à 5 portées.

58. a Cet oiseau est un pigeon ramier, appelé palombe dans le Sud-Ouest de la France.

59. a Cet oiseau est un fuligule morillon. Ses pattes placées très en arrière du corps et ses ailes dépourvues de miroir sont caractéristiques des canards plongeurs.

60. a Après une gestation de 240 jours, une biche adulte met bas chaque année un seul faon.

61. a Les bois du cerf tombent chaque année entre février et avril. Ils repoussent aussitôt après, entourés d'une peau soyeuse appelée velours dont il se débarrasse au plus tard en juillet.

62. b La poule faisane pond à terre au printemps en moyenne 9 à 15 œufs.

63. a La période normale d'incubation des œufs de faisan est de 24 jours.

64. a Il est d'usage de dire que la laie porte pendant trois mois, trois semaines et trois jours. C'est-à-dire une période d'environ quatre mois.

65. b La femelle du chevreuil est dénommée chevrette.

66. b Le rut du chevreuil a lieu en été.

67. b Le brocard a un comportement territorial. Il tentera de féconder toutes les femelles se trouvant sur son territoire, il est donc polygame.

68. b En mai-juin, la femelle du chevreuil adulte – la chevrette – donne naissance généralement à deux faons qu'elle allaitera jusqu'en octobre.

69. a Sauf conditions anormales de maladies, de surpopulation ou de malnutrition, une chevrette adulte met bas deux faons chaque année.

70. b Le chevreuil perd ses bois en novembre. Ils repoussent alors entourés d'une peau soyeuse appelée velours dont il se débarrassera au plus tard en mars.

71. c Le mâle et la femelle du chamois portent des cornes, qui, contrairement aux bois des cervidés, ne tombent jamais.

72. a La femelle du chamois ou de l'isard, appelée chèvre, met bas normalement chaque année au printemps un seul jeune.

73. a Les jeunes lapereaux naissent nus et aveugles après une gestation de 30 jours.

74. b La lapine fait en une année trois à cinq portées de trois à cinq jeunes.

75. c Les lapins vivent en groupes sociaux de deux à dix individus dirigés par une femelle et un mâle dominants.

76. a Un lapin de garenne adulte pèse exceptionnellement plus de 1,5 kg.

77. b Cet oiseau est une foulque macroule. Certaines foulques sont migratrices, d'autres pas.

78. a Cet oiseau est une poule d'eau. Elle est très commune sur les plans et cours d'eau de France.

79. a Cet oiseau est un râle d'eau. Il est très discret et fréquente les marais et les étangs à végétation touffue.

80. c Cet oiseau, au cri flûté, est un chevalier gambette. C'est une espèce migratrice chassable.

81. a Cet oiseau est une bécassine des marais, légèrement plus grosse que la bécassine sourde.

82. b D'avril à août, le pigeon ramier effectue successivement deux ou trois couvées.

83. b Ce pigeon est un pigeon biset. Contrairement au pigeon ramier, cet oiseau ne figure pas sur la liste des espèces susceptibles d'être classées nuisibles.

84. b Ce pigeon est un colombin. D'un gris bleuté uniforme, c'est la plus petite des trois espèces de pigeons chassables.

85. a Les jeunes pigeons sont nidicoles. Ils restent au nid jusqu'à ce qu'ils sachent voler. Les adultes nourrissent les pigeonneaux par une sécrétion de leur jabot appelée lait de pigeon.

86. b Même si elle niche occasionnellement en France, la bécasse des bois est un oiseau migrateur.

87. a Au printemps, les mâles effectuent des vols de parade en émettant un chant caractéristique. On dit qu'ils croûlent. La chasse à la croûle est interdite.

88. a La bécasse des bois est un oiseau migrateur, qui niche essentiellement dans le Nord et l'Est de l'Europe. Toutefois, des individus nichent en France.

89. a La grive mauvis se distingue des autres grives par sa petite taille, son sourcil clair et des reflets roux. Elle est migratrice.

90. b La draine est la plus grosse des grives. Son ventre est orné de grosses taches rondes et brunes.

91. c Cet oiseau est un merle noir. Si le mâle est noir avec un bec jaune, la femelle est brune avec un bec moins coloré.

92. b La caille des blés est une espèce migratrice. La plupart de celles qui nichent en France ont quitté le territoire courant septembre.

93. a Le vanneau huppé niche au sol, le plus souvent en prairie humide. Sa ponte comporte généralement quatre œufs.

94. a Originaire de Corse, le mouflon dit méditerranéen est aujourd'hui présent dans plus de 25 départements français.

95. a C'est dans un terrier aménagé que le blaireau passe la journée.

96. a C'est en janvier-février que la femelle du blaireau met bas deux à quatre jeunes.

97. a Dès leur éclosion, les jeunes perdreaux quittent le nid à la recherche de leur nourriture. Ils sont nidifuges.

98. b Chez la perdrix grise, la femelle assure la couvaison d'une ponte qui varie de 15 à 20 œufs.

99. b Chez la perdrix grise, la femelle assure pendant 24 jours la couvaison des œufs.

100. b Pendant la journée, le lièvre a peu d'activité et reste solitaire et généralement immobile dans un gîte.

101. b Malgré son comportement solitaire en dehors des périodes de reproduction, le lièvre mâle, appelé bouquin, est polygame.

102. a La hase, femelle du lièvre, fait normalement en une année trois portées de deux à trois levrauts chacune.

103. a La durée de gestation d'une hase est de 40 jours. Chez le lièvre, le phénomène de superfétation permet à la hase d'être à nouveau fécondée quelques jours avant la mise bas.

104. b Les jeunes colverts, dès leur naissance, quittent immédiatement le nid et recherchent leur nourriture. Ils sont nidifuges.

105. b Le plus commun des canards de surface, le canard colvert, pond de 10 à 15 œufs.

106. a Cet oiseau est un canard de surface (précisément un canard colvert) ; il se distingue des canards plongeurs par un envol direct et rapide, sans course à la surface de l'eau.

107. a Le mâle de la sarcelle d'été est reconnaissable à son sourcil blanc. Chez les canards de surface, les mâles sont plus colorés que les femelles.

108. a Avant et pendant la période de reproduction, les canards revêtent leur plumage nuptial, qui fait apparaître les couleurs les plus vives, en particulier chez les mâles.

109. b Cet oiseau est un fuligule milouin. C'est un canard plongeur qui se distingue des canards de surface par ses nombreux plongeons sous l'eau, mais aussi par l'obligation de courir sur l'eau pour prendre son envol.

110. a Cet oiseau est un halbran, c'est-à-dire un jeune canard colvert.

111. a Ce canard de surface est un canard pilet. Il est facilement reconnaissable par la grande taille de son cou et la longueur des plumes de sa queue.

112. c Ce canard de surface au gros bec plat caractéristique est un canard souchet.

113. a Il existe en France quelques populations nicheuses de nette rousse, en particulier dans les étangs de Camargue, des Dombes et du Forez et dans la vallée du Rhône.

114. a Les rapaces en particulier rejettent sous forme de pelote les résidus alimentaires qu'ils n'ont pas digérés. L'analyse de ces pelotes de réjection donne une bonne idée du régime alimentaire de l'oiseau.

115. a Cet oiseau est un autour des palombes. Cette espèce peut être utilisée en autourserie pour le bas vol.

116. b Cet oiseau est une chouette effraie. Ce rapace nocturne très commun se nourrit essentiellement de petits rongeurs.

117. b Le mâle et la femelle du bouquetin des Alpes portent des cornes. Cette espèce est protégée, comme le bouquetin des Pyrénées dont des individus ont été relâchés sur le versant français en 2014, alors que l'espèce avait disparu du massif pyrénéen depuis une quinzaine d'années.

118. a Cet oiseau très commun sur les plans d'eau du territoire national est un grèbe huppé. Il se nourrit essentiellement de petits poissons.

119. b Cet oiseau est un harle bièvre. L'extrémité de son bec est en forme de crochet. Tous les harles sont protégés.

120. b Cet oiseau est une avocette, espèce protégée. Elle est facilement reconnaissable à son plumage noir et blanc, à son bec recourbé vers le haut.

121. b Cet oiseau est un pic vert. C'est une espèce protégée, qui, comme les autres pics, peut se tenir le long des arbres grâce à la disposition particulière de ses doigts.

122. a Cet oiseau est une huppe fasciée. Oiseau migrateur, protégé, on ne le voit en France qu'au printemps et en été.

123. c Cet animal est une genette. Protégée, l'espèce est principalement présente dans le Sud de la France.

124. a La renarde a chaque printemps une seule portée de trois à six renardeaux.

125. c Cet oiseau est un corbeau freux. Omniprésent dans les milieux agricoles, il consomme essentiellement des graines.

126. b Cet animal est une martre. Contrairement à la fouine, la tache blanche sur son poitrail ne s'étend pas jusqu'aux pattes et elle vit exclusivement en forêt.

127. b Cet animal est une martre. Contrairement à la fouine, la tache blanche sur son poitrail ne s'étend pas jusqu'aux pattes. Elle vit en forêt.

128. a Cet animal est une fouine. Contrairement à la martre, la tache blanche sur son poitrail s'étend jusqu'aux pattes. Elle vit en forêt et dans l'entourage des hommes (greniers des villages et des villes).

129. b Cet animal est un ragondin. Originaire d'Amérique, il peut commettre d'importants dégâts aux cultures agricoles et endommager les berges des étangs. Il figure généralement sur la liste des animaux nuisibles.

130. c Cet oiseau que vous pouvez reconnaître au cri plaintif est un vanneau huppé. Son attitude en vol, avec un battement lent et rythmé de ses grandes ailes, est caractéristique.

131. b Dans la nature, les lièvres ne vivent pas longtemps et les prélèvements doivent être adaptés, chaque année, au niveau des populations et à la réussite de la reproduction.

132. a Cet oiseau est une corneille noire. Ses effectifs sont importants sur tout le territoire national. C'est un prédateur d'œufs et d'oisillons, classé nuisible dans la plupart des départements.

133. a Cet oiseau est une chouette hulotte. C'est un rapace nocturne qui consomme essentiellement des rongeurs et des oiseaux. Comme tous les rapaces, elle est protégée.

134. a Cet animal est une hermine. Son pelage varie du brun en période estivale au blanc pur en hiver. Seul le bout de sa queue reste noir en toute saison.

135. a Cet oiseau est un pigeon ramier, appelée palombe dans le Sud-Ouest.

136. a Le canard pilet est une espèce chassable : je suis autorisé à le tirer.

137. b L'autour des palombes, rapace diurne, est une espèce protégée : je n'ai pas le droit de le tirer.

138. a La fouine est une espèce chassable : je suis autorisé à la tirer.

139. a Le canard souchet est une espèce chassable : je suis autorisé à le tirer.

140. b Le bouquetin est une espèce protégée : je n'ai pas le droit de le tirer.

141. c Parmi ces trois oies, seule l'oie cendrée est chassable. En France, les oies bernaches sont des espèces protégées (à l'exception de la seule oie bernache du Canada, chassable sous certaines conditions).

142. a Le vanneau huppé est une espèce chassable : je suis autorisé à le tirer.

143. a Le huîtrier-pie, appelé parfois pie de mer, est chassable : je suis autorisé à le tirer.

144. b Toutes les espèces de limicoles côtiers ne peuvent pas être chassées. Chez les bécasseaux, par exemple, seul le bécasseau maubèche peut être tiré.

145. c L'ensemble des rapaces, diurnes ou nocturnes, sont des espèces protégées : je n'ai pas le droit de les tirer.

146. b Le héron cendré est une espèce protégée : je ne suis pas autorisé à le tirer.

147. b Toutes les espèces de cygnes sont des espèces protégées : je ne suis pas autorisé à les tirer.

148. a Cet oiseau est une nette rousse, nichant en France essentiellement dans le quart sud-est. C'est une espèce chassable : je suis autorisé à la tirer.

149. b Cet oiseau est un faucon crécerelle. Comme tous les autres rapaces, c'est une espèce protégée : je n'ai pas le droit de le tirer.

150. a Cette bernache cravant, de la famille des oies, est une espèce protégée : je n'ai pas le droit de la tirer.

3 LA CHASSE, LA GESTION ET LES CHIENS

A QUESTIONS

1. Ceci est une trace

❑ a : de cerf
❑ b : de sanglier
❑ c : de chevreuil

2. Le petit de cette espèce porte le nom de

❑ a : brocard
❑ b : faon
❑ c : chevrette

3. Sur 100 perdrix grises à l'ouverture, pour espérer en avoir autant l'an prochain, je peux en prélever dans la saison de chasse

❑ a : environ 20
❑ b : environ 50

4. Sur 100 lièvres à l'ouverture, pour espérer en avoir autant l'année suivante, je peux en prélever

❑ a : environ 50
❑ b : environ 70
❑ c : environ 90

5. Pour augmenter une population de sangliers, le tir doit porter de préférence dans la classe d'âge

❑ a : de moins de 1 an
❑ b : de 1 à 2 ans
❑ c : de plus de 2 ans

6. Une telle souille est utilisée par

❑ a : le castor
❑ b : le sanglier
❑ c : le chevreuil

7. Après une première couvée détruite, un couple de cette espèce d'oiseau pourra-t-il – la même année – en avoir une deuxième ?

❏ a : oui
❏ b : non

8. Le furet est utilisé pour capturer

❏ a : le lièvre
❏ b : le lapin

9. Ce chien est utilisé généralement comme

❏ a : chien courant
❏ b : chien d'arrêt

10. À la chasse, ce chien est essentiellement utilisé

❏ a : comme chien d'arrêt
❏ b : comme chien courant
❏ c : pour le rapport

11. La race de ce chien est

❏ a : le pointer
❏ b : le braque allemand
❏ c : le korthals

12. La race de ce chien est

a : le pointer
b : le braque de Weimar
c : le braque d'Auvergne

13. Cette race de chien a été sélectionnée pour

❏ a : débusquer les lapins en milieu broussailleux
❏ b : arrêter le gibier à plume
❏ c : chasser à courre le grand gibier

14. Ce chien a pour spécialité de

❏ a : rapporter du gibier d'eau
❏ b : arrêter le gibier à plume
❏ c : mener à voix le gibier à poil

15. La race de ce chien spécialisé dans le rapport du gibier mort ou blessé est

- ❑ a : le labrador
- ❑ b : le springer spaniel
- ❑ c : le setter irlandais

16. Parmi les trois propositions suivantes, l'une des utilisations les plus habituelles de ce chien est

- ❑ a : le rapport à l'eau
- ❑ b : l'arrêt du gibier à plume
- ❑ c : le déterrage du renard

17. Un chien créancé sur le lièvre

- ❑ a : chasse tous les gibiers à poil sauf le lièvre
- ❑ b : ne chasse que le lièvre

18. Le griffon fauve de Bretagne est surtout utilisé pour la chasse

- ❑ a : de la bécasse
- ❑ b : de la bécassine
- ❑ c : du gibier à poil

19. Je viens de blesser un sanglier qui, malgré tout, continue sa fuite. La bonne conduite à tenir est de

- ❑ a : suivre les traces de sang aussi loin qu'elles me mènent
- ❑ b : organiser avec mes partenaires une traque dans la zone où je pense que le sanglier s'est réfugié
- ❑ c : faire appel à un conducteur de chien de sang

20. Ce chien est

- ❑ a : un springer spaniel
- ❑ b : un braque
- ❑ c : un setter

21. On appelle bauge

- ❑ a : la cavité creusée par un sanglier pour s'y reposer le jour
- ❑ b : une mare dans laquelle le sanglier se roule
- ❑ c : l'endroit où met bas une laie

22. On appelle souille

❑ a : la cavité creusée par un sanglier pour s'y reposer le jour
❑ b : une mare dans laquelle le sanglier se roule
❑ c : l'endroit où met bas une laie

23. La laie met bas dans

❑ a : un chaudron
❑ b : une bauge
❑ c : une souille

24. Un cerf ravale quand

❑ a : il redigère sa nourriture comme tous les ruminants
❑ b : il porte en vieillissant des bois plus réduits que l'année précédente

25. Cette biche est suivie par

❑ a : un faon
❑ b : un hère
❑ c : un daguet

26. Ce jeune sanglier est

❑ a : une bête rousse
❑ b : un ragot
❑ c : un marcassin

27. Ce jeune sanglier est

❑ a : une bête rousse
❑ b : un ragot
❑ c : un marcassin

28. Chez cette espèce, les canines de la mâchoire supérieure sont appelées

❑ a : des défenses
❑ b : des grès

29. Chez cette espèce, les canines de la mâchoire inférieure du mâle sont appelées

❑ a : des défenses
❑ b : des grès

30. Cet animal est un hère, il est âgé de

❏ a : moins de 6 mois
❏ b : 6 mois à 1 an
❏ c : 1 à 2 ans

31. Cet animal est un daguet, il est âgé de

❏ a : moins de 1 an
❏ b : plus de 1 an

32. On appelle bouquinage les poursuites et combats qui préludent aux accouplements chez

❏ a : le bouquetin
❏ b : le chamois
❏ c : le lièvre

33. On appelle coulée

❏ a : le nom donné aux excréments du sanglier
❏ b : le lieu de gagnage des animaux
❏ c : la marque laissée au sol par le passage répété des animaux

34. On appelle merrains

❏ a : les premiers andouillers de chaque bois à partir du bas
❏ b : les perches sur lesquelles prennent place les andouillers

35. Lequel de ces oiseaux est-il utilisé pour la chasse de haut vol ?

❏ a : l'autour des palombes
❏ b : le faucon pèlerin

36. La chasse de haut vol permet de capturer

❏ a : des oiseaux
❏ b : des mammifères

37. La chasse de bas vol permet-elle de capturer oiseaux et mammifères ?

❏ a : oui
❏ b : non

38. Les chasses traditionnelles, telles que tenderies, gluaux et pantes, peuvent-elles être autorisées dans certains départements ?

❏ a : oui
❏ b : non

39. On appelle cerf mulet

❏ a : un vieux mâle qui ne participe plus au brame
❏ b : un cerf qui a perdu ses bois
❏ c : un hybride de cerf élaphe et de cerf sika

40. À la chasse à courre, la personne qui dirige la conduite de la chasse se dénomme

❏ a : le valet de chien
❏ b : le maître d'équipage

41. Le courre du renard appartient

❏ a : à la petite vénerie
❏ b : à la grande vénerie

42. Le courre du chevreuil appartient

❏ a : à la petite vénerie
❏ b : à la grande vénerie

43. Je viens de tuer un chevreuil. Pour déterminer sa classe d'âge, j'examine

❏ a : sa dentition
❏ b : ses bois
❏ c : son poids

44. Pour dépouiller et éviscérer un sanglier, il est préférable

a : de le faire à mains nues
b : de le faire avec des gants
c : de le faire avec un masque de protection

45. Pour maintenir une population naturelle de perdrix grises, il faut

❏ a : aménager le territoire et limiter la prédation
❏ b : adapter les prélèvements de chasse
❏ c : aménager le territoire, adapter les prélèvements de chasse et limiter la prédation

46. Une douille de fusil de chasse ou de carabine, si elle n'est pas ramassée, disparaît

❏ a : au bout d'un mois
❏ b : au bout d'un an
❏ c : au bout de dix ans

47. Pour la perdrix grise, l'observation des adultes et des jeunes en juillet-août sert à

❏ a : estimer la production de jeunes par couple
❏ b : estimer les pertes hivernales

48. Avec mon pouce, je sens à cet endroit sous la peau une petite saillie. Ce lièvre est âgé de

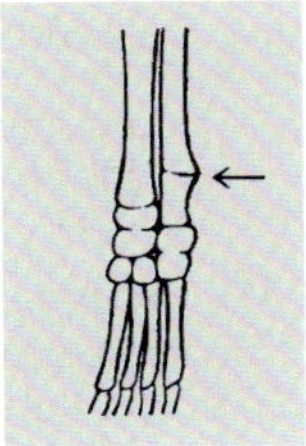

❏ a : moins de 9 mois
❏ b : plus de 9 mois

49. Je trouve un levraut tout seul dans un champ

❏ a : je le laisse où il est sans y toucher
❏ b : je le recueille pour en prendre soin
❏ c : je le porte au garde-chasse le plus proche

50. Cette plume est issue d'une aile

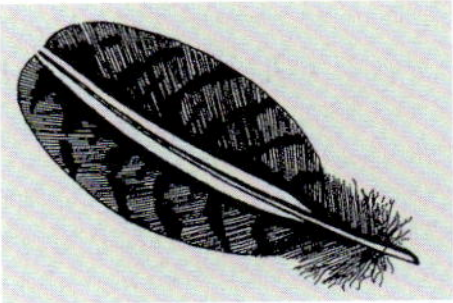

❏ a : de coq perdrix grise
❏ b : de poule perdrix grise

51. La rabouillère est utilisée

❏ a : par la lapine pour mettre bas
❏ b : par les vieux lapins de garenne pour se réfugier le jour

52. Pour la perdrix grise, un comptage par battue à blanc en mars permet

❏ a : d'estimer la production de jeunes
❏ b : d'estimer la densité de couples reproducteurs

53. L'endroit où le sanglier se repose de jour s'appelle

❏ a : une souille
❏ b : une couchette
❏ c : une bauge

54. Pour maintenir stable une population de cerfs, le prélèvement annuel par le plan de chasse doit être compris entre

❏ a : 20 et 30 % de la population totale en fin d'hiver
❏ b : 50 et 60 % de la population totale en fin d'hiver

55. L'examen attentif de la dentition du chevreuil permet-il de déterminer sa classe d'âge ?

❏ a : oui
❏ b : non

56. Les anneaux visibles sur ces cornes permettent-ils de déterminer l'âge de l'animal ?

❏ a : oui
❏ b : non

57. Après une première couvée détruite, cet oiseau effectue parfois une ponte de remplacement appelée

❏ a : recoquetage
❏ b : rattrapage
❏ c : recépage

58. Ceci est une plume issue d'une aile de

❏ a : coq de perdrix grise
❏ b : poule de perdrix grise

59. Ce lièvre court avec les oreilles dressées

❏ a : il s'agit certainement d'un mâle
❏ b : il s'agit certainement d'une femelle
❏ c : il est impossible de déterminer son sexe sans avoir manipulé l'animal

60. Je suis posté en battue dans une forêt. Des promeneurs passent à proximité

❏ a : je les ignore
❏ b : je les salue
❏ c : je décharge mon arme, les salue et les informe de la chasse en cours

61. Lors de la manipulation sans précaution d'un renard, vous risquez de contracter

❑ a : l'échinococcose alvéolaire
❑ b : la myxomatose

62. La trichinellose est une maladie parasitaire qui peut contaminer l'homme. Elle est portée par

❑ a : le chevreuil
❑ b : le sanglier
❑ c : le chamois

B RÉPONSES

1. b Sur cette trace, les doigts postérieurs ou gardes laissent des marques bien nettes débordant largement celles des doigts avant. Il s'agit d'un sanglier.

2. b Cet animal est une biche, la femelle du cerf, son petit s'appelle un faon. Le brocard est un chevreuil mâle. La chevrette est un chevreuil femelle.

3. a Une bonne gestion cynégétique conduit à ne pas prélever plus de 20 % des perdrix grises présentes à l'ouverture de la chasse.

4. a Une bonne gestion cynégétique conduit à ne pas prélever plus de 50 % des lièvres présents à l'ouverture de la chasse.

5. a Une gestion cynégétique qui tend à augmenter une population de sangliers doit privilégier le tir des animaux de moins de 1 an.

6. b Dans cette souille, le sanglier se roule notamment pour se débarrasser des parasites externes et réguler sa température.

7. a Après une première couvée détruite, une perdrix grise pourra en avoir une autre la même année.

8. b Le furet est utilisé pour capturer les lapins. Forme domestique du putois, prédateur naturel du lapin, il fait fuir les occupants lorsqu'il est introduit dans une garenne.

9. b Ce chien est un pointer. Il est utilisé comme chien d'arrêt par les amateurs de grande quête.

10. c Ce chien est un labrador. C'est un spécialiste du rapport du gibier, aussi bien à terre que dans l'eau.

11. b Ce chien est un braque allemand. C'est un chien d'arrêt continental polyvalent, capable de s'adapter à tous les types de terrain.

12. a Ce chien est un pointer. C'est un chien d'arrêt d'origine anglaise, de grande quête.

13. b Ce chien est un pointer. C'est un chien d'arrêt d'origine anglaise, de grande quête. Il est surtout utilisé pour arrêter le gibier à plume.

14. c Ce chien est un beagle. Il a pour spécialité de mener à voix le gibier à poil.

15. a Ce chien est un labrador. Il fait partie des retrievers, c'est-à-dire des spécialistes du rapport. Il est particulièrement à l'aise en zone humide.

16. c Le teckel est prédisposé au déterrage du renard par sa petite taille. Il peut être également utilisé à la chasse à tir du grand gibier.

17. b Un chien créancé sur lièvre est un chien courant qui a été dressé pour chasser uniquement le lièvre.

18. c Le griffon fauve de Bretagne est un chien courant utilisé à la chasse de tous les gibiers à poil.

19. c Si je blesse un grand gibier, je dois faire appel à un conducteur de chien de sang le plus tôt possible et éviter de fouler la voie de l'animal blessé.

20. a Ce chien est un springer spaniel. Sa quête courte et sa vivacité le prédisposent à la chasse en milieu broussailleux.

21. a Pour se reposer le jour, le sanglier gratte le sol, y pratiquant une cavité dans laquelle il se couche. Cette cavité s'appelle la bauge.

22. b Pour limiter les démangeaisons et lutter contre la chaleur, le sanglier, quasi journellement, se vautre dans une cuvette boueuse appelée souille.

23. a Pour mettre bas, la laie s'isole et construit une sorte de nid, constitué d'un amas de végétaux. Il s'agit du chaudron.

24. b La ramure d'un cerf atteint son apogée entre 10 et 14 ans. Ensuite, la taille des bois peut diminuer de façon plus ou moins spectaculaire. On dit que le cerf ravale.

25. a Jusqu'à 6 mois, le cerf, qu'il soit mâle ou femelle, est appelé faon. On le reconnaît aisément par sa petite taille et par son pelage tacheté. Il est appelé hère les six mois suivants, puis daguet l'année suivante.

26. c Jusqu'à 6 mois, le sanglier présente une livrée jaune marquée de rayures plus sombres. Il est alors dénommé marcassin.

27. a À 6 mois, le marcassin perd sa livrée rayée pour prendre une coloration uniformément rousse. On l'appelle alors bête rousse.

28. b Les canines de la mâchoire supérieure du sanglier sont appelées grès. Elles servent à l'affûtage permanent des défenses.

29. a Les canines de la mâchoire inférieure du sanglier mâle sont extrêmement tranchantes et constituent des armes redoutables : les défenses. Elles sont bien plus développées que les crochets de la femelle.

30. b À 6 mois, le faon perd les taches blanches de son pelage et prend, jusqu'à l'âge de 1 an, l'appellation de hère.

31. b De 1 à 2 ans, autrement dit pendant sa deuxième année, le jeune cerf porte des dagues et se dénomme donc daguet. On peut rencontrer des daguets fourchus.

32. c Chez l'espèce lièvre, le mâle est appelé bouquin. On dénomme bouquinage les poursuites et combats qui préludent aux accouplements du lièvre.

33. c Les animaux, parfois d'espèces différentes, empruntent régulièrement les mêmes passages. La trace qu'ils y laissent au sol et dans la végétation s'appelle une coulée.

34. b Les bois d'un cerf sont constitués des merrains, la partie principale, sur lesquels prennent place les andouillers.

35. b La chasse de haut vol utilise essentiellement des faucons, et en particulier le faucon pèlerin.

36. a Les proies, en chasse de haut vol, sont toujours des oiseaux. Surtout des perdrix, des faisans ou des corneilles.

37. a La chasse de bas vol permet de capturer des oiseaux (faisans, canards) et des mammifères (lapins).

38. a C'est un arrêté ministériel qui détermine les conditions dans lesquelles on peut pratiquer les chasses traditionnelles.

39. b Chaque année, entre février et avril, le cerf perd ses bois. Il est alors appelé cerf mulet.

40. b C'est le maître d'équipage qui prend les décisions concernant la conduite de la chasse à courre.

41. a Le courre du renard, du lièvre et du lapin constitue la petite vénerie.

42. b Le courre du chevreuil, du cerf, du daim et du sanglier constitue la grande vénerie.

43. a Seul l'examen attentif de la dentition du chevreuil permet de déterminer sa classe d'âge.

44. b Il est préférable de dépouiller et d'éviscérer tout gibier avec des gants afin d'éviter toute transmission de maladie.

45. c Pour maintenir une population naturelle de perdrix grises, il faut à la fois aménager le territoire, adapter les prélèvements et limiter la prédation sur cette espèce.

46. c Une douille de fusil de chasse ou de carabine ne disparaît qu'au bout de plus de dix ans. Il est impératif de ramasser toutes les douilles tombées au sol.

47. a En juillet-août, l'observation et le décompte des adultes et des jeunes perdrix grises permettent d'estimer la production de jeunes par couple, et donc de fixer les prélèvements réalisables.

48. a La petite saillie que je sens sous mon pouce à la patte avant du lièvre m'indique qu'il est âgé de moins de 9 mois.

49. a Si je trouve un levraut tout seul dans un champ, je le laisse là où il est. Très probablement, sa mère est dans les parages et attend mon départ pour revenir vers son petit. Je n'y touche donc surtout pas.

50. a Cette aile, dont les plumes les plus proches du corps ont une raie longitudinale couleur crème, bien visible, est celle d'un coq de perdrix grise.

51. a La rabouillère est un petit terrier à entrée unique de 50 à 80 cm de long, qui sert à la lapine pour mettre bas.

52. b Les comptages de perdrix grises en mars ont pour objectif d'estimer la densité de couples reproducteurs.

53. c Le sanglier se repose dans une bauge dans la journée. Dans la souille, il se roule pour se débarrasser des parasites externes et réguler sa température.

54. a Un plan de chasse peut être destiné à réduire, stabiliser ou augmenter l'effectif d'une population. Pour stabiliser l'effectif d'une population de cerfs, le prélèvement doit être compris entre 20 et 30 % de la population totale de fin d'hiver.

55. a Seul l'examen attentif de la dentition du chevreuil permet de déterminer sa classe d'âge.

56. a L'examen des anneaux d'accroissement situés sur les cornes du chamois ou de l'isard permet d'évaluer son âge. Chaque intervalle entre deux anneaux correspond à une année d'âge.

57. a Lorsqu'une première couvée est détruite, la poule de perdrix grise peut faire une seconde ponte appelée recoquetage.

58. b Chez la perdrix grise, les plumes scapulaires permettent de distinguer les sexes. Celles de la poule de perdrix grise comportent un dessin en forme de croix de Lorraine.

59. c Chez le lièvre, seule une manipulation permettant l'examen des organes génitaux rend possible la distinction des sexes.

60. c Entre usagers de la nature, la courtoisie et la sécurité imposent au chasseur de décharger son arme, de saluer les promeneurs et de les informer de la chasse en cours.

61. a L'échinococcose alvéolaire est causée par un parasite de l'intestin du renard. Elle se développe lentement chez l'homme, mais peut provoquer une maladie grave du foie.

62. b L'homme peut être contaminé à partir de certains sangliers dont la viande n'aurait pas été bien cuite ou congelée avant consommation.

4 LES LOIS ET LES RÈGLEMENTS

A QUESTIONS

1. Tous les terrains sur lesquels il est interdit de chasser sont-ils obligatoirement signalés par une pancarte ?

❑ a : oui
❑ b : non

2. Vous vous blessez avec votre arme en chassant. Votre assurance chasse minimum obligatoire couvre-t-elle le dommage corporel que vous subissez ?

❑ a : oui
❑ b : non

3. Le rabat du gibier avec un bateau à moteur est-il autorisé ?

❑ a : oui
❑ b : non

4. Cette arme à rechargement automatique permet de tirer plus de trois coups de suite. Ai-je le droit de m'en servir pour chasser ?

❑ a : oui
❑ b : non

5. Je suis titulaire d'un plan de chasse pour cet animal. Je le tire

❑ a : avec des chevrotines
❑ b : avec des plombs de diamètre inférieur à 4 mm
❑ c : avec des balles

6. L'utilisation d'un bateau à moteur pour chasser en mer, dans la limite des eaux territoriales, est-elle autorisée ?

❑ a : oui
❑ b : non

7. Pour détruire sur ses terres des animaux classés Espèces susceptibles d'occasionner des dégâts (Esod), un piégeur peut poser ce type de piège

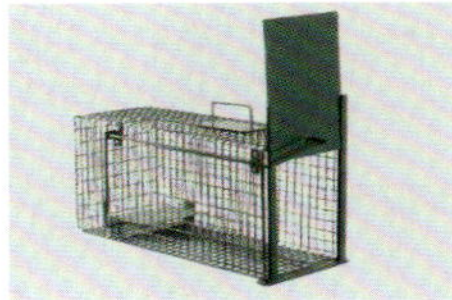

❏ a : sans formalité
❏ b : en faisant une déclaration à la mairie

8. La pose d'un collet sans arrêtoir permettant la capture de certains animaux

❏ a : est autorisée en tout temps
❏ b : est interdite
❏ c : n'est autorisée que la nuit

9. L'utilisation des appelants peut-elle être autorisée pour la chasse du gibier d'eau ?

❏ a : oui
❏ b : non

10. La vente de cette espèce sous toutes ses formes est

❏ a : possible toute l'année
❏ b : totalement interdite
❏ c : possible uniquement pendant la période d'ouverture générale

11. Un chasseur a tué un fuligule morillon. A-t-il le droit de le vendre ?

❏ a : oui
❏ b : non

12. Un chasseur a tué une cane souchet. A-t-il le droit de la vendre ?

❏ a : oui
❏ b : non

13. Je suis autorisé à chasser dans une propriété close de murs

❏ a : sans aucune formalité
❏ b : si je suis titulaire d'un permis de chasser validé

14. J'ai commis une infraction de chasse et mon permis m'a été retiré pour trois ans par jugement. Pour chasser à nouveau à l'issue des trois ans,

- ❑ a : le préfet me restitue mon permis de chasser
- ❑ b : je dois repasser l'examen du permis de chasser

15. Je viens de commettre une infraction de chasse. Mon permis de chasser pourra-t-il m'être retiré par jugement ?

- ❑ a : oui
- ❑ b : non

16. En cas de destruction d'un animal protégé, le juge du tribunal compétent peut-il ordonner la suspension immédiate du permis de chasser ?

- ❑ a : oui
- ❑ b : non

17. Dans une Association communale de chasse agréée, il est obligatoire de mettre en réserve de chasse une superficie

- ❑ a : au moins égale à 30 % du terrain
- ❑ b : au moins égale à 10 % du terrain

18. Les inspecteurs de l'environnement de l'OFB peuvent verbaliser

- ❑ a : uniquement sur le domaine de l'État et celui des communes
- ❑ b : uniquement sur les territoires des associations communales de chasse
- ❑ c : sur tous les territoires

19. L'indemnisation des dégâts de sangliers aux cultures provient d'un fonds spécial alimenté par

- ❑ a : les agriculteurs
- ❑ b : les chasseurs

20. Le collet sans arrêtoir est-il autorisé pour la capture des animaux classés Espèces susceptibles d'occasionner des dégâts (Esod) ?

- ❑ a : oui
- ❑ b : non

21. Un agent chargé de la police de la chasse me demande mon permis de chasser. Pour ne pas être en infraction,

- ❏ a : je le porte sur moi et le lui présente immédiatement
- ❏ b : j'ai 48 heures pour le présenter à une mairie
- ❏ c : j'ai 48 heures pour le présenter à une gendarmerie

22. Je tire un lièvre de la cabine de mon tracteur. Celui-ci risque-t-il de m'être confisqué ?

- ❏ a : oui
- ❏ b : non

23. En temps de neige,

- ❏ a : la chasse est toujours interdite
- ❏ b : la chasse de certaines espèces peut être autorisée

24. Ai-je le droit de chasser avec une arme à air comprimé ?

- ❏ a : oui
- ❏ b : non

25. Tout chasseur peut-il chasser librement sur le domaine public maritime ?

- ❏ a : oui
- ❏ b : non

26. Pour chasser sur le domaine public maritime,

- ❏ a : je dois adhérer à une association de chasse maritime
- ❏ b : je ne suis pas tenu d'adhérer à une association

27. Pour chasser en mer dans la limite des eaux territoriales avec un bateau non muni de moteur, le nombre de fusils autorisés ne peut pas être supérieur à

- ❏ a : 2
- ❏ b : 3
- ❏ c : 4

28. Pour tirer un canard sur un plan d'eau, puis-je utiliser des cartouches à grenaille de plomb ?

- ❏ a : oui
- ❏ b : non

29. **Pour tirer un canard sur un plan d'eau, puis-je utiliser des cartouches à grenaille d'acier ?**

❏ a : oui
❏ b : non

30. **L'exercice de la chasse sur un territoire attenant à une habitation et entouré d'un mur continu, empêchant complètement le passage de l'homme et du gibier à poil, exige-t-il d'être titulaire d'un permis de chasser valable ?**

❏ a : oui
❏ b : non

31. **Une Association communale de chasse agréée a-t-elle le droit de limiter le nombre de pièces de gibier qui peuvent être prélevées pendant une même journée par un chasseur ?**

❏ a : oui
❏ b : non

32. **Une association ou une société peut-elle, sur son territoire de chasse, retarder l'ouverture de la chasse au-delà de la date fixée pour l'ouverture générale ?**

❏ a : oui
❏ b : non

33. **Avant chaque saison de chasse, je dois consulter l'arrêté d'ouverture et de clôture de la chasse dans mon département. Je le trouve**

❏ a : affiché en mairie
❏ b : publié au Journal officiel

34. **Un faisan s'est levé sur mon terrain de chasse. Il passe sur la propriété voisine,**

❏ a : je tire
❏ b : je ne tire pas

35. **Pour détruire au fusil les animaux classés Espèces susceptibles d'occasionner des dégâts (Esod) dans le département,**

❏ a : le permis de chasser validé n'est pas obligatoire
❏ b : le permis de chasser validé est obligatoire
❏ c : seule l'assurance chasse est obligatoire

36. Une compagnie de sangliers vit en liberté dans un territoire non clos. Elle appartient

❏ a : au propriétaire du terrain
❏ b : au locataire du droit de chasse
❏ c : à personne

37. La capture du gibier pour le repeuplement est-elle soumise à autorisation préfectorale ?

❏ a : oui
❏ b : non

38. Le tir de la bécasse à la passée est-il interdit ?

❏ a : oui
❏ b : non

39. Le lieutenant de louveterie est chargé

❏ a : d'organiser des battues ordonnées par le préfet
❏ b : de délivrer des autorisations de destruction des Espèces susceptibles d'occasionner des dégâts (Esod)

40. Un plan de chasse est

❏ a : l'organisation d'une battue
❏ b : la fixation d'un nombre de pièces de gibier à prélever
❏ c : la fixation du nombre de jours de chasse autorisés pour une espèce

41. La chasse du chevreuil est obligatoirement soumise au plan de chasse

❏ a : dans tous les départements
❏ b : dans certains départements

42. Je suis titulaire d'un plan de chasse. Je viens de tirer un chevreuil. Je lui mets un bracelet

❏ a : sur place
❏ b : au plus tard sur l'allée la plus proche après l'avoir sorti du bois
❏ c : au rendez-vous de chasse

43. En France, le mouflon

❏ a : peut être chassé par le bénéficiaire d'un plan de chasse
❏ b : peut être chassé sans plan de chasse

44. Pénétrant par mégarde sur la chasse voisine, j'ai tiré un lapin. Ma bonne foi fait-elle disparaître l'infraction ?

❑ a : oui
❑ b : non

45. En cas de grand froid avec gel prolongé, la chasse au gibier d'eau peut être suspendue temporairement

❑ a : par la Fédération départementale des chasseurs
❑ b : par le préfet
❑ c : par l'Office français de la biodiversité

46. L'usage de cet animal pour la chasse est

❑ a : autorisé dans tous les départements
❑ b : autorisé dans certains départements
❑ c : interdit

47. L'Office français de la biodiversité est

❑ a : une association
❑ b : un établissement public de l'État

48. L'usage d'une lunette de visée sur une carabine est-il autorisé ?

❑ a : oui
❑ b : non

49. Pour tirer un ragondin pendant la période d'ouverture de la chasse,

❑ a : je dois être titulaire d'un permis de chasser validé
❑ b : je n'ai pas besoin d'être titulaire d'un permis de chasser valable

50. La pose d'un collet avec arrêtoir est

❑ a : libre en tout lieu et en tout temps
❑ b : permise aux piégeurs agréés
❑ c : interdite en tout lieu et en tout temps

51. Le vent a renversé une pancarte et je pénètre par mégarde sur un territoire voisin. Suis-je en infraction ?

❑ a : oui
❑ b : non

52. Pour chasser sur le domaine public maritime, je dois

❑ a : adhérer à une association de chasse maritime
❑ b : exercer la profession de marin-pêcheur
❑ c : résider dans une commune maritime

53. En chasse à tir, mes chiens courants poursuivent un renard qui pénètre sur le territoire voisin

❑ a : j'ai le droit de les suivre et de tirer le renard
❑ b : je les laisse chasser et attends sur mon territoire
❑ c : je dois rappeler mes chiens et les arrêter

54. L'assurance chasse minimum obligatoire couvre

❑ a : les dommages matériels causés à autrui
❑ b : les dommages corporels causés à autrui
❑ c : tous les dommages causés pendant la chasse

55. L'organisateur de chasse n'a pas rappelé les consignes élémentaires de sécurité. Pendant la chasse, un chasseur blesse par imprudence son voisin de poste

❑ a : seule la responsabilité du tireur peut être engagée
❑ b : seule la responsabilité de l'organisateur de chasse peut être engagée
❑ c : la responsabilité du tireur et de l'organisateur peut être engagée

56. Pour transporter mon arme basculante dans une remorque de tracteur, je dois

❑ a : seulement la décharger
❑ b : la décharger et l'ouvrir
❑ c : la décharger et la placer dans son étui ou la démonter

57. Je souhaite me déplacer dans une remorque de tracteur et ne dispose pas d'étui pour mon arme,

❑ a : je n'en ai pas le droit
❑ b : je peux le faire si mon arme est démontée

58. La chasse à l'arc, pour les titulaires du permis de chasser et de l'attestation de formation à ce type de chasse, est autorisée

❑ a : uniquement dans certains départements
❑ b : dans tous les départements

59. La chasse à l'arc, pour les titulaires du permis de chasser et de l'attestation de formation à ce type de chasse, est autorisée

❑ a : seulement pour le petit gibier
❑ b : seulement pour le grand gibier
❑ c : pour toutes les espèces chassables

60. Est-il possible, dans un département, d'établir un plan de chasse pour une espèce de petit gibier ?

❑ a : oui
❑ b : non

61. Je peux chasser le gibier d'eau à la passée du soir

❑ a : seulement jusqu'au coucher du soleil
❑ b : jusqu'à minuit
❑ c : jusqu'à deux heures après l'heure légale du coucher du soleil, au chef-lieu du département.

62. Dans la majorité des départements, le chevreuil peut être chassé avant l'ouverture générale

❑ a : en battue
❑ b : uniquement à l'approche et à l'affût

63. Le lapin figure sur la liste des espèces classées Espèces susceptibles d'occasionner des dégâts (Esod)

❑ a : sur tout le territoire national
❑ b : dans certains départements
❑ c : dans aucun département

64. Le sanglier est

❑ a : toujours classé Espèce susceptible d'occasionner des dégâts (Esod)
❑ b : toujours classé gibier
❑ c : classé Espèce susceptible d'occasionner des dégâts (Esod) dans certains départements

65. Pour la destruction à tir du renard, classé Esod dans le département, le permis de chasser validé est-il nécessaire ?

❑ a : oui
❑ b : non

66. J'ai trouvé cet oiseau mort dans la nature. Ai-je le droit de le faire naturaliser ?

- ❑ a : oui
- ❑ b : non

67. Un inspecteur de l'environnement de l'OFB peut-il effectuer la saisie réelle d'un gibier ?

- ❑ a : oui
- ❑ b : non

68. Un inspecteur de l'environnement de l'OFB peut-il effectuer la saisie réelle d'une arme de chasse ?

- ❑ a : oui
- ❑ b : non

69. Un inspecteur de l'environnement de l'OFB peut-il effectuer la saisie réelle d'un véhicule pour une infraction de chasse ?

- ❑ a : oui
- ❑ b : non

70. Je chasse à courre le lièvre avec mes chiens. Une attestation de conformité de meute m'a été délivrée par

- ❑ a : le maire de la commune où se trouve mon chenil
- ❑ b : la Fédération départementale des chasseurs du département où se trouve mon chenil
- ❑ c : le préfet du département où se trouve mon chenil

71. Pour pratiquer la chasse sous terre, j'ai besoin d'une attestation de conformité de meute délivrée par

- ❑ a : le maire de la commune où se trouve mon chenil
- ❑ b : la Fédération départementale des chasseurs du département où se trouve mon chenil
- ❑ c : le préfet du département où se trouve mon chenil

72. Le montant de la cotisation annuelle à la Fédération départementale des chasseurs est fixé par

❑ a : le ministre chargé de la Chasse
❑ b : le préfet du département
❑ c : l'assemblée générale de la Fédération départementale des chasseurs

73. La formation à l'examen du permis de chasser est assurée par

❑ a : les Fédérations départementales des chasseurs
❑ b : l'Office français de la biodiversité

74. Un garde-chasse particulier peut-il, sur une propriété où il est assermenté, contrôler votre permis de chasser ?

❑ a : oui
❑ b : non

75. Un garde-chasse particulier peut-il, sur une propriété où il est assermenté, dresser et rédiger un procès-verbal pour le transmettre au procureur de la République ?

❑ a : oui
❑ b : non

76. Le paiement des dossiers d'indemnisation de dégâts de grand gibier aux agriculteurs est assuré par

❑ a : la Fédération départementale des chasseurs
❑ b : l'Office français de la biodiversité
❑ c : le ministère de l'Agriculture

77. La Fédération départementale des chasseurs gère les dossiers d'indemnisation des dégâts commis par

❑ a : le lapin
❑ b : le lièvre
❑ c : le sanglier et le grand gibier

78. J'ai fait valider mon permis de chasser le 15 octobre. Celui-ci est valable

❑ a : jusqu'au 15 octobre de l'année suivante
❑ b : jusqu'au 30 juin de l'année suivante

79. Suivant une chasse à courre avec un fouet et une trompe de chasse, dois-je être porteur d'un permis de chasser validé ?

- ❑ a : oui
- ❑ b : non

80. Lorsqu'elle est nécessaire, le montant de la cotisation départementale grand gibier est fixé par

- ❑ a : le ministre chargé de la Chasse
- ❑ b : l'assemblée générale de la Fédération départementale des chasseurs (ou de la FDC)

81. Une personne qui, au nom de convictions personnelles opposées à la pratique de la chasse, interdit la chasse sur son territoire inclus dans le périmètre d'une ACCA est-elle tenue de procéder sur son territoire à la destruction des animaux classés Esod ?

- ❑ a : oui
- ❑ b : non

82. Une personne qui, au nom de convictions personnelles, interdit la chasse sur son territoire inclus dans le périmètre d'une ACCA peut-elle obtenir la validation de son permis de chasser ?

- ❑ a : oui
- ❑ b : non

83. Dans une ACCA, sur un terrain situé à moins de 150 mètres d'une habitation, le droit de chasse appartient

- ❑ a : à l'ACCA
- ❑ b : au(x) propriétaire(s) du terrain qui jouxte la maison

84. Le règlement intérieur d'une société de chasse peut prévoir d'infliger une sanction à l'un de ses membres

- ❑ a : uniquement pour une infraction aux règles de sécurité à la chasse
- ❑ b : uniquement pour une infraction concernant le plan de chasse
- ❑ c : pour n'importe quel type d'infraction au règlement intérieur

85. L'utilisation du furet à la chasse est-elle libre dans tous les départements ?

- ❑ a : oui
- ❑ b : non

86. Un chasseur peut-il utiliser un téléphone portable pour signaler aux autres chasseurs la direction de fuite du gibier ?

❑ a : oui
❑ b : non

87. L'autorisation de chasser accompagné est

❑ a : payante
❑ b : gratuite

88. L'autorisation de chasser accompagné permet au bénéficiaire et à l'accompagnateur de chasser avec

❑ a : une seule arme pour les deux
❑ b : chacun une arme

89. La détention d'une autorisation de chasser accompagné permet-elle l'acquisition d'une arme de chasse et de ses munitions ?

❑ a : oui
❑ b : non

90. La validation nationale du permis de chasser de l'accompagnateur permet-elle au chasseur accompagné de chasser avec lui sur tout le territoire national ?

❑ a : oui
❑ b : non

91. À l'issue de l'examen, le permis de chasser est remis immédiatement aux lauréats par

❑ a : l'Office français de la biodiversité
❑ b : la préfecture
❑ c : la Fédération départementale des chasseurs

92. Pour protéger les cultures agricoles, le préfet, dans les conditions qu'il détermine, peut autoriser la chasse du sanglier à compter du

- ❑ a : 15 mars
- ❑ b : 1er mai
- ❑ c : 1er juin

93. Le président de la Fédération départementale des chasseurs

- ❑ a : gère les dossiers d'indemnisation des dégâts de grand gibier
- ❑ b : peut suspendre la chasse dans le département en cas de coup de froid
- ❑ c : fixe la date d'ouverture de la chasse dans le département

94. Pour observer des animaux la nuit, l'utilisation d'une source lumineuse pour les rechercher

- ❑ a : est autorisée sans restriction
- ❑ b : est autorisée si je suis sur mon territoire de chasse
- ❑ c : est interdite, sauf autorisation administrative

95. Pour offrir de la venaison de l'espèce sanglier à un ami,

- ❑ a : il est obligatoire de l'informer des risques de trichine
- ❑ b : il est obligatoire de faire rechercher la trichine par les services vétérinaires

96. J'ai tué à la chasse un chevreuil que je souhaite donner à ma société de chasse pour son repas annuel. Je dois

- ❑ a : faire pratiquer un examen initial par une personne agréée et compléter la fiche de traçabilité
- ❑ b : enlever la peau, la tête et les pattes de l'animal

97. Pour consommer de la venaison de sanglier lors d'un repas de chasse, la recherche par un laboratoire de larves de trichine est-elle obligatoire ?

- ❑ a : oui
- ❑ b : non

98. Je capture du gibier sur mon territoire de chasse pour le repeuplement. Je dois obtenir une autorisation

- ❑ a : du président de la Fédération départementale des chasseurs
- ❑ b : du maire
- ❑ c : du préfet

99. Mon chien s'est échappé et est en état de divagation. Suis-je susceptible de payer une amende ?

❑ a : oui
❑ b : non

100. Pour tirer un ragondin, ai-je le droit d'utiliser de la grenaille de plomb ?

❑ a : oui
❑ b : non

101. Pour tirer un ragondin en période de fermeture de la chasse, je dois avoir l'accord écrit

❑ a : du détenteur du droit de destruction
❑ b : du détenteur du droit de chasse

102. La chasse au gibier d'eau la nuit à partir de huttes, tonnes ou gabions

❑ a : est autorisée dans tous les départements
❑ b : n'est autorisée que dans certains départements

103. L'identification des chiens par le tatouage ou la pose d'une puce électronique

❑ a : est conseillée
❑ b : est obligatoire

104. J'ai tué une bécasse. Avant tout déplacement,

❑ a : je lui appose seulement un bracelet autour d'une patte
❑ b : je lui appose un bracelet autour d'une patte et je complète mon carnet de prélèvement ou je saisis sur l'application Chassadapt

105. L'acquisition d'un fusil à canon lisse

❑ a : se fait sans formalité
❑ b : doit faire l'objet d'une déclaration d'enregistrement

106. L'usage d'appelants artificiels ou formes, pour la chasse du corbeau freux et de la corneille noire,

❑ a : est autorisé
❑ b : est interdit

107. L'usage d'appelants vivants pour la chasse du pigeon ramier

- ❑ a : est autorisé dans tous les départements
- ❑ b : n'est autorisé que dans certains départements

108. Si je tire un gibier de ma voiture, est-ce que je risque la confiscation de mon véhicule ?

- ❑ a : oui
- ❑ b : non

109. Pour chasser l'alouette des champs, l'utilisation d'un tel miroir réfléchissant

- ❑ a : est autorisée dans certains départements
- ❑ b : est autorisée sur le territoire national
- ❑ c : est interdite

110. Pour chasser, l'utilisation de sons enregistrés

- ❑ a : est autorisée pour la chasse du gibier d'eau
- ❑ b : est autorisée pour la chasse à la grive
- ❑ c : est interdite

111. Un automobiliste vient de tuer accidentellement un chevreuil avec son véhicule,

- ❑ a : il n'a pas le droit de le transporter
- ❑ b : il ne peut le transporter que s'il est titulaire d'un permis de chasser validé
- ❑ c : il peut le transporter après avoir prévenu les services de la gendarmerie ou de la police nationale

112. Lors d'un contrôle, mon permis de chasser doit être accompagné

- ❑ a : de sa validation annuelle et de l'attestation d'assurance chasse
- ❑ b : uniquement de sa validation annuelle

113. L'utilisation des appelants artificiels pour la chasse du pigeon ramier

- ❑ a : est autorisée
- ❑ b : est interdite

114. Pour observer les animaux la nuit, l'utilisation d'une source lumineuse

- ❏ a : est autorisée sans restriction
- ❏ b : est autorisée si je suis sur mon territoire de chasse
- ❏ c : est interdite, sauf autorisation administrative

115. La validation départementale du permis de chasser de l'accompagnateur permet au chasseur accompagné de chasser avec lui

- ❏ a : uniquement sur le département de validité
- ❏ b : sur tout le territoire national

116. Le Schéma départemental de gestion cynégétique est élaboré par

- ❏ a : la Fédération départementale des chasseurs
- ❏ b : l'Office français de la biodiversité

117. Un lieutenant de louveterie peut-il verbaliser, dans sa circonscription, pour infraction à la police de la chasse ?

- ❏ a : oui
- ❏ b : non

118. Une validation temporaire du permis de chasser peut-elle permettre, pour la même saison de chasse, de chasser sur une période de trois jours, renouvelable deux fois ?

- ❏ a : oui
- ❏ b : non

119. Une validation temporaire du permis de chasser peut-elle permettre, pour la même saison de chasse, de chasser sur une période de neuf jours consécutifs ?

- ❏ a : oui
- ❏ b : non

A RÉPONSES

1. b Les terrains interdits à la chasse ne sont pas obligatoirement signalés par une pancarte. N'oubliez pas de vous renseigner si vous n'êtes pas sûr des limites du territoire de chasse.

2. b Si vous vous blessez avec votre arme en chassant, votre assurance chasse minimum obligatoire ne couvre pas le dommage corporel que vous avez subi. Par contre, elle couvre le dommage corporel causé à autrui.

3. b Rabattre du gibier avec un bateau à moteur est interdit.

4. b Pour chasser, il est interdit d'utiliser une arme à rechargement automatique qui permet de tirer plus de trois coups de suite sans intervention manuelle.

5. c Le chamois ne peut être tiré qu'avec des balles.

6. b Chasser en mer avec un bateau à moteur est interdit, quel que soit l'endroit où l'on se trouve.

7. b Pour détruire sur ses terres des animaux classés Esod, un piégeur doit faire une déclaration à la mairie et, bien sûr, utiliser un type de piège autorisé, comme cette boîte à fauves.

8. b Le collet sans arrêtoir est un piège interdit en tout temps.

9. a L'utilisation d'appelants peut être autorisée pour la chasse du gibier d'eau, par exemple les canards à la hutte.

10. b La vente d'une bécasse est interdite en tout temps et sous toutes ses formes.

11. b Le fuligule morillon est une espèce chassable, mais il est interdit de le vendre.

12. b La femelle de canard souchet peut tout à fait être chassée, mais il est interdit de la vendre.

13. b Même dans une propriété close de murs, on ne peut chasser qu'avec un permis validé.

14. b Si mon permis m'a été retiré par jugement, je dois repasser l'examen du permis de chasser pour pouvoir chasser à nouveau.

15. a À chaque infraction de chasse, je risque de me voir retirer mon permis de chasser par le juge du tribunal compétent.

16. a Si je tue un animal protégé, comme un héron cendré, le juge peut ordonner la suspension immédiate de mon permis de chasser.

17. b Une ACCA doit obligatoirement mettre en réserve au moins 10 % de son territoire.

18. c Les inspecteurs de l'environnement de l'OFB ont compétence sur tous les territoires.

19. b Ce sont uniquement les chasseurs qui alimentent un fonds spécial d'indemnisation des dégâts causés aux cultures agricoles par les sangliers et le grand gibier soumis au plan de chasse.

20. b L'utilisation d'un collet sans arrêtoir est interdite en tout temps et en tout lieu.

21. a Je dois porter sur moi mon permis de chasser pour ne pas être en infraction et le présenter immédiatement à toute personne assermentée qui me le demande.

22. a Si de la cabine de mon tracteur, je tire un lièvre, mon tracteur risque de m'être confisqué.

23. b Selon les départements, la chasse du grand gibier et de certaines espèces de petit gibier (principalement soumises à plan de chasse ou classées Esod) peut être autorisée en temps de neige. Avant de chasser, je consulte l'arrêté d'ouverture de la chasse affiché en mairie.

24. b Chasser avec une arme à air comprimé est interdit.

25. b La chasse sur le domaine public maritime n'est pas libre. Je dois adhérer à une association de chasse maritime.

26. a Si je veux chasser sur le domaine public maritime, je dois adhérer à une association de chasse maritime.

27. a En mer, je ne peux inviter qu'une personne à chasser avec moi dans un bateau sans moteur, car le nombre de fusils est limité à deux.

28. b Pour tirer un canard sur un plan d'eau, l'utilisation des cartouches à grenaille de plomb est interdite.

29. a Pour tirer un canard sur un plan d'eau, l'utilisation des cartouches à grenaille d'acier est autorisée comme toutes les cartouches de substitution à la grenaille de plomb. Je veille à utiliser une arme adaptée à ces munitions.

30. a Pour chasser sur un territoire attenant à une habitation et entouré d'un mur continu, empêchant complètement le passage de l'homme et du gibier à poil, je dois être titulaire d'un permis de chasser valable.

31. a Une ACCA peut limiter le nombre de pièces à prélever ; cette décision est liée à une bonne gestion des populations de gibier.

32. a Une association ou une société de chasse peut tout à fait retarder l'ouverture au-delà de la date légale. Bien souvent, cette décision est prise dans le souci d'une bonne gestion des populations de gibier.

33. a Je peux consulter l'arrêté d'ouverture et de clôture de la chasse dans mon département à la mairie.

34. b Même si le gibier s'est levé sur mon terrain de chasse, je n'ai pas le droit de le tirer sur la propriété voisine.

35. b Pour détruire au fusil les animaux classés nuisibles, je dois être titulaire d'un permis de chasser validé.

36. c Des sangliers sont en liberté en territoire ouvert : ils n'appartiennent à personne, comme tous les gibiers de ce territoire.

37. a C'est le préfet qui délivre les autorisations de capture de gibier vivant.

38. a En automne et en hiver, la bécasse passe la nuit sur les prairies ; le vol a lieu au crépuscule et à l'aube : c'est la passée. Le tir de la bécasse à la passée est interdit en France.

39. a Le lieutenant de louveterie a pour charge principale d'organiser des battues de destruction ordonnées par le préfet.

40. b Le plan de chasse est la fixation d'un nombre de pièces de gibier à prélever pour un territoire défini. Chaque animal prélevé doit être muni d'un dispositif de marquage numéroté.

41. a La chasse du chevreuil est obligatoirement soumise au plan de chasse dans tous les départements.

42. a Je viens de tuer un animal soumis au plan de chasse. Avant tout déplacement, même minime, je dois poser un bracelet sur place.

43. a Le mouflon est une espèce chassable soumise à un plan de chasse obligatoire.

44. b Si en chassant, je pénètre par mégarde sur la chasse voisine, je suis en infraction. Ma bonne foi n'y changera rien.

45. b Les grands froids prolongés sont des périodes éprouvantes pour la faune sauvage. Le préfet peut alors suspendre la chasse temporairement.

46. c La chasse avec des lévriers est interdite en France.

47. b L'OFB est un établissement public de l'État.

48. a À l'affût, la lunette de visée sur une carabine est autorisée et même recommandée pour une meilleure précision du tir.

49. a Pour tirer un ragondin, je dois être titulaire d'un permis de chasser validé.

50. b Poser un collet avec arrêtoir est autorisé pour la destruction de certaines espèces classées Esod, mais il faut être piégeur agréé pour le poser.

51. a Il n'y a pas d'obligation de disposer des pancartes autour de son territoire de chasse. Tout chasseur doit connaître les limites du territoire sur lequel il opère. En action de chasse sur le territoire voisin, je suis en infraction.

52. a Pour chasser sur le domaine public maritime, je dois adhérer à une association de chasse maritime.

53. c Laisser chasser des chiens courants constitue un acte de chasse. Si mes chiens pénètrent sur le territoire voisin, je dois tout faire pour les arrêter sous peine d'être passible de chasse sur autrui.

54. b Seuls les dommages corporels causés à autrui sont couverts par l'assurance chasse minimum obligatoire.

55. c En cas d'accident de chasse, la responsabilité du tireur peut être engagée s'il est prouvé qu'il a commis une imprudence. La responsabilité de l'organisateur de chasse peut également être engagée s'il est établi qu'il n'a pas rempli son rôle de responsable pour la sécurité de la battue.

56. c Pour transporter une arme basculante, celle-ci doit être soit déchargée et placée sous étui, soit démontée.

57. b Pour transporter une arme basculante, celle-ci doit être soit déchargée et placée sous étui, soit démontée.

58. b La chasse à l'arc est autorisée, sur tout le territoire national, aux titulaires du permis de chasser et de l'attestation de formation à ce type de chasse.

59. c La chasse à l'arc est autorisée uniquement pour les titulaires du permis de chasser et de l'attestation de formation à cette chasse et ce, pour toutes les espèces chassables.

60. a Le Schéma départemental de gestion cynégétique élaboré par la FDC comprend les plans de chasse et les plans de gestion, qui peuvent concerner le petit gibier.

61. c Il est possible de chasser le gibier d'eau à la passée du soir deux heures après l'heure légale du coucher du soleil, au chef-lieu du département.

62. b Avant la date de l'ouverture générale, dans certains départements, le chevreuil peut être chassé à l'approche ou à l'affût par les détenteurs de plan de chasse munis d'une autorisation préfectorale individuelle.

63. b C'est le préfet qui décide après avis de la commission départementale de la chasse et de la faune sauvage d'inclure ou de ne pas inclure le lapin dans la liste des Esod.

64. c C'est le préfet qui décide après avis de la commission départementale de la chasse et de la faune sauvage d'inclure ou de ne pas inclure le sanglier dans la liste des Esod.

65. a Pour tirer au fusil le renard, aussi bien à la chasse qu'en destruction, le permis de chasser validé est obligatoire.

66. b Comme pour toutes les espèces protégées, la naturalisation de ce héron est interdite.

67. a Les inspecteurs de l'environnement de l'OFB sont parfaitement habilités à effectuer la saisie réelle d'un gibier en cas d'infraction.

68. a Les inspecteurs de l'environnement de l'OFB sont parfaitement habilités à effectuer la saisie d'une arme en cas d'infraction.

69. a Les inspecteurs de l'environnement de l'OFB sont parfaitement habilités à effectuer la saisie d'un véhicule en cas d'infraction.

70. c La chasse à courre avec une meute de chiens courants est soumise à une attestation de conformité de meute délivrée par le préfet du département où se trouve mon chenil.

71. c La pratique de la vénerie sous terre est soumise à une attestation de conformité de meute délivrée par le préfet du département où se trouve mon chenil.

72. b C'est l'assemblée générale de la FDC qui fixe le montant de la cotisation fédérale.

73. a La formation à l'examen du permis de chasser est assurée par les FDC.

74. a Au cours de l'action de chasse, un garde-chasse particulier est habilité à contrôler votre permis de chasser sur le territoire où il est assermenté.

75. a Au cours de l'action de chasse, un garde-chasse particulier est habilité à dresser et à rédiger un procès-verbal pour le transmettre au procureur de la République.

76. a Les FDC sont chargées d'assurer le paiement des dossiers d'indemnisation des dégâts de grand gibier aux réclamants.

77. c L'indemnisation des dégâts de gibier concerne le sanglier ainsi que les grands gibiers soumis à plan de chasse.

78. b Quelle que soit la date à laquelle est délivrée la validation, celle-ci est valable jusqu'au 30 juin suivant.

79. a À la chasse à courre, le permis de chasser validé est exigible pour tout participant portant un fouet et une trompe de chasse.

80. b C'est l'assemblée générale de la FDC qui fixe le montant de la cotisation départementale grand gibier.

81. a Une personne qui, au nom de convictions personnelles, interdit la chasse sur son territoire inclus dans le périmètre d'une ACCA est tenue de procéder ou de faire procéder sur son territoire à la destruction des animaux classés nuisibles.

82. b Une personne qui, au nom de convictions personnelles opposées à la pratique de la chasse, interdit la chasse sur son territoire inclus dans le périmètre d'une ACCA ne peut plus obtenir la validation de son permis de chasser.

83. b Sur le fondement d'un arrêté préfectoral, les terrains situés à moins de 150 mètres des habitations ne sont pas dévolus à l'ACCA. Ce droit de chasse appartient au(x) propriétaire(s) du terrain qui jouxte la maison.

84. c Le contenu du règlement intérieur d'une société de chasse est libre. Il peut prévoir des sanctions pour les infractions au règlement intérieur.

85. b La chasse du lapin peut être pratiquée à l'aide du furet dans les conditions définies par le préfet.

86. b Un téléphone portable ne peut pas être utilisé pour des communications ayant un rapport avec l'acte de chasse.

87. b L'autorisation de chasser accompagné est gratuite. Elle est délivrée par la préfecture.

88. a Pour la chasse accompagnée, le bénéficiaire et l'accompagnateur ne peuvent disposer que d'une seule arme pour les deux.

89. b La détention d'une autorisation de chasser accompagné ne donne pas le droit d'acquérir une arme et des munitions de chasse.

90. a C'est la validation du permis de chasser de l'accompagnateur qui conditionne la validité géographique de l'autorisation de chasser accompagné sur tout le territoire national.

91. a Le permis de chasser est remis aux lauréats à l'issue de l'examen par l'inspecteur de l'OFB du permis de chasser.

92. c La chasse du sanglier peut être pratiquée par les détenteurs d'une autorisation préfectorale dans les conditions fixées par le préfet à compter du 1er juin.

93. a Le président de la FDC gère les dossiers d'indemnisation des dégâts de grand gibier causés aux cultures agricoles.

94. c L'utilisation de sources lumineuses est interdite pour la recherche et l'observation des animaux la nuit, sauf autorisation administrative pour des comptages ou à des fins scientifiques.

95. a En offrant de la venaison de l'espèce sanglier à un ami, il est obligatoire de l'informer des risques de trichine et de lui conseiller de bien faire cuire la viande afin de supprimer une éventuelle trichinellose.

96. a Le don d'un chevreuil destiné à être consommé lors d'un repas de chasse, doit donner lieu à un examen initial par une personne agréée et à l'établissement d'une fiche de traçabilité.

97. a Pour les repas de chasse ou repas associatifs, il est obligatoire de soumettre à un laboratoire agréé la venaison de sanglier en vue d'une recherche sur la présence de larves de trichine.

98. c Le préfet délivre les autorisations de capture de gibier vivant.

99. a Si mon chien s'est échappé et est en divagation, je suis susceptible de payer une amende. En outre, je suis responsable de tous les dommages qu'il pourrait commettre. Je dois donc veiller à ce qu'il ne s'échappe pas.

100. b Pour tirer un ragondin, je n'ai pas le droit d'utiliser de la grenaille de plomb. Son usage est interdit sur les rivières, étangs et marais non asséchés.

101. a Le tir du ragondin en période de fermeture de la chasse n'est pas un acte de chasse mais un acte de destruction. Il ne peut être réalisé qu'avec l'accord du détenteur du droit de destruction, c'est-à-dire le propriétaire ou le fermier.

102. b La chasse au gibier d'eau la nuit à partir de huttes, tonnes ou gabions n'est autorisée que dans certains départements.

103. b L'identification des chiens par le tatouage ou la pose d'une puce électronique est obligatoire.

104. b Après avoir tué une bécasse et avant tout déplacement, je lui appose un bracelet autour d'une patte et je remplis mon carnet de prélèvement ou je saisis mon prélèvement sur l'application Chassadapt.

105. b Lors de l'acquisition d'un fusil à canon lisse, un enregistrement à la préfecture doit être fait par l'armurier ou par l'acheteur.

106. a L'usage d'appelants artificiels ou formes, pour la chasse du corbeau freux et de la corneille noire, est autorisé.

107. b C'est un arrêté ministériel qui fixe la liste des départements dans lesquels l'utilisation d'appelants vivants est autorisée pour la chasse du pigeon ramier.

108. a Si je tire un gibier de ma voiture, mon véhicule risque d'être confisqué.

109. c La chasse à l'alouette à l'aide d'un miroir réfléchissant est interdite sur tout le territoire national. En revanche, un miroir dépourvu de morceaux de glace ou de pièces brillantes peut être employé.

110. c L'utilisation de sons enregistrés est interdite pour la chasse de tous les oiseaux.

111. c Le grand gibier tué accidentellement avec un véhicule automobile peut être transporté si le conducteur a préalablement averti la gendarmerie ou la police nationale.

112. a Mon permis de chasser n'est valable que s'il est accompagné de sa validation annuelle et de l'attestation d'assurance chasse en cours.

113. a Pour la chasse des oiseaux de passage, dont le pigeon ramier, l'utilisation des appelants artificiels est autorisée.

114. c L'utilisation de sources lumineuses est rigoureusement interdite, sauf autorisation administrative pour le comptage ou à des fins scientifiques et l'observation des animaux la nuit.

115. a C'est la validation du permis de chasser de l'accompagnateur qui conditionne la validité géographique de l'autorisation de chasser accompagné.

116. a C'est la Fédération départementale des chasseurs qui élabore le Schéma de gestion cynégétique établi pour une période de six ans renouvelable.

117. a Dans sa circonscription, un lieutenant de louveterie peut verbaliser pour une infraction à la police de la chasse.

118. a Pour une saison de chasse, un chasseur peut obtenir au maximum trois validations temporaires, départementales ou nationales, de trois jours.

119. a Pour une saison de chasse, un chasseur peut obtenir au maximum une validation temporaire, départementale ou nationale, de neuf jours consécutifs.

2

L'EXAMEN DU PERMIS DE CHASSER ET AUTRES FORMATIONS

1 COMMENT PASSER L'EXAMEN DU PERMIS DE CHASSER ?

Principes

1. Qui peut passer – et réussir – l'examen du permis de chasser ?

Tout le monde (sauf dans l'un des cas de refus d'inscription mentionnés dans la « demande d'inscription à l'examen de délivrance du permis de chasser »). Il n'est pas du tout nécessaire d'être issu d'une famille de chasseurs ni d'être particulièrement jeune. Ainsi, si les moins de 20 ans représentent 40 % des candidats, les individus âgés de 20 à 40 ans représentent également 40 % des candidats. Et 15 % ont entre 40 et 60 ans. On assiste d'ailleurs à un « vieillissement » des candidats. Le profil des candidats devient également de plus en plus urbain, en raison de phénomènes sociologiques. De la même façon, on observe une féminisation du monde de la chasse : 8 % des candidats et 6 % des chasseurs sont des femmes.

2. Ai-je une chance de réussir l'examen du permis de chasser ?

Bien sûr, il vous faut assister obligatoirement aux formations théorique et pratique organisées par chaque Fédération départementale des chasseurs (FDC)... et bien lire ce manuel. Un peu plus de **70 % des candidats réussissent** l'examen du permis de chasser, sachant qu'un certain nombre s'y présentent sans réelle motivation ni sans s'y être correctement préparés. Ce qui ne sera pas votre cas !

3. L'examen du permis de chasser fera-t-il de moi un chasseur ?

Évidemment non, c'est le terrain et le temps qui s'en chargeront. En revanche, **la révision de l'examen**, grâce à ce livre, **le suivi des formations obligatoires**, l'examen même enseignent les grands principes de la chasse. Ainsi le nouveau chasseur réalise que :

« On ne chasse pas n'importe quoi n'importe comment »

En fait, l'examen a une triple mission : sélectionner, former et sensibiliser le chasseur. Aujourd'hui, nous relevons que la manipulation des armes et la connaissance de la sécurité sont prioritaires dans la formation ainsi que lors des exercices théoriques et pratiques de l'examen.

Historique

Jusqu'en 1975, tout un chacun pouvait chasser. Il suffisait pour cela de payer une taxe pour se voir remettre un document administratif valable un an : un « permis de chasse ».

À partir de 1976 : révolution ! Il devient obligatoire de passer et de réussir un examen afin d'obtenir un document valable toute la vie : un « permis de chasser ». La taxe demeure, évidemment.

Depuis janvier 2003 (loi chasse du 26 juillet 2000 et décret d'application de septembre 2001), l'examen du permis de chasser comporte :

- une épreuve théorique ;
- une épreuve pratique.

Toutes deux sont organisées par l'Office français de la biodiversité (OFB), lors de sessions différentes. L'établissement dispose pour l'organisation de ces épreuves d'une équipe de 28 inspecteurs de l'environnement spécialisés et formés à l'inspection de l'examen du permis de chasser. Ils sont répartis sur l'ensemble du territoire national (D.O.M. et T.O.M. compris).

L'examen aujourd'hui

Depuis janvier 2014, la réforme souhaitée par le monde cynégétique visant à raccourcir les délais d'attente des candidats a été mise en place : un examen unique est dorénavant organisé, au cours de la même journée.
Il est composé d'un ensemble de cinq ateliers :

- **quatre ateliers consacrés à la pratique ;**
- **un atelier consacré à la théorie.**

Cet examen est noté sur un total de 31 points :

- 21 points pour l'atelier pratique ;
- 10 points pour l'atelier théorique.

Pour être reçu, le candidat doit :

- avoir obtenu une note minimum de 25 points (sur 31, barème unique) ;
- ne pas avoir présenté de comportement éliminatoire (ateliers pratiques) ;
- avoir bien répondu à la question éliminatoire portant sur la sécurité (atelier théorique).

Le candidat doit :

- s'être inscrit au préalable à la formation obligatoire dispensée par les FDC ;
- être obligatoirement âgé de 15 ans au moins le jour de l'épreuve.

Les épreuves sont organisées tout au long de l'année en fonction du nombre de candidats présentés par les FDC. Le nombre et le calendrier des épreuves varient donc selon les départements. En cas d'échec à l'épreuve, le candidat doit déposer un nouveau dossier d'inscription et se présenter à une nouvelle session.

A COMMENT S'INSCRIRE À L'EXAMEN ?

Le candidat

Le candidat doit prendre contact avec la Fédération départementale des chasseurs (FDC) de son choix, qui va lui proposer des dates de formation théorique et pratique qu'il devra obligatoirement suivre préalablement à l'épreuve de l'examen.

La FDC et l'OFB

À la suite de ces formations, la FDC transmet à l'OFB son dossier d'inscription, dûment complété par le candidat qui comprend :

- une demande établie sur un formulaire spécial (CERFA n° 13945*05) disponible sur le site de l'OFB et dans les FDC ; pour les mineurs, cette demande est formulée par le candidat âgé entre 15 et 18 ans et contresignée obligatoirement par un représentant légal (père, mère, tuteur ou juge des contentieux de la protection) ;
- la photocopie d'une pièce d'identité (carte nationale d'identité ou passeport), en cours de validité ;
- deux photographies d'identité datant de moins de 6 mois, identiques et normalisées (format 35 x 45 mm) ;
- un chèque bancaire ou postal d'un montant égal au droit d'inscription de 16 euros et au droit de délivrance du permis de chasser de 30 euros (15 euros pour les personnes mineures). L'inscription en ligne avec paiement en ligne ou par virement à l'ordre de l'Agent comptable de l'OFB est possible (depuis le 1er janvier 2023) ;
- un certificat médical daté de moins de deux mois au jour de l'inscription.

En cas de force majeure dûment justifiée, le candidat n'ayant pu se présenter à l'épreuve est convoqué pour une seconde session, sans être obligé de payer à nouveau le droit d'inscription.

B DÉROULEMENT DES QUATRE ATELIERS PRATIQUES

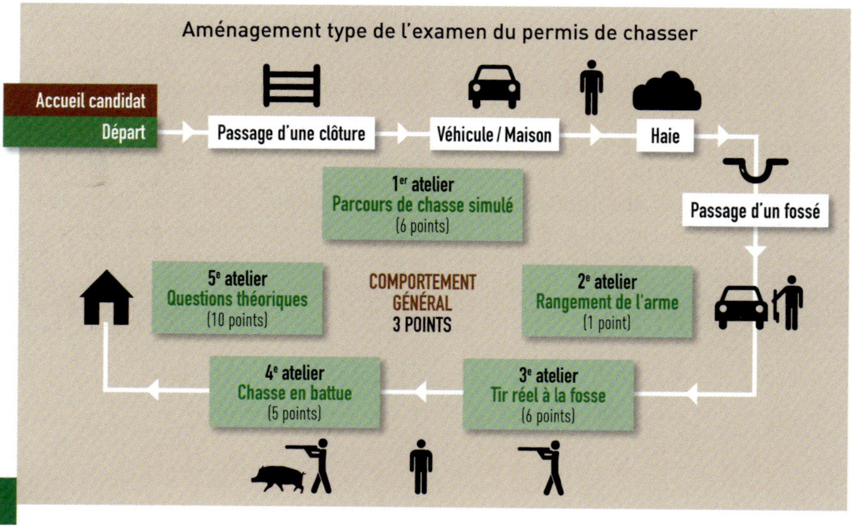

1er atelier
Évolution sur un parcours de chasse simulé avec tir à blanc
(6 points)

Le candidat doit évoluer sur un parcours de chasse simulé correspondant au schéma ci-contre. L'inspecteur du permis de chasser doit noter le candidat en fonction de son comportement sur les cinq postes du parcours et lui expliquer les règles générales de notation pour l'épreuve. Le candidat utilise un fusil à canons lisses fourni par le centre d'examen (canons juxtaposés ou superposés, crosse courte ou moyenne). Pour les postes correspondant au tir d'un plateau, le départ du plateau en direction de la gauche ou de la droite est aléatoire, donc non connu du candidat comme de l'inspecteur. Au début de l'épreuve, l'inspecteur tend au candidat le fusil ouvert et déchargé et lui fournit les douilles amorcées. Le fusil est alors chargé à deux douilles amorcées par le candidat. **Sur l'ensemble du parcours des exercices pratiques, tout comportement dangereux est directement éliminatoire.**

2e atelier
Rangement d'une arme (1 point)

Rangement dans un véhicule et avant transport d'une arme de chasse (fusil semi-automatique ou fusil à canon basculant) dans un étui long ou dans un étui court.

3e atelier
Épreuve de tir sur plateau d'argile (6 points)

Le candidat, muni d'un fusil (selon son choix, à canon basculant ou semi-automatique) à canons lisses chargé de deux cartouches à grenaille (ou trois si le candidat a choisi un fusil semi-automatique), est placé sur le pas de tir d'une fosse type Euro d'où sont envoyés six plateaux d'argile dans un ordre aléatoire. Au moins un des plateaux est de couleur rouge et symbolise une espèce protégée. Une silhouette humaine est disposée sur le pas de tir. Le candidat ne doit pas, sous peine d'élimination, tirer sur le plateau qui part vers la silhouette humaine ni sur les plateaux de couleur rouge qui symbolisent des espèces protégées, interdites à la chasse. Le but de l'épreuve est de vérifier que le maintien de l'arme, son chargement et la position du candidat sont corrects et s'effectuent en toute sécurité. Tout comportement dangereux à ce poste est éliminatoire.

4e atelier

Tir sur sanglier courant (5 points)

Le candidat est placé en situation d'un chasseur posté sur une ligne de battue. Il doit effectuer :

- le contrôle de son environnement et les gestes nécessaires à la sécurité des tiers et des biens (début et fin de battue ainsi que les angles des 30°) (2 points) ;
- le chargement et le déchargement de la carabine avec les douilles amorcées (1 point) ;
- le chargement, le tir et le déchargement de la carabine avec les cartouches réelles (2 points).

Comportement général du candidat (3 points)

Sur les ateliers pratiques 1, 3 et 4, l'inspecteur dispose pour chacun d'eux, de 1 point afin d'apprécier le comportement du candidat.

C DÉROULEMENT DE L'ATELIER THÉORIQUE

Cette épreuve comporte dix questions abordant quatre thèmes :

1. Connaissance de la faune sauvage et de la gestion de ses habitats (reconnaissance des espèces gibier et des espèces protégées, biologie et modes de vie des gibiers, impacts de la faune sur le milieu naturel...).
2. Connaissance de la chasse (techniques de chasse, chiens, vocabulaire cynégétique...).
3. Connaissance des lois et règlements concernant la police de la chasse et de la protection de la nature (organisation de la chasse en France, espèces autorisées à la chasse, espèces protégées, territoires de chasse, périodes, modes et conditions de chasse, destruction des nuisibles...).
4. Connaissances des armes et des munitions, de leur emploi et des règles de sécurité.

À l'issue de cette épreuve, le candidat ayant obtenu la note minimum de 25 points sur 31 et qui a bien répondu à la question théorique éliminatoire portant sur la sécurité se voit remettre immédiatement son permis de chasser par l'inspecteur en charge de l'examen. Ainsi le candidat peut faire valider son permis immédiatement. Pour les candidats âgés de 15 à 16 ans, la délivrance de leur permis de chasser n'est possible légalement qu'à partir de la date anniversaire de leurs 16 ans révolus.

2 DISPENSE, ABSENTÉISME, CANDIDATS ÉTRANGERS

Cas de dispense

Sur présentation d'un certificat médical spécifique et décrivant précisément le handicap permanent du candidat, nécessitant une adaptation du parcours de l'examen pour les ateliers pratiques :

- le candidat peut être dispensé du passage de la clôture et du fossé ;
- il peut également se présenter à l'examen avec une arme adaptée à son handicap (crosse déportée, bretelle…).

Absentéisme

Trop de candidats s'inscrivent à une session de l'examen du permis de chasser mais ne s'y présentent pas (9,66 % en 2021), souvent par simple négligence ou parce qu'ils ne se sont pas suffisamment préparés. C'est regrettable pour trois raisons :

- vis-à-vis des inspecteurs de l'OFB et des formateurs des FDC, au nom de la politesse et du respect des professionnels ;
- vis-à-vis des autres candidats, à qui on aura pris la place pour rien ;
- vis-à-vis de soi-même, puisque l'on recule face à l'obstacle.

Cas des étrangers

Il n'y a plus de licence de chasse pour les étrangers. Cette mesure est maintenant remplacée par la possibilité accordée aux étrangers d'obtenir, sur présentation du permis de chasser de leur pays d'origine, une validation annuelle ou temporaire (à condition d'avoir également l'assurance qui convient). Attention : pour une personne étrangère, le fait de résider en France plus de 6 mois ou de façon permanente, impose l'obligation de passer l'examen du permis de chasser français afin de pouvoir pratiquer l'exercice de la chasse sur tout le territoire national.

3 LA FORMATION « CHASSE ACCOMPAGNÉE »

En quoi consiste cette formation ?

Elle est accessible à tout futur chasseur ou personne voulant se familiariser avec la chasse. Elle peut être suivie à partir de 14 ans et demi. Il s'agit d'une formation pratique élémentaire. Elle n'est pas sanctionnée par un examen. Elle est axée sur les règles de sécurité essentielles. Cette formation est strictement gratuite. Lors de cette formation, le chasseur accompagné et l'accompagnateur n'ont le droit de détenir qu'une seule arme pour deux.

Qui contacter ?

Contactez votre FDC afin de vous inscrire à la formation chasse accompagnée.

Quel est le programme de la formation ?

La formation pratique élémentaire, définie par l'arrêté ministériel du 5 juillet 2005 fixant les modalités de la formation pratique à la chasse accompagnée, comporte 3 modules.

1. J'évolue sur un parcours de chasse simulé avec tir à blanc

Je suis amené à franchir une clôture et un fossé, fusil en main, en respectant les règles de sécurité. Je dois tirer ou m'abstenir de tirer lors du départ de six plateaux d'argile propulsés de façon aléatoire, soit sur une trajectoire ne présentant aucun danger, soit vers une voiture, une haie, une maison, une route ou des silhouettes humaines symbolisées par des mannequins. Tout comportement dangereux est corrigé par le formateur.

2. Je me positionne sur une ligne de battue au grand gibier

J'effectue un exercice de manipulation de la carabine comportant un chargement/déchargement de l'arme. Je dois ensuite matérialiser les angles de sécurité et me poster sur la ligne de battue, sur le parcours du sanglier courant. Lors de ces exercices, tout comportement dangereux est corrigé par le formateur.

3. Je me positionne aux côtés d'un partenaire de chasse

Je dois savoir me positionner par rapport à un accompagnateur pendant l'évolution sur le parcours de chasse simulé et sur la ligne de battue du parcours du sanglier courant, le tout en respectant les règles de sécurité. L'accompagnateur peut être soit le formateur, soit l'une des personnes qui pourra être désignée dans l'autorisation de chasser accompagné.

4. Enfin, j'obtiens une attestation de participation

À l'issue de la formation pratique élémentaire, une « attestation de participation à la formation pratique élémentaire » – préalable à la délivrance d'une autorisation de chasser accompagné – m'est remise par la FDC auprès de laquelle j'ai suivi cette formation. La chasse accompagnée permet de chasser, avec une arme pour deux (fusil, carabine ou arc), dès l'âge de 15 ans, et gratuitement pendant un an après une formation pratique élémentaire aux côtés d'un ou de plusieurs parrains, détenteurs du permis de chasser depuis plus de cinq ans, validé pour l'année en cours.

4 POUR CHASSER « ACCOMPAGNÉ »

1. Le chasseur accompagné doit :

- avoir 15 ans ou plus ;
- avoir suivi préalablement une formation pratique élémentaire dispensée par la FDC et être muni de l'attestation de participation à cette formation ;
- attester, ou son représentant légal s'il est mineur, qu'il ne se trouve pas

dans l'un des cas d'incapacité ou d'interdiction pouvant faire obstacle à la délivrance de l'autorisation de chasser accompagné ;
- avoir un ou plusieurs accompagnateurs, dont le permis de chasser est validé et dont l'assurance couvre sa responsabilité civile pour cet accompagnement ;
- compléter et signer le formulaire de « demande d'autorisation de chasser accompagné » remis par la FDC. Le dossier doit être complété par l'attestation de participation à la formation à la sécurité à la chasse spécifique de chacun des accompagnateurs du chasseur accompagné. Joindre la copie d'une pièce d'identité (carte nationale d'identité ou passeport) en cours de validité. Transmettre le dossier complet à la FDC de son choix, qui remettra une attestation de chasser accompagné. Document cartonné et numéroté sur lequel apparaît l'identité du chasseur accompagné, qu'il devra signer, ainsi que la signature du président de la FDC, la période de validité de cette attestation et les coordonnées du ou des parrains ayant suivi la formation obligatoire d'accompagnateur valable pour 10 ans..

2. Tout accompagnateur doit :

- posséder un permis de chasser depuis plus de cinq ans ;
- avoir un permis validé pour l'année durant laquelle son ou ses filleuls pratiquent la chasse accompagnée ;
- compléter le formulaire CERFA « demande d'autorisation de chasser accompagné » et attester n'avoir jamais été privé, par décision de justice, du droit d'obtenir ou de détenir un permis de chasser ;
- avoir suivi la formation à la sécurité à la chasse spécifique délivrée par la FDC (dont le programme est fixé par l'arrêté du 25 juin 2020). Cette formation reçue est valable 10 ans ;
- préciser la police d'assurance en vigueur (penser à prévenir l'assureur de la fonction d'accompagnateur).

3. La détention d'armes et le chasseur accompagné

La chasse accompagnée est strictement gratuite.
À la demande du ministère de l'Intérieur, votre attention est attirée sur la distinction entre l'âge légal de la pratique de la chasse et l'âge légal de la détention d'armes et de munitions des catégories C et D1. Aux termes des articles 42 et 51 du décret 2013.700 du 30 juillet 2013 relatif à l'établissement d'un contrôle des armes modernes simplifié et préventif, la vente de ces armes aux mineurs de moins de 16 ans est interdite et leur détention n'est possible que si le mineur est titulaire d'un permis de chasser en cours de validité et que s'il a l'autorisation de la personne exerçant l'autorité parentale.
Ainsi, la détention de l'autorisation de chasser accompagné ne donne pas le droit d'acquérir et de détenir une arme et des munitions des catégories C et D1. Le mineur de moins de 16 ans est seulement habilité à utiliser, sur le lieu de chasse, l'arme de chaque accompagnateur dûment identifié dans la demande d'autorisation de chasser accompagné.

5 POUR CHASSER À L'ARC

Depuis l'arrêté ministériel du 15 février 1995, « toute personne qui pratique la chasse à l'arc doit justifier de sa participation à une session de formation spéciale à la chasse à l'arc, organisée par les FDC ».

Cette formation obligatoire est aujourd'hui accessible à tous, permettant ainsi au plus grand nombre de se familiariser avec cet art. Il n'est pas nécessaire d'être titulaire du permis de chasser pour la suivre.

Ceci dit, la Fédération française des chasseurs à l'arc recommande toutefois un âge minimum de 14 ans pour suivre la formation avec bénéfice. Afin de suivre cette journée, l'individu choisit une Fédération départementale des chasseurs, laquelle fixe les conditions d'admission et les modalités d'inscription. À l'issue de cette journée de formation, le participant se voit remettre une « attestation de suivi de la journée de formation obligatoire » délivrée par la FDC. Par la suite, pour chasser à l'arc, il conviendra d'être titulaire du permis de chasser.

Au programme de la formation obligatoire : les arcs, les flèches, les accessoires, les techniques de tir, les procédés de chasse, les consignes de sécurité et la réglementation. Cette formation permet notamment de « prendre conscience du niveau d'exigence de la discipline » ; la chasse à l'arc est un mode de chasse à part entière et n'a rien de ludique.

6 LES AUTRES FORMATIONS DU CHASSEUR

Voici une série de formations – non obligatoires – proposées par les FDC, en partenariat avec l'OFB, ainsi que par les associations spécialisées. Nous encourageons les nouveaux chasseurs – et tous les autres – à les suivre car elles sont autant de parfaits compléments à la formation acquise dans le cadre de l'examen du permis de chasser.

1. Stage sécurité

Parfois en partenariat avec l'OFB, les FDC organisent des stages de formation et de prévention à la sécurité à la chasse destinés aux responsables de territoires et aux chasseurs, en majeure partie consacrés à la battue du grand gibier. Certains stages organisent des simulacres de battue, avec « blessé », premiers secours, intervention des pompiers et de la gendarmerie. Ce type de mise en scène plonge le spectateur dans la réalité et le marque pour longtemps. Se renseigner auprès de sa FDC pour savoir si elle organise de tels stages.

2. Brevet grand gibier

Depuis 1991, l'Association nationale des chasseurs de grand gibier (ANCGG) et les Associations départementales des chasseurs de grand gibier (ADCGG) organisent le Brevet grand gibier. Cette formation, à la fois théorique et pratique, consacre les connaissances et les aptitudes du chasseur par la remise d'un diplôme. Avant de se le voir éventuellement remettre, le chasseur est invité à suivre au cours de l'intersaison une formation particulièrement dense et complète. Le Brevet comporte deux épreuves :

- une épreuve de tir sur cibles fixe et mobile (tir à balle ou tir à l'arc selon le choix du candidat) ;
- une épreuve théorique de contrôle avec questions à choix multiples.

Deux niveaux de Brevet existent : 1er degré Argent (100 questions dont 4 éliminatoires) et 2e degré Or ou Brevet de gestionnaire (130 questions dont 7 éliminatoires). L'enseignement traite des gibiers, de leur gestion, des territoires, de la sylviculture, des armes, de la sécurité, de la faune et de la flore, etc. À l'écoute des enjeux, le Brevet évolue. Ainsi, récemment, face au développement des problèmes liés aux dégâts forestiers, le chapitre traitant de ce thème a été enrichi, tandis que la thématique du loup est apparue au programme. À la suite de l'examen du permis de chasser, il s'agit de la formation cynégétique que l'on peut véritablement qualifier de majeure. Chaque année, plus de 600 chasseurs passent le Brevet. Actuellement, on compte un total de 22 000 diplômés (dont 2 000 brevetés arc et 400 brevetés vènerie), et plus de 27 000 personnes ayant suivi la formation.
Renseignements : www.ancgg.org.

3. Stage de recherche au sang

Depuis 1980, année de la création de l'association, l'Union nationale pour l'utilisation du chien de rouge (UNUCR) organise chaque année deux stages de découverte et de sensibilisation à la recherche du grand gibier blessé à l'aide de chiens de sang. Ce stage n'a pas pour seul but de former des conducteurs de chien de rouge, mais aussi d'initier à cet art, d'informer chaque chasseur, débutant ou expérimenté, et pourquoi pas le rabatteur, sur la réalité du tir du grand gibier en battue, sur la balistique, les blessures infligées, la reconnaissance des indices, le travail des chiens... et la responsabilité des hommes. Les ateliers sur le terrain aident grandement à comprendre les enjeux et la nécessité de la recherche au nom de l'éthique. Cette formation complète idéalement le Brevet grand gibier de l'ANCGG. Au premier stage organisé en 1980, ont succédé deux stages annuels itinérants se déroulant à travers la France, au programme et aux interventions des formateurs identiques. Ils ont lieu durant l'intersaison, en avril et en juin. Chaque année, de 100 à 200 stagiaires s'inscrivent. Actuellement, on compte un total de plus de 5 000 stagiaires.
Renseignements : www.unucr.fr, rubrique « stages ».

4. Formation à la chasse à l'arc et Brevet

Outre la journée de formation obligatoire à la chasse à l'arc (lire 5. Pour chasser à l'arc), la Fédération française des chasseurs à l'arc (FFCA) et les associations locales de chasseurs à l'arc affiliées proposent des journées de formation complémentaire non obligatoire, au cours desquelles sont organisés des démonstrations et des ateliers pratiques. Enfin, la FFCA organise un Brevet de chasseur à l'arc (BCA) dans l'esprit du Brevet grand gibier. Il comporte une

épreuve théorique (70 questions à choix multiples) et deux épreuves pratiques sur cible fixe et sur cible mobile. Le niveau « argent » correspond à au moins 50 % de réponses positives et à deux tiers de tirs sur cible fixe. Le niveau « or » correspond à au moins 80 % de réponses positives et à deux tiers de tirs sur cible fixe et deux tiers de tirs sur cible mobile.
Renseignements : www.ffca.net, rubrique « formation ».

5. Nombreuses autres formations

Les FDC, souvent avec la collaboration d'associations de chasse spécialisée, organisent d'autres formations qui varient selon les spécificités locales et dont certaines peuvent s'avérer obligatoires : connaissance de l'arme, de l'optique et de la munition, tir d'essai et réglage des armes, régulation des corvidés, tir d'été du brocard et du renard, approche du chamois et de l'isard, tir de prélèvement renforcé du loup, responsable de battue de grand gibier, gestion du cerf et du chevreuil, piégeage, élevage du faisan, agrément d'examen initial du gibier, garde chasse particulier, détermination de l'âge de la bécasse selon la lecture des ailes, reconnaissance du gibier d'eau, conducteur de chien d'arrêt pour le comptage des galliformes de montagne, etc. Prendre contact avec sa FDC.

6. Carabine, optique et venaison

Certaines Associations départementales des chasseurs de grand gibier, antennes locales de l'ANCGG, organisent durant l'intersaison des sessions de réglage des carabines et optiques ainsi que des formations sur la chasse à l'approche ou sur la découpe de la venaison. Prendre contact avec l'ADCCG.

3 LES RÈGLES DE SÉCURITÉ

1 LA RÈGLE D'OR

J'ai conscience des risques

L'ensemble des munitions de chasse sont faites pour tuer :

- même les plus petits plombs sont conçus pour pénétrer dans des chairs que protègent les plumes ou les poils ;
- ni les vêtements ni la peau nue de l'homme ne peuvent arrêter les plombs ;
- les balles expansives – obligatoires pour le grand gibier – sont étudiées pour tuer net, non pour blesser.

Je me souviens de trois principes essentiels

Quelles que soient l'arme et la munition que j'utilise, je dois toujours :

- **connaître à fond les règles de sécurité** ;
- **apprendre à appliquer des règles d'instinct** ;
- **douter systématiquement de moi-même**. C'est souvent par excès d'habitude ou de confiance qu'un chasseur, même scrupuleux ou chevronné, finit par causer un accident.

2 LES PRINCIPES ESSENTIELS

1. Que dois-je penser de la sécurité ou du cran de sûreté sur mon arme ?

Je ne dois jamais me fier à la sécurité ou au cran de sûreté, mais je dois au contraire toujours me comporter comme s'il n'existait pas, pour les bonnes raisons suivantes :

- comme la sécurité ne bloque directement que la détente et non pas l'ensemble du mécanisme de percussion, elle ne peut empêcher un départ de coup accidentel en cas de choc ;
- comme elle peut s'user ou prendre du jeu, il arrive que sans qu'on le sache, elle ne bloque même plus la détente ;
- comme on a souvent l'occasion de la manipuler, on peut croire qu'on est à la sûreté alors qu'on n'y est pas ;
- comme les autres chasseurs ne peuvent voir ce qu'il en est, ils ont tout lieu d'être inquiets ;
- comme la sûreté donne confiance, on est tenté de négliger les autres règles de sécurité.

2. Quand une arme est-elle non dangereuse ?

Une arme n'est pas dangereuse qu'à une double condition :

- **elle est déchargée et non approvisionnée** ;
- **elle est ostensiblement ouverte** :

- en « cassant » une arme à bascule ;
- en tirant en arrière la culasse d'un fusil automatique ou d'une carabine et en la bloquant, par exemple avec une douille vide mise en travers.

Grâce à quoi :

- tout danger est effectivement supprimé ;
- chacun peut s'en rendre compte.

« Une arme fermée est considérée comme une arme chargée »

3. Pourquoi porter un élément orange fluo ?

L'arrêté du 5 octobre 2020 relatif à la sécurité à la chasse rend obligatoire dans le cadre de toute « action collective de chasse à tir du grand gibier » (celle-ci étant définie par les schémas départementaux de gestion cynégétique), le port d'un gilet fluorescent pouvant être intégré à un vêtement de couleur vive de type t-shirt, veste ou cape. Généralement la couleur reprise par les schémas départementaux de gestion cynégétique est le orange. Tout participant armé ou non est concerné : chasseurs, rabatteurs, accompagnateurs, etc. Les chasses à tir individuelles et la vènerie ne sont pas concernées.
Le gilet du chasseur n'étant pas considéré comme un vêtement professionnel, aucune norme réglementaire ne définit la qualité de l'orange fluo. Ceci dit le jaune fluo est réservé aux usagers de la route. Le grand gibier ne perçoit pas l'orange fluo mais le petit gibier si. Toutefois, dans le cadre de chasse au petit gibier collective ou lors de chasse au petit gibier permettant la rencontre de chasseurs au bois, il pourra être très utile de porter une casquette fluo, par exemple. Le schéma départemental de gestion cynégétique précise le port d'effets orange fluo.

4. Qu'est-ce que je risque si je ne respecte pas les obligations en matière de sécurité ?

En cas de non-respect des règles de sécurité édictées par le schéma départemental de gestion cynégétique de chaque FDC, le chasseur peut être verbalisé par les agents en charge du contrôle de l'OFB, les agents de développement des FDC mais aussi la gendarmerie nationale. Et être puni d'une amende prévue pour une telle contravention (de 4e classe, d'un montant pouvant atteindre 750 euros). À cela s'ajoutent les sanctions prévues par la société de chasse qui peuvent mener à l'exclusion, sans remboursement de l'action de chasse.
Selon les circonstances, le non-respect des mesures de sécurité peut être requalifié en délit de « mise en danger de la vie d'autrui » et puni d'un an d'emprisonnement et de 15000 euros d'amende.

5. L'alcool et les stupéfiants

Les activités demandant une certaine concentration et potentiellement à risques n'autorisent pas la consommation de substances limitant la lucidité de l'individu, étant entendu que ces dernières agissent sur le système nerveux central. Il en est ainsi de chasser, conduire (une auto, un bateau, une moto, un cyclomoteur…), manipuler des outils et des machines, exercer certains sports, etc. Pour des raisons évidentes de sécurité, **le chasseur ne consommera pas d'alcool ni de stupéfiants avant et en cours de chasse.**
Le monde de la chasse a nettement évolué sur ce point : de plus en plus de journées de chasse sont continues et ne sont pas interrompues par une pause déjeuner. Le principe à retenir est l'organisation du repas en fin d'après-midi au plus tôt, durant lequel la venaison peut d'ailleurs être traitée par certains volontaires.
En cas d'accident de chasse, il convient de savoir que **le dépistage d'alcool et de stupéfiants est systématique** et le taux est mentionné dans le rapport de la gendarmerie, lequel est transmis à la justice quand elle le réclame. La jurisprudence actuelle retient le taux maximum d'alcoolémie de 0,5 g d'alcool/l de sang (soit 25 mg/l d'air expiré), taux légal retenu par le code de la route.

« Boire ou chasser, il faut opter »

6. Le système vidéo sur arme

Depuis l'arrêté du 21 mai 2015, « l'emploi sur les armes à feu et les arcs d'appareils disposant de fonctions de capture photographiques ou vidéos » est rigoureusement interdit. Cette interdiction s'impose pour des raisons de sécurité évidentes. Le positionnement d'un système de vidéo (mini-caméra ou téléphone portable de type smartphone) sur une arme de tir quelle qu'elle soit risque fortement de perturber le chasseur qui, distrait ou obnubilé par sa vidéo, peut en oublier les règles de sécurité élémentaires.
Il n'est pas inutile de rappeler que nombre de vidéos mises en ligne sur Internet sont sujettes à des critiques souvent fondées. En cause, la présentation de mises à mort d'animaux dans des conditions particulières et des fautes de sécurité.

« Une arme est faite pour tirer, pour tuer, pas pour filmer »

7. Le téléphone portable et le talkie-walkie

L'emploi du téléphone et du talkie-walkie est légal depuis 2010. Uniquement pour des raisons d'organisation de la chasse (placement des chasseurs, vérification des tirs de grands animaux, récupération de chiens divaguant...) et de sécurité, dans le seul cadre de la chasse collective du grand gibier. Question d'éthique vis-à-vis du gibier, des autres chasseurs, de soi-même et des chiens, on ne recourt pas à leur usage pour trahir le gibier ou intervenir dans le travail des chiens. Question de sécurité aussi. On ne tient jamais son arme chargée d'une main, et de l'autre un appareil de ce type ou autre. Même si l'utilisation « privée » du téléphone en action de chasse est tolérée, son emploi perturbe fortement la vigilance, aussi celui-ci est à éviter au maximum.

8. Collier de géolocalisation et sécurité routière

D'ordinaire interdit en action de chasse (arrêté du 1er août 1986), le collier de géolocalisation peut toutefois être utilisé si la sécurité routière le réclame (arrêté du 12 décembre 2018). En effet, en action de chasse, les chasseurs peuvent recourir à l'emploi de cet équipement canin pour « assurer leur sécurité [et celle des chiens], et prévenir des collisions, lors de l'action de chasse à tir, sauf prescriptions particulières contraires dans le Schéma départemental de gestion cynégétique. La récupération des chiens se fait dans le respect des règles de sécurité, en particulier les dispositions de l'article 5 s'appliquent lorsqu'il est fait usage d'un véhicule ».

9. Se former à la sécurité

Si la très grande majorité des chasseurs a passé l'examen du permis de chasser, à ce jour, un quart des chasseurs de France ont suivi une formation et passé un examen pratique (mis en place en 2003 et développé en 2014). Ce qui signifie que trois quarts des chasseurs ne l'ont pas suivi et ont appris par eux-mêmes les bons principes de manipulation des armes et les règles de sécurité. À ce niveau-là, les nouveaux chasseurs n'ont pas à rougir de leur savoir et peuvent même faire des remarques aux plus anciens.

L'arrêté du 5 octobre 2020 (issu de la loi de 2019) institue une remise à niveau sur les « règles élémentaires de sécurité » obligatoire pour l'ensemble des chasseurs. Elle se déroule tous les 10 ans, se fait au sein de groupe de 30 chasseurs maximum, dure environ 3 h 30. Une participation financière peut être demandée. La FNC définit le contenu de la remise à niveau, après avis de l'OFB, les FDC l'organisent. Les thèmes retenus sont :

- le bilan des accidents de chasse ;
- la reconstitution d'accidents de chasse et l'analyse de leurs causes ;
- les consignes de sécurité individuelles et les éléments balistiques ;
- les règles de sécurité mises en place dans le département.

« À la chasse comme au volant, l'habitude est le pire ennemi »

10. La pose de panneaux de signalisation

L'arrêté du 5 octobre 2020 (issu de la loi de 2019) rend obligatoire la pose de panneau de signalisation temporaire « en actions collectives de chasse à tir du grand gibier ». Cela « sur l'accotement ou à proximité immédiate des voies publiques pour signaler les entrées principales de la zone de chasse », c'est-à-dire les routes communales, départementales et nationales. La pose et le retrait des panneaux se font le jour même, avant et après la chasse. La forme et le contenu du panneau sont libres, ceci dit la FNC recommande un modèle de panneau : « Chasse en cours, Ensemble soyons vigilants ».

3 LES RÉFLEXES « SÉCURITÉ » AU QUOTIDIEN

A CHEZ MOI

1. Je détiens des **armes en bon état**, régulièrement entretenues. Je n'hésite pas à les présenter à un armurier professionnel pour une révision régulière, comme je le fais pour mon véhicule lors du contrôle technique.
2. Je ne laisse **jamais mes armes à portée de main des autres, principalement des enfants**.
3. Je conserve mes armes :
   - **démontées et dans leurs étuis** (à condition que ceux-ci ne soient pas humides, ce qui entraînerait la rouille) ;
   - de préférence dans un **râtelier cadenassé** ;
   - ou dans une **armoire forte**. Celle-ci est d'ailleurs obligatoire pour le stockage des armes de catégorie C (dont le fusil à pompe). Ce qui peut par ailleurs dissuader un cambrioleur.
4. J'entrepose **à part la longuesse ou la culasse**. Ce qui rend l'arme inopérante et lui fait perdre tout intérêt lors d'un cambriolage éventuel.
5. Je **stocke les cartouches** :
   - **ailleurs que les armes** ;
   - dans un endroit spécial : fermé à clef, inaccessible au feu, sec (risque de détérioration par l'humidité, notamment de gonflement des étuis en carton), frais (danger de surpression due à la chaleur).
6. Me préparant pour la chasse, je vérifie que **je prends bien les cartouches correspondant à l'arme** (calibre et chambrage) et que je n'en ai pas laissé traîner d'autres dans ma cartouchière, ma veste ou mon sac de chasse.

Rappel : il est extrêmement dangereux d'introduire une cartouche de calibre 20 dans un canon de calibre 12. Car la cartouche glisse dans la chambre trop large pour elle, mais son bourrelet se coince à hauteur du cône de raccordement ; il reste donc la place d'introduire derrière elle une deuxième cartouche... et le canon ne manquera pas d'exploser au coup de feu. Le chasseur a de grands risques d'être très grièvement atteint au visage et/ou aux mains.

B EN VOITURE (HORS ACTION DE CHASSE)

1. L'arme doit toujours être :
- **déchargée** ;
- soit **démontée** (par l'enlèvement d'au moins une pièce) ;
- soit **placée dans un étui fermé** (mallette, fourreau ou chaussette. Il n'y a pas d'obligation à ce que l'étui ferme à clef ou avec un cadenas).

2. Les cartouches ne doivent pas être :
- laissées à la vue des autres ;
- accessibles aux enfants principalement ;
- laissées sur la plage arrière, notamment par forte chaleur en raison des risques de surpression.

Observation : il va de soi qu'il doit en être de même pour l'arme.

C AVANT DE PARTIR CHASSER

1. Je vérifie que **le ou les canons ne sont pas obstrués** (par exemple par un bout de chiffon qu'on aurait oublié au moment du nettoyage). **Tout canon bouché risque d'exploser**.
2. Je m'organise pour **éviter de mélanger les cartouches à balle et les cartouches à plombs**. Pour deux raisons :
   - l'énorme différence de portée maximum entre les unes et les autres ;
   - le climat d'excitation dans lequel, lors d'une chasse du petit gibier, on remplace une ou deux cartouches à plombs par une ou deux cartouches à balle à l'annonce d'un « gros ».

Voici deux astuces pour mieux s'organiser en la matière :
- je porte une petite cartouchière pour deux ou quatre cartouches à balles ;
- j'emploie uniquement des cartouches à balles à douilles en plastique transparent.

D HORS ACTION DE CHASSE

1. On ne le répétera jamais assez : **je garde toujours mon arme ostensiblement ouverte et déchargée**.
2. Je tiens mon arme de manière à respecter un principe essentiel :

« On ne doit jamais voir les "yeux noirs" d'un canon »

3. Même lorsqu'on est « certain » que l'arme est vide, **il est criminel de « s'amuser » à mettre quelqu'un en joue.** Cette notion doit être inculquée aux enfants dès le plus jeune âge, en leur interdisant de viser qui que ce soit avec un fusil à flèche, un pistolet à amorce ou n'importe quel autre jouet de ce type.
4. **Je fais observer ces règles** à la personne à qui je confie provisoirement mon arme.

E GRANDS PRINCIPES EN ACTION DE CHASSE

1. **Je ne charge qu'au dernier moment** ou au signal s'il y en a.
2. Après introduction des cartouches, **je verrouille en gardant toujours les canons pointés vers le sol**, à 1 mètre devant moi, surtout pas vers les autres chasseurs ni vers mes pieds.
   Avec une arme basculante, **je relève la crosse et surtout pas les canons**, lesquels se retrouveraient alors en position quasi horizontale (à hauteur d'homme).
   Avec une arme semi-automatique, je l'approvisionne et la charge, canon maintenu vers le ciel et crosse appuyée sur la cuisse.
3. Rappel : je tiens mon arme de manière à respecter un principe essentiel :

« On ne doit jamais voir les “yeux noirs” d'un canon »

4. **J'ai toujours les canons pointés vers le sol ou vers le ciel**, pour éviter tout danger en cas de départ accidentel du coup.
5. Je ne mets **jamais le bout de mes canons sur mes pieds**, même si le fusil est déchargé.
6. Je ne mets **jamais la paume de ma main sur le bout du canon**, même si la carabine est déchargée.
7. **Il n'existe qu'une façon de tenir une arme chargée : à deux mains.**
   Une main sur la crosse, l'autre sur la longuesse ou le fût (tout simplement à l'endroit des quadrillages prévus à cet effet).
8. **Je me méfie de tout ce qui peut actionner – malgré moi – la queue de détente** : bouton et boucle de fermeture de veste, branchette, chien manifestant sa joie, etc.
   Comme la sûreté ou sécurité, le pontet n'assure qu'une protection très partielle de la queue de détente.
9. **J'essaie de me passer de la bretelle, autre accessoire potentiellement très dangereux.** Sinon, j'adopte un système de fixation qui permet de la retirer rapidement afin de tirer. À l'origine de très nombreux accidents de chasse, dorénavant l'utilisation de la bretelle est réglementée dans certains départements.
10. **Je ne tire jamais avec une arme portant une bretelle.**
11. **Je ne mets jamais à l'épaule la bretelle d'un fusil chargé.**
12. **Je ne marche jamais avec une arme chargée en bandoulière** (croisée dans le dos), ni même déchargée. En cas de chute, je risque de me blesser au dos.

13. Quand je chasse **en groupe avec une arme semi-automatique**, hors action de tir : je dirige toujours mon arme vers le ciel, je laisse la culasse nettement en arrière, ouverte et coincée par une douille en travers.
    Et quand je chasse **en groupe avec une carabine**, hors action de tir : soit j'ôte la culasse, soit je la positionne en arrière, sans cartouche dans le magasin ou le chargeur.
14. **Je ne franchis jamais un obstacle** (haie, fossé, clôture, passerelle, tas de branchages, etc.) et **je ne descends ni ne monte jamais une pente abrupte** sans avoir ouvert puis déchargé mon arme, c'est-à-dire **sans avoir retiré les cartouches**.
15. **Au petit gibier, quand je ne suis pas en action de tir**, quand j'attache ou détache mon chien, quand je ramasse du gibier ou lors d'un regroupement, **je décharge systématiquement mon fusil et le laisse ouvert, « cassé »**.
16. **Au poste, je ne pose jamais mon arme chargée contre un arbre, ni sur ou contre un siège de battue.**
17. **Je ne me sers jamais de mon fusil – chargé ou non – pour battre un buisson**, la ronce ou la fougère comme avec un bâton afin d'en faire partir le gibier.
18. Après une chute, une glissade ou la traversée d'un fourré, **je vérifie toujours que les canons ne sont pas obstrués** (boue, neige, feuilles, morceaux de branches mortes, etc.). Les risques d'implosion sont réels.
19. En action de chasse, **je ne me déplace jamais avec une arme chargée, je ne cours jamais avec une arme chargée**.
20. Je n'achève jamais **à coups de crosse** un gibier blessé. Qui plus est quand l'arme est chargée. Question de sécurité et d'éthique.
21. Assis sur une canne-siège, je ne tiens pas mon arme posée sur les genoux, à l'horizontale donc, canon dirigé vers mon voisin.

À savoir

- que je chasse seul ou en groupe, que je chasse avec un fusil ou une carabine, que je me croie sûr de moi ou pas, je dois toujours respecter rigoureusement ces règles de sécurité ;
- je dois faire respecter ces règles essentielles à mes partenaires de chasse, quitte à paraître impoli. C'est rendre service à tous ;
- les mauvaises habitudes que je peux prendre en chassant seul se répéteront – gravement – lorsque je chasserai en groupe.

F JE TIRE... OU JE NE TIRE PAS ?

1. **Je ne pose le doigt sur la queue de détente qu'au moment du tir. Avant, il doit être derrière le pontet idéalement, ou maintenu sur le côté du pontet.**
2. **Je ne tire jamais en direction d'une personne, même si elle me paraît loin**, même si elle me paraît « hors de portée ». L'expérience nous montre à tous que l'appréciation des distances est une technique difficile à appréhender.
3. **Je ne tire jamais à hauteur d'homme en direction d'une haie**, un fourré, une vigne, un champ de maïs, etc. Je ne sais jamais ce qu'il y a derrière ou dedans.

4. Il m'est **interdit de faire usage d'armes à feu sur les routes, les chemins publics et les voies ferrées et de m'y poster pour attendre le gibier**.
5. **Je ne tire jamais au-delà de la portée utile.** Les risques d'accident deviennent alors très grands et les chances de tuer le gibier nulles.
6. Il m'est **interdit de tirer – « à portée de fusil » – en direction ou au-dessus des routes, des chemins publics et des voies ferrées.**
7. Il m'est **interdit également de tirer – « à portée de fusil » – en direction ou au-dessus des lieux de réunions publiques tels les stades, des habitations particulières, des caravanes, remises, abris, garages, des bâtiments agricoles et industriels et des constructions dépendant des aérodromes et aéroports.**
8. **Je ne tire jamais en direction d'une ligne de crête.**
9. **Je ne tire jamais assis (sur une canne-siège ou un tabouret pivotant) ni à genoux**, même au rembuché.
10. **En battue, avec un fusil ou une carabine, à balle ou à chevrotine (quand elle est autorisée dans le département), je tire à 30 mètres maximum** (recommandation du réseau sécurité à la chasse de l'OFB).
11. Chassant à balles (avec un fusil ou une carabine), **je ne fais jamais un tir rasant mais toujours un tir fichant**. C'est-à-dire que je dois toujours maîtriser l'impact final de mon projectile.
12. **Je ne tire jamais sur « quelque chose qui bouge »**, « quelque chose qui ressemble à ». Je tire seulement sur un gibier chassable, parfaitement vu et identifié.
13. **Je ne tire jamais sur un gibier qui se dirige vers un autre chasseur** ou qui se trouve dans son axe, même un court instant.
14. Pendant le « swing », **je ne suis pas la trajectoire du gibier en croisant la ligne des postés**. Autrement dit, je ne « balaye » pas la ligne de tir.
15. **Je ne tire jamais sur un gibier suivi de près par un chien.** Et je fais très attention si je dois tirer lors du ferme d'un sanglier cerné par des hommes et les chiens. Les risques de projection d'éclats mortels de balle sont réels. Dans ces conditions, j'attends qu'un traqueur ou un chasseur serve l'animal à la dague ou à l'épieu.
16. **Je ne tire jamais un animal qui rentre dans la traque.**
17. **Je me méfie des ricochets**, principalement sur sol rocailleux ou gelé, sur un plan d'eau, sur les troncs d'arbres ou les stères.
    À propos, je me rappelle que l'angle de rebond est plus important que l'angle de tir et que le risque de ricochet est d'autant plus grand que cet angle de tir est faible. Raison de plus pour ne jamais tirer aux alentours de l'horizontale et pour rester très attentif, même dans le cas d'un tir fichant.
18. Lorsque je chasse avec un fusil ou une carabine **semi-automatique ou avec une carabine à verrouillage linéaire, je ne tire pas « en rafale »**.
19. Assurant un départ très sensible de la détente d'une carabine, **le stecher n'est à employer qu'à l'approche ou à l'affût, au moment du tir seulement et sur animal arrêté**.
20. Un grand principe : **dans le doute, je m'abstiens de tirer**.

21. Après le tir, **je ne recharge jamais sans m'être assuré en regardant dans le canon** que la bourre n'y est pas restée accidentellement bloquée.
22. **J'ouvre et je décharge mon arme dès la fin de la traque ou au signal s'il y en a.** Comme lors du chargement et de la fermeture, cette opération ne doit se faire que les canons pointés vers le sol et, autant que possible, lorsque je suis seul. Si je ne le suis pas, je tourne franchement le dos à mon ou à mes voisins. L'arme est glissée dans un étui ou laissée ouverte, cassée, la culasse nettement en arrière.

G APRÈS LA CHASSE

1. J'ai déchargé mon arme dès la fin de la chasse. Toutefois, je vérifie à nouveau ce point sur le chemin du retour.
2. Dès le retour à la voiture ou au point de rendez-vous, j'essuie mon arme en cas de besoin. Je la démonte s'il y a lieu. Je la range immédiatement dans son étui si elle n'a pas été mouillée. Mouillée, même après un bon essuyage ou un nettoyage, elle y restituerait l'humidité emmagasinée et risquerait fort de s'oxyder, surtout si elle doit être entreposée dans une armoire forte. Sinon, je transporte l'arme démontée par enlèvement d'au moins une pièce (par exemple, longuesse ou culasse ôtée et rangée à distance).
3. Dès le retour chez moi, je vérifie une dernière fois que mon arme est déchargée et je la nettoie si je ne l'ai pas encore fait.
4. Je range mon arme en contrôlant qu'elle n'est pas armée.
5. Je remets sous clef les cartouches non utilisées, en veillant à les ranger par nature, calibre et numéro.

4 COMME SI VOUS Y ÉTIEZ : BONS ET MAUVAIS GESTES

A AU GRAND GIBIER EN BATTUE

Au rond

1. Mon arme n'est strictement jamais chargée.
2. Soit je laisse mon arme dans son étui, soit je la laisse au râtelier ou dans ma voiture, le temps du rond.
3. J'écoute très attentivement les consignes de l'organisateur de la chasse et j'évite de discuter avec mes voisins.
4. Les rabatteurs – ou traqueurs –, les conducteurs de chiens, d'autant plus s'ils sont armés, et les accompagnateurs participent au rond et écoutent également attentivement les consignes.

4\. Si un document récapitulatif ne m'est pas distribué, je note les sonneries (annonces du gibier tiré/non atteint et tiré/mort).

5\. Je vérifie que je possède un ou plusieurs éléments orange fluo réglementaire nettement visibles. Le mieux étant une veste, un gilet ou un baudrier. Si tel n'est pas le cas, je demande à l'organisateur de me prêter un gilet ou un baudrier que je rendrai à la fin de la chasse.

6. Je vérifie que je possède une trompe de battue ou pibole de taille (au moins 20 cm de long) et de portée suffisantes et en état de marche.

Dans la traque, sur la ligne de rabat

1. Absolument tous les rabatteurs et conducteurs de chiens portent un élément orange fluo, le plus visible étant une veste, un gilet ou un baudrier.
2. Il n'est ni une tradition ni une obligation que les rabatteurs puissent tirer dans la traque. C'est l'organisateur de la chasse qui en décide, qui est responsable de cette autorisation et qui doit en fixer les conditions.
3. D'ordinaire, seuls quelques rabatteurs sont porteurs d'armes à feu afin de servir éventuellement des animaux.
4. Les rabatteurs ne chargent leur arme qu'au coup de trompe donnant le signal du départ, ou après ordre seulement de l'organisateur ou du chef de ligne.
5. En toute logique, les rabatteurs ne peuvent généralement tirer qu'en arrière, toujours en réalisant des tirs fichants à très courte distance.
6. Bien souvent, les rabatteurs sont autorisés à ne tirer que le sanglier, voire le renard. Gibiers offrant des tirs généralement fichants, contrairement aux cervidés (chevreuil et cerf).
7. Parfois, les rabatteurs sont autorisés à tirer bécasses et faisans ; il faut savoir que cela peut s'avérer dangereux dans le cas de tirs à hauteur d'homme. Et peut créer une confusion également très dangereuse au niveau de l'emploi des cartouches.
8. Pour que la ligne de rabat demeure alignée, il faut avancer lentement et en vérifier régulièrement l'alignement, notamment aux abords des layons et des coupes. Les rabatteurs s'interpellent régulièrement par des « hop » que se répètent les voisins de rabat.
9. La ligne de rabat s'arrête pour toute intervention : ramasser un gibier mort, servir un gibier, secourir un chien, etc.
10. De même, à l'approche de la ligne des chasseurs postés, les rabatteurs s'arrêtent, gardent leurs chiens près d'eux et ne sortent surtout pas sur la ligne de tir. Ils attendent le signal de fin de traque et sortent ensuite en limite de la ligne de tir, prudemment. À ce moment, un chasseur posté peut être amené à servir un animal près de là.
11. À l'approche de la ligne des chasseurs postés, les rabatteurs ne tirent strictement que derrière eux si nécessaire.
12. À l'annonce de la fin de la traque, les rabatteurs déchargent leur arme. Excepté ceux chargés de servir un gibier.

Sur la ligne de tir, au poste

1. J'écoute très attentivement les consignes que me donne le chef de ligne qui me poste et les fais répéter si nécessaire.
2. Si cela m'est possible et avec l'accord du chef de ligne, je rentre de 1 mètre

dans l'enceinte afin de resserrer les angles de 30° et de me cacher derrière un arbre ou un roncier afin ne pas être vu du gibier lorsque celui-ci débûche sur la ligne de tir.

3. Je me signale à mes voisins par des gestes, d'autant plus si la ligne de tir n'est pas droite ou si je suis sur un virage. Mes voisins me verront d'autant plus si je suis porteur d'une veste, d'un gilet ou d'un baudrier orange fluo. Mes voisins me répondant, je peux les situer parfaitement dans mon environnement.
4. Je calcule de part et d'autre de mon poste les angles des 30° (voir dessin ci-dessus) et les matérialise avant le début de la traque. Je dois prendre en considération aussi bien mes voisins de poste que tout bien matériel (maison, véhicule...) et que les routes et chemins présents dans mon environnement.

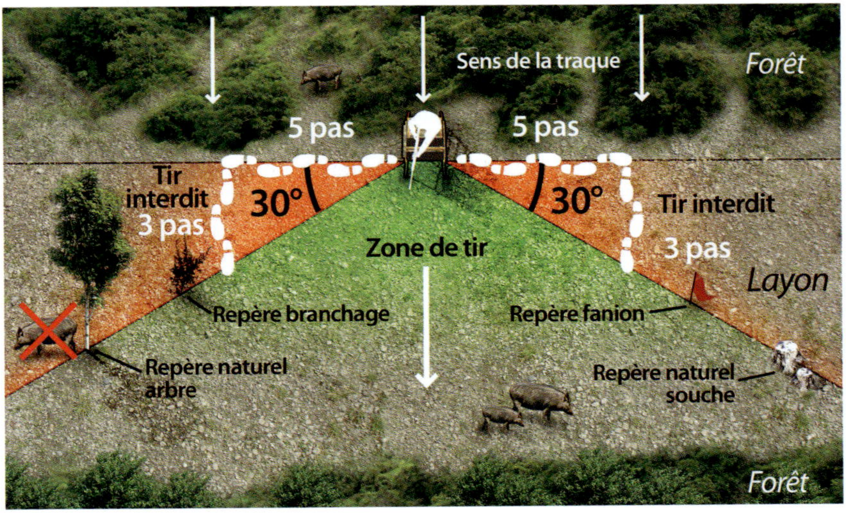

5. Je me positionne « ventre au bois », c'est-à-dire du côté de l'enceinte où a lieu le rabat. De façon à ne tirer le gibier à poil que par-derrière, lorsqu'il rentre dans l'enceinte suivante, « au rembuché ».
6. Je m'imprègne de l'environnement de mon poste : je relève les repères indiquant éventuellement les angles de tir (traces de peinture ou piquets colorés), mais aussi les coulées ainsi que les obstacles (troncs au sol, stères, rochers, etc.), lesquels peuvent me gêner dans mon tir.
7. Si je suis posté dans un mirador de battue, je ne monte jamais avec l'arme chargée ni en main ni à l'épaule. *Idem* pour la descente.
8. Je ne charge mon arme qu'au coup de trompe donnant le signal du départ. Ou avant, seulement si l'organisateur ou le chef de ligne m'y a clairement autorisé. Et quand les points précédents ont été respectés (calcul de l'angle des 30°, notamment).
9. Dans des circonstances très précises, et avec ordre strict de l'organisateur

ou du chef de ligne, je peux tirer dans la traque, avec les précautions habituelles, notamment en respectant le principe du tir fichant. Généralement seuls le sanglier et le renard sont autorisés au tir (en principe fichant). Dans des cas exceptionnels, le tir du cerf et du chevreuil peut être autorisé.

10. Assis ou debout, je tiens mon arme à deux mains, canons dirigés vers le ciel.
11. Je ne tiens pas mon arme : à une seule main ; à hauteur de hanche ; pointée vers les autres.
12. Je n'épaule jamais en direction de la traque ni sur la ligne pour, par exemple, régler mon optique.
13. **Rappel : avec un fusil ou une carabine, à balle ou à chevrotine, je tire à 30 voire 40 mètres maximum** (recommandation du réseau Sécurité à la chasse, OFB).
14. Je ne quitte mon poste sous aucun prétexte (gibier ou chien blessé ou ferme) avant l'annonce de la fin de la traque, même en prévenant mes voisins.
15. J'attends toujours l'annonce de la fin de la traque pour intervenir éventuellement, en accord avec les consignes de l'organisateur ou du chef de ligne.
16. À l'annonce de la fin de la traque, je décharge immédiatement mon arme. Puis je répète l'annonce afin de m'assurer que mes voisins de poste l'ont entendue.
17. Avant l'annonce de la fin de la traque, si des rabatteurs se trouvent sur la ligne de tir ou en limite immédiate, je décharge mon arme et veille à garder la bascule ou la culasse ouverte. Je ne tire plus.
18. Je nettoie mon poste à la fin de la traque (ramassage des douilles, etc.).

B AU GRAND GIBIER, À L'APPROCHE ET À L'AFFÛT

Chasses individuelles, l'approche et l'affût n'en demeurent pas moins potentiellement dangereux du fait de la manipulation de carabines à la portée très importante (jusqu'à 2000 mètres). Aussi, je respecte scrupuleusement les règles de sécurité :

1. J'écoute très attentivement les consignes que me donne le chef de ligne qui me poste à l'affût ou me désigne un territoire d'approche. Je les fais répéter si nécessaire.
2. Je vérifie si mon espace de tir abrite des maisons, des routes et des chemins empruntés éventuellement par des piétons, des cyclistes ou des cavaliers que je n'entendrais pas venir.
3. Au prétexte que la chasse à l'affût (depuis un mirador d'affût ou une chaise haute) permet un tir fichant, le chasseur n'est pas exempté du respect des règles de sécurité énumérées ci-dessus.
4. Ainsi, notamment, je ne monte jamais au mirador avec l'arme chargée ni en main ni à l'épaule. *Idem* pour la descente.
5. Pour monter ou descendre de l'affût, je porte l'arme – déchargée – en bandoulière (croisée dans le dos) ou croisée sur le ventre.
   Je veille à m'appuyer en permanence sur trois points : deux pieds + une main, ou un pied + deux mains.

Je veille également à poser mes pieds aux extrémités des barreaux ; ainsi, si l'un casse, je peux plus facilement me « rattraper ».

6. Je ne dois jamais chasser, même à l'approche et à l'affût, dans les mêmes enceintes que d'autres chasseurs. Deux bonnes raisons à cela : non seulement cela compromettrait à coup sûr le résultat de nos sorties, mais cela peut aussi être extrêmement dangereux.
7. Aussi, que je chasse à l'approche ou à l'affût, je dois opérer strictement seul dans un secteur bien délimité, en prévenir mes voisins de chasse éventuels et ne jamais sortir de mon secteur.
8. Le tir depuis un mirador ou une chaise d'affût n'autorise pas des tirs trop lointains, par définition imprécis. C'est à la fois potentiellement dangereux et non éthique.
9. À l'approche et à l'affût au sol, je pratique des tirs sûrs, fichants et non lointains en m'aidant d'une canne de tir (ou canne de pirsch), d'un bipode ou d'un tripode.
10. À l'approche, je ne tire jamais en direction d'une maison ou d'une route, même si elles me paraissent éloignées.
11. À l'approche en milieu ouvert, je ne tire jamais à hauteur d'homme.

C AU PETIT GIBIER

Évidemment, je respecte les règles de sécurité de base énumérées ci-dessus. En outre, je suis très attentif aux points suivants :

1. Quand je chasse en groupe ou que je risque de croiser d'autres chasseurs, en plaine, je porte au moins une casquette orange fluo. Au bois, je porte une veste, un gilet ou un baudrier orange fluo.
2. Je ne suis jamais du fusil un gibier entrant dans l'axe de la ligne de tir. Sauf sur un oiseau passant réellement très haut, sachant que l'on ne tire pas au-dessus de ses voisins ou à proximité immédiate. Au petit gibier, l'angle des 30° est également applicable.
3. Suivant un gibier s'apprêtant à entrer dans l'axe de la ligne de tir, je désépaule lorsque le gibier (faisan, perdrix, lièvre...) la franchit et ne réépaule que derrière.
4. Si je possède un retriever, notamment en vue de rapporter mon gibier, je l'attache à un arbre ou à un piquet prévu à cet effet fiché en terre, mais jamais à ma ceinture ni à mon siège de battue. Cela pour des raisons de sécurité évidentes, et même si mon chien me paraît être très bien dressé.

D AU PETIT GIBIER EN BATEAU

Je respecte les règles de sécurité de base énumérées ci-dessus. En outre, je suis très attentif aux points suivants :

1. Même en l'absence de vent et de vagues, je suis toujours à la merci d'un faux mouvement qui peut compromettre mon équilibre et me faire baisser brusquement mon fusil.

2. Lorsqu'il y a un rameur, je m'installe devant lui et ne tire jamais en arrière par-dessus sa tête.
3. Si je chasse avec un ami, nous nous plaçons dos à dos et nous nous attribuons chacun une zone de tir.
4. Le port d'un gilet de secours n'est pas inutile, même s'il n'est pas obligatoire.

5 LES ACCIDENTS DE CHASSE

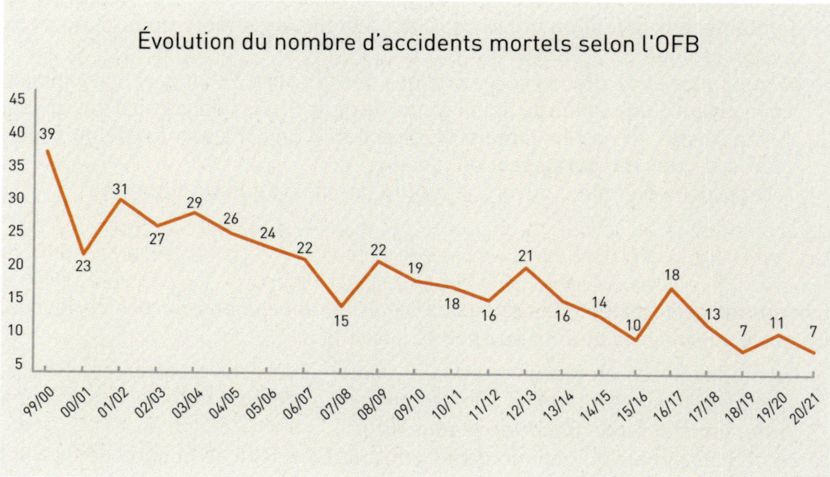

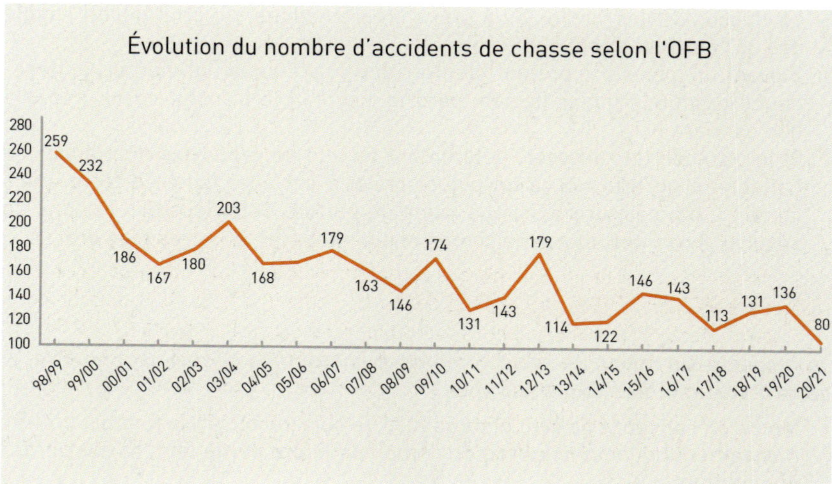

Il n'existe pas de fatalité

Même s'ils sont à la baisse depuis le début des années 2000, les accidents de chasse arrivent. Ils relèvent rarement d'un concours de circonstances imprévu, et sont majoritairement dus à des fautes prouvées de la part des chasseurs. Comme pour toute chose, le risque zéro n'existe pas, mais le chasseur doit tout mettre en œuvre pour y tendre. Quelles excuses trouver à un chasseur qui, n'ayant pas respecté les règles de sécurité, a commis un accident léger, grave ou mortel ?

La plupart des activités sportives de plein air engendrent des morts chaque année, par noyade, chute, collision, ensevelissement, etc., largement plus que la chasse et dans des proportions beaucoup plus importantes qu'on ne le croit. Chaque saison, le nombre de cartouches tirées en France est estimé à 90 millions (petit gibier), auxquels s'ajoutent 7 à 8 millions de balles (grand gibier). Il n'empêche, le fait de manier une arme à feu rend l'individu qui pratique la chasse « singulier » aux yeux du grand public et des médias. Raison de plus pour adopter un comportement irréprochable.

Depuis 1997, l'OFB a mis en place un service chargé d'étudier les conditions dans lesquelles se déroulent les accidents et leurs principales causes (réseau Sécurité à la chasse), ce qui permet d'affiner la formation et la prévention du chasseur. Nous nous appuyons évidemment sur les travaux du réseau Sécurité à la chasse au fil de ces pages.

Pour mémoire

259 accidents graves en 1998-1999, 39 accidents mortels en 1999-2000. Depuis, le nombre des accidents de chasse ne cesse de baisser :pour la saison 2020-2021, 80 accidents de chasse (ancien « record » de 113 en 2017-2018) et 7 accidents mortels (« record » de 2018-2019 égalé).

« Un accident est un accident de trop »

Pour cette raison, le chasseur sera particulièrement attentif à ce chapitre… durant toute sa vie cynégétique.

Existe-t-il un mode de chasse plus dangereux que d'autres ?

Toutes les pratiques ayant recours à une arme à feu sont concernées, de même que petit comme grand gibier sont concernés. Ils représentent respectivement 43 % et 57 % des accidents (2016-2017), avec une part nettement grandissante des accidents liés à la chasse du grand gibier. La quête du sanglier est impliquée dans 2/3 des accidents liés à la chasse du grand gibier, alors que l'espèce représente la moitié des prélèvements de tous les grands gibiers (2015-2016).

Il n'existe pas non plus de fatalité. Sur les 18 accidents mortels (2016-2017), on compte notamment 7 tirs directs dans l'angle des 30°, 2 tirs directs sans identifier, 2 tirs indirects sans identifier, 2 départs intempestifs en chutant (auto-accident), 1 tir direct dans la traque,1 départ intempestif (traqueur armé entre deux traques).

Autre chiffre à méditer : près du tiers des accidents sont le fait de chasseurs qui se blessent eux-mêmes lors de la manipulation de leur arme ou qui chutent. Enfin, on relèvera que de plus en plus d'accidents sont dus à des rabatteurs armés, dans le cadre de la battue au grand gibier.

Existe-t-il des armes plus dangereuses que d'autres ?

À défaut de pouvoir répondre, nous dirons qu'il existe assurément des chasseurs plus dangereux que d'autres. Ceci dit, un principe est à retenir :

« Plus une arme livre de coups,
plus elle est potentiellement dangereuse »

Ainsi, les fusils et carabines semi-automatiques (deux coups dans le tube magasin ou chargeur + un coup dans le canon) sont, prioritairement, à manipuler avec attention, d'autant que le chasseur ne réarme pas et peut « envoyer » ses trois munitions à la file. Au cours de la saison 2016-2017, ces armes ont causé 41 % des accidents, alors qu'elles sont utilisées par un tiers des chasseurs. Vigilance donc.
De même, le développement récemment amplifié des carabines à verrouillage linéaire (dix balles dans le chargeur maximum et une balle dans le canon) préoccupe les personnes et les services en charge de la sécurité.
La logique est simple : plus le chasseur peut envoyer de munitions en un court laps de temps, moins il peut se concentrer véritablement sur chacune d'entre elles. Phénomène amplifié par le fait que le chasseur garde la visée et risque de ne plus tenir compte de son environnement. Et donc de « balayer la ligne des postés » et de ne pas respecter l'angle des 30°.

Le classement des accidents dus à une faute de sécurité

Selon les analyses du réseau Sécurité à la chasse de l'OFB, les trois principales causes d'accidents dûs au non-respect des règles de sécurité sont :

- le tir sans prise en compte de son environnement ;
- le tir dans l'angle des 30 ° ;
- une mauvaise manipulation de son arme.

En outre, on relève :

- la chute ;
- le tir dans la traque ;
- l'éclatement des canons (après que de la terre les ait obstrués ou qu'une munition inappropriée ait été glissée dans le canon) ;
- le tir sans identification ;
- l'arme chargée à la bretelle ;
- l'arme chargée lors du franchissement d'un obstacle ;
- l'arme chargée dans la voiture.

Or, si les règles de sécurité de base avaient été respectées, ces accidents auraient tous été évités.

6 L'ASSURANCE CHASSE

La souscription d'une assurance responsabilité civile pour les risques liés à l'exercice de la chasse est obligatoire. Cette assurance doit obligatoirement couvrir :

- les accidents corporels occasionnés par tout acte de chasse ou tout acte de destruction d'animaux nuisibles ;
- la responsabilité civile encourue par le chasseur du fait de son ou de ses chiens.

On distingue trois sortes d'assurance. Les deux premières valent pour tous les chasseurs et la troisième est réservée aux organisateurs.
Attention : l'étendue des garanties peut varier selon les compagnies d'assurance.

1. L'assurance obligatoire

Elle couvre pour une somme illimitée :

- les accidents corporels causés à autrui ;
- les accidents corporels causés en action de chasse ou de régulation des nuisibles ;
- les accidents corporels causés par le chasseur lui-même ou par ses chiens ;
- les accidents matériels causés aux choses et aux animaux (par exemple : quand on tue ou qu'on blesse un chien ou du bétail, qu'on sectionne une ligne électrique ou téléphonique, qu'on plombe une voiture ou un engin agricole).

Elle couvre pour une somme limitée :

- les dommages matériels et immatériels causés à autrui.

Elle ne couvre pas :

- les accidents corporels causés à soi-même (par exemple : quand on se blesse avec son propre fusil).

À savoir

- les accidents corporels ou matériels causés non pas en action de chasse, mais pendant les transports ou au cours du nettoyage de l'arme sont couverts ou non selon les contrats ;
- l'« assurance de responsabilité civile chasse » est valable pour une période d'un an allant du 30 juin au 29 juin de l'année suivante ;
- en action de chasse, le chasseur doit toujours la porter sur lui afin de pouvoir la présenter en cas de contrôle par un agent autorisé par la loi (ainsi que son permis de chasser et sa validation pour le lieu) ;
- en cas de résiliation du contrat d'assurance, le permis cesse immédiatement d'être valable et le préfet en prononce le retrait provisoire ;

- attention : beaucoup trop de chasseurs, n'ayant pas lu leur contrat, s'imaginent en toute bonne foi que l'assurance obligatoire les couvre contre tout. Il s'agit là d'une erreur qui coûte parfois terriblement cher.

2. Les assurances complémentaires

Elles couvrent certains risques laissés pour compte par l'assurance obligatoire. Le chasseur peut en plus :
- s'assurer lui-même contre les accidents de chasse dont il serait non pas l'auteur, mais la victime ;
- assurer ses chiens contre ces mêmes accidents ;
- assurer ses armes contre le vol, la détérioration ou la perte.

Enfin, la « garantie défense et recours » permet qu'en cas d'accident causé par un tiers, ce soit la compagnie d'assurance du chasseur blessé qui se charge de faire à sa place les démarches nécessaires.

3. Les assurances particulières aux organisateurs

La responsabilité de l'organisateur d'une chasse est notamment engagée :
- évidemment en cas de faute de l'organisateur dans l'organisation de la chasse ;
- en cas d'accidents causés par les auxiliaires permanents (gardes) ou temporaires (rabatteurs) dont il répond ;
- si une imprudence est établie à sa charge par l'un des participants (par exemple : un invité non titulaire du permis de chasser, ce que l'organisateur aurait dû vérifier au départ).

Des assurances particulières couvrent ce genre de risques. À noter qu'un fonds de garantie permet d'indemniser les victimes d'accidents de chasse dont les auteurs sont inconnus ou insolvables, ou dont le contrat d'assurance est suspendu ou nul. Son fonctionnement est analogue à celui du fonds de garantie pour les accidents d'automobile.

7 LE PARTAGE DE L'ACCÈS AUX ESPACES NATURELS

Des espaces naturels menacés

En France, les territoires dits « naturels » disparaissent chaque jour davantage sous le coup de l'urbanisation et de l'aménagement du territoire (lotissements, zones artisanales et industrielles, routes, autoroutes, déviations, etc.). La ville et la route gagnent sur la plaine, le marais, la forêt ; elles engloutissent chaque année 60 000 hectares de « campagne ». Par ailleurs, l'agriculture gagne sur le marais (asséché) et la forêt (rasée). Après des décennies de progression, aujourd'hui cette dernière recule. Pendant ce temps, les territoires naturels s'artificialisent ou se banalisent, perdant ainsi leurs attraits. Parallèlement à ces phénomènes, la demande en loisirs de plein air et le besoin de nature s'expriment de plus en plus fortement. Et l'on obtient la situation suivante :

davantage d'individus fréquentent des espaces naturels en régression. D'où des problèmes de cohabitation grandissants.

Tout n'est pas à tout le monde

Contrairement à ce que le grand public pourrait croire, la nature n'appartient pas à tout le monde, elle n'est pas « publique ». La forêt domaniale appartient à l'État, certaines forêts appartiennent à des communes ou à des régions, les fleuves, les rivières, certains marais et parties de bords de mer relèvent du domaine public. Cependant, la très grande majorité de la « nature », c'est-à-dire les forêts, les marais, la montagne, le bocage, la plaine et le littoral, appartient à des personnes ou à des structures privées. Ainsi sur 16 millions d'hectares de forêt française, 13 millions appartiennent à des personnes privées, soit 75 %. Notons cependant que ces territoires sont souvent traversés par des routes et des chemins publics. Sur ses propres territoires ou sur les territoires privés où il a le droit de chasse, le chasseur :

- peut chasser quand il le souhaite, évidemment dans le respect du droit cynégétique, de la réglementation départementale, des règles de sécurité et des principes de gestion (ce qui fait que le chasseur chasse finalement peu sur le même territoire) ;
- doit cependant prendre conscience du développement et de la multitude des activités de plein air : promeneurs, randonneurs, coureurs, cyclistes, vététistes, promeneurs de chiens, cavaliers, ramasseurs de champignons, de fleurs, de mues de cerf, photographes animaliers, amateurs de courses d'orientation, skieurs hors piste, adeptes de la raquette, etc. ;
- doit tenir compte de la fréquentation de ses territoires, même non autorisée, par des individus ignorant ou niant le droit de propriété ;
- doit également tenir compte de ceux qui pénètrent sur des territoires pourtant privés (ramasseurs de champignons) ou qui roulent en véhicules à moteur (moto-cross, quad, etc.) sur les chemins soit privés, soit publics mais non ouverts à la circulation ;
- prévenir les services de gendarmerie ou la garderie de l'OFB en cas d'infraction grave ou répétée de la part de tels individus ;
- peut être amené, lorsqu'il est posté lors d'une battue de grand gibier, à observer des randonneurs passer sur un chemin forestier ouvert au public (communal, par exemple) derrière la ligne de tir. Les uns et les autres seront dans leur droit. Les uns et les autres devront prendre les précautions qui s'imposent. Cela se nomme le partage de l'espace.

Non-chasseurs victimes

Si l'immense majorité des victimes d'accidents de chasse sont des chasseurs, des non-chasseurs sont également victimes. En 2018-2019, sur 7 accidents mortels, 1 concernait un non-chasseur.
Outre l'aspect dramatique, ce chiffre est à la fois faible et crucial. En effet, cette donnée est des plus sensibles car elle symbolise les risques que peut faire courir notre activité au grand public, et sera donc largement utilisée par ses détracteurs.

De plus, il faut savoir que chaque saison, des plombs et des balles perdus se fichent, sans plus de conséquences fort heureusement, dans les bâtiments et les autos. Demeure le trouble psychologique. De plus, on observe une hausse sensible des accidents mortels causés à des animaux domestiques (71 cas en 2011-2012 contre 109 cas en 2016-2017). À méditer sérieusement.

Face aux autres usagers de la nature

- en battue de grand gibier, obligation est faite par la loi de 2019 de poser des panneaux de signalisation temporairement et aux abords immédiats des voies publiques. Sur les voies de circulation automobile, il est conseillé de choisir des panneaux normés et reconnus par le Code de la voirie routière ;
- j'ouvre mon arme et la décharge ostensiblement ;
- je tiens mon ou mes chiens ;
- je suis courtois et salue les personnes ;
- je préviens calmement des interdictions (en cas de propriétés et chemins privés) ;
- je réponds aux personnes qui m'interrogent sur la chasse du jour ;
- j'ignore les mots déplacés ou agressifs ;
- je redouble de sécurité pour le reste de la journée ;
- je préviens, dès que je le peux, le responsable de la chasse ou le chef de ligne de cette rencontre ;
- je me souviens que chaque année, des non-chasseurs sont blessés gravement ou trouvent la mort à l'occasion d'accidents de chasse ;
- dans le doute, je m'abstiens de tirer pour le reste de la journée, si je suis placé sur un poste de battue au grand gibier qui me paraît très sensible.

Un droit, des responsabilités et des devoirs

Il faut avoir conscience que le chasseur est le seul citoyen autorisé à utiliser « librement » une arme de chasse (à feu, mais aussi à l'arc) dans les espaces naturels, ainsi d'ailleurs que des chiens de chasse. Cela ne constitue pas un privilège mais bien un droit, jadis « naturel », aujourd'hui encadré par la loi, l'examen du permis de chasser et sa formation. Ce droit à l'usage des armes de chasse impose des responsabilités et des devoirs, à la fois juridiques et moraux.

8 DES OUTILS POUR PLUS DE SÉCURITÉ

Ces dernières années, les chasseurs ont multiplié les campagnes et les outils d'information liés à la sécurité. Nous rappellerons ici les formations et stages consacrés en tout ou en partie à la sécurité, organisés par l'OFB, les FDC et les associations spécialisées (lire le chapitre 2). Certains de ces outils – gratuits ou payants – sont toujours disponibles :

La chasse aux accidents

L'OFB a commandé et coproduit avec la chaîne de TV Seasons un film, *La chasse aux accidents* (réalisateur : Thomas Bounoure). Véritable support pédagogique,

ce film donne la parole aux auteurs et aux victimes d'accident de chasse. Tous ces accidents auraient pu être évités si les consignes de sécurité et les recommandations de la division Permis de chasser et du réseau Sécurité à la chasse avaient été respectés. Le film, d'une durée de 72 minutes, a été diffusé à de multiples reprises sur la chaîne ; il est régulièrement projeté dans le cadre de formations à la sécurité.
En vente à l'OFB, Agence comptable, BP 20, 78612 Le Perray-en-Yvelines. Chèque à l'ordre du chef comptable de l'OFB. Courriel : doc@ofb.gouv.fr. Prix : 6 euros + 3 euros de frais de port. Bon de télécommande téléchargeable sur www.ofb.gouv.fr (cliquer à gauche sur « documentation », puis « DVD et CD »).

Posters sur la sécurité et le partage des espaces naturels

En partenariat avec le mensuel *Connaissance de la Chasse*, l'OFB a conçu une série de posters illustrés de photos consacrés à la sécurité et au partage des espaces naturels : « 8 règles d'or pour la sécurité à la chasse du petit gibier devant soi » ; « 8 règles d'or pour la sécurité à la chasse du grand gibier en battue » ; « Partageons la nature » ; « Fusil et carabine semi-automatiques en toute sécurité » ; « Tenir et porter son arme en toute sécurité hors action de chasse » ; « En battue, au poste, en toute sécurité » (l'angle des 30°) ; « Ensemble dans la nature, 4 règles d'or élémentaires ».
Depuis 2012, ces posters ont été offerts à l'ensemble des lecteurs de *Connaissance de la Chasse* et diffusés par l'OFB auprès des chasseurs, du grand public et des responsables de collectivités locales, dont les maires. Téléchargement gratuit sur www.ofb.gouv.fr (cliquer à gauche sur « documentation », puis « chasse dans les règles », puis « sécurité à la chasse »).

Usagers de la nature et sécurité à la chasse

L'OFB (réseau Sécurité à la chasse) et la FNC ont publié un dépliant offert au grand public intitulé « Usagers de la nature et sécurité à la chasse ». Il informe de la réalité des grands principes de la chasse en France (modes de chasse, différents types de territoires, circulation des véhicules à moteur dans la nature, sécurité à la chasse et accidents de chasse) et rappelle les règles élémentaires du bien vivre ensemble. Le dépliant est payant, mais le téléchargement est gratuit sur www.ofb.gouv.fr (cliquer à gauche sur « documentation », puis « chasse dans les règles », puis « sécurité à la chasse »).

Des outils pour chaque chasseur

En 2012, la FNC a consacré la totalité du *Petit Livre vert* à la sécurité. Ce document a été remis à chaque chasseur. Désormais, les FDC distribuent à l'ensemble des chasseurs un document rappelant les règles de sécurité de base, dont celle du respect de l'angle des 30°.

En cas d'accident

1. Les secours :
   - appeler les pompiers en composant le 18 ou le 112. Pour le SAMU, composer le 15 ;
   - localiser de manière très précise le lieu de l'accident ;
   - désigner une personne qui restera en contact avec les secours jusqu'à leur arrivée ;
   - désigner une personne qui accueillera les secours à l'entrée du territoire et les guidera.
2. La victime :
   - la couvrir avec une couverture, des manteaux ;
   - faire un point de compression s'il y a hémorragie ;
   - la placer en position latérale de sécurité si elle est inconsciente et qu'elle respire ;
   - lui parler constamment.

À savoir

Il n'est pas inutile que dans chaque groupe ou société de chasse, un ou plusieurs chasseurs soient formés aux gestes de premiers secours.

4 L'ARMEMENT

1 GÉNÉRALITÉS

A LES TROIS POINTS COMMUNS À TOUTES LES ARMES

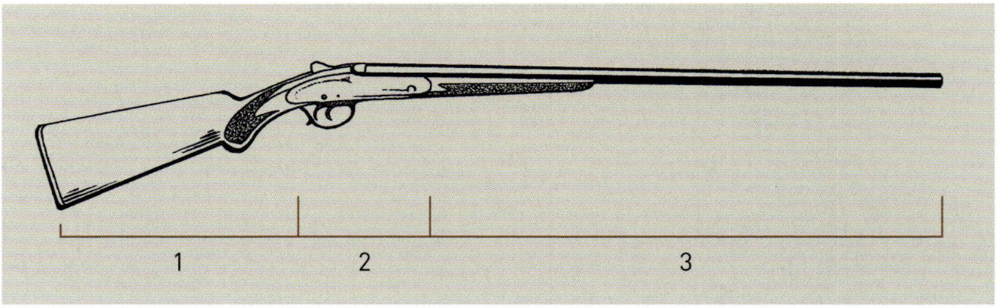

Les armes à feu utilisées à la chasse comportent :

1. une crosse, qui permet d'épauler ;
2. des mécanismes, dont le principal est celui qui fait partir le ou les projectiles ;
3. un ou deux canons, qui dirigent les projectiles vers le point visé.

B LES TROIS GRANDS TYPES D'ARMES

Les armes de chasse – et leurs munitions – sont toutes classées en catégories C et D et font l'objet d'une réglementation particulière. On en distingue trois grands types :

1. le fusil, à canon(s) lisse(s) conçu(s) pour tirer des gerbes de plombs (petit gibier), qui peut aussi tirer des balles (grand gibier) ;
2. la carabine, au canon rayé uniquement destiné au tir à balle (grand gibier) ;
3. l'arme mixte, qui combine les deux formules (petit et grand gibier).

2 LES FUSILS

A DESCRIPTION

Le fusil se caractérise par l'existence d'un ou deux canons dont la surface intérieure est entièrement lisse.

Fusils à deux canons juxtaposés et superposés (1 et 2)

Dans le juxtaposé, les canons sont placés côte à côte ; dans le superposé, l'un au-dessus de l'autre. Avec un juxtaposé, le premier coup est généralement tiré par le canon de droite ; avec un superposé, par celui du bas. Ce sont des armes « à bascule », pièce maîtresse faisant la jonction du mécanisme et des canons. Il faut donc les ouvrir (ou les « casser ») pour introduire ou retirer les cartouches.

Fusils à un canon (3)

Ces fusils peuvent être :

- à un coup ;
- « semi-automatiques ».

Quel fusil choisir ?

Les différents types de fusils les plus couramment utilisés à la chasse sont le juxtaposé, le superposé et le semi-automatique. Le fusil à un coup reste l'arme des chasses spécifiques comme le tir des pigeons ou des canards à la pose. Entre le juxtaposé et le superposé, c'est affaire de goûts personnels, de mode et surtout d'aisance. Par contre, le fusil semi-automatique se distingue par sa cadence de tir très élevée, jusqu'au maximum légal de trois cartouches. Mais il interdit l'emploi simultané de différents plombs comme de différents chokes et peut s'enrayer. Intéressant pour toutes les chasses aux oiseaux migrateurs, il est déconseillé comme fusil à tout faire.

B LES CROSSES

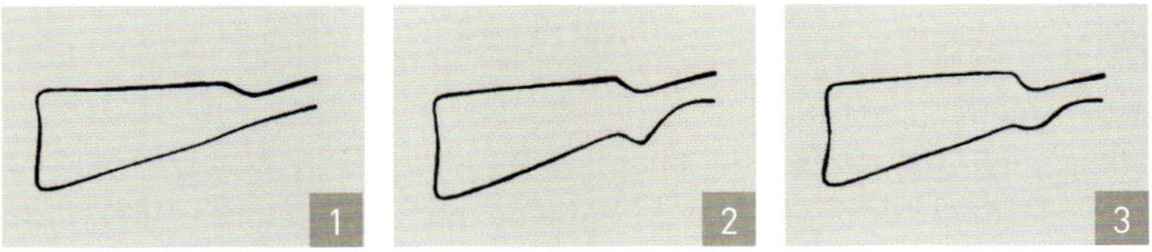

Les trois principaux types de crosses

1. la crosse anglaise, très indiquée pour les armes à deux détentes, permet de changer sans aucune gêne la position de la main pour passer de l'une à l'autre ;
2. la crosse pistolet est plutôt réservée aux monodétentes. Sa prise en main est excellente mais forcément figée ;
3. la crosse demi-pistolet est un compromis entre les deux précédentes.

Les autres formes (« française » ou « en col de cygne », « à joue », « Monte-Carlo », etc.) sont rares ou adoptées surtout pour le ball-trap, les carabines et les armes mixtes.

Votre crosse vous convient-elle ?

Plus importante que la forme est la mise aux mesures du chasseur (ou à sa couche), facilitée par le fait que la crosse est généralement en bois. L'objectif de cette adaptation est que, lorsque le chasseur épaule la crosse, les canons se trouvent tout naturellement pointés dans la direction où il regarde. Pour y arriver, un triple réglage est nécessaire :

1. le réglage de la longueur : quand la première phalange de l'index est posée sur la première queue de détente, le talon de la crosse doit tomber juste dans le creux du coude ;
2. le réglage de l'avantage : déviation horizontale par rapport à la ligne de visée ;
3. le réglage de la pente : déviation verticale.

Chacun doit savoir quel est son œil directeur. Celui avec lequel, quand on ferme l'autre, on voit le point de visée au même endroit que lorsque les deux yeux sont ouverts. Cela se fait en tendant le bras à l'horizontale devant soi, en dressant l'index et en le regardant tour à tour des trois façons. Dans le cas d'un droitier dont l'œil directeur est le gauche (ou vice versa), il est impératif de faire fabriquer par un armurier une crosse particulière qui corrige automatiquement cet écart ou de tirer avec seulement l'œil droit ouvert (ou vice versa). On peut équiper le talon d'une plaque de couche antirecul. De préférence en caoutchouc recouvert de cuir, pour la protection de l'épaule.

C LE MÉCANISME DE PERCUSSION

Les pièces

1. La détente

Sorte de levier qui déclenche le mécanisme sous la pression du doigt. Celle-ci s'exerce sur la partie externe de la pièce, appelée queue de détente (et non pas

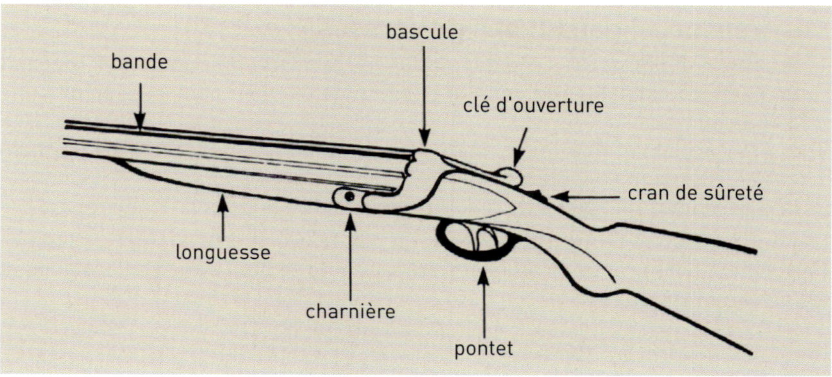

« gâchette »), et est partiellement protégée par un pontet contre les départs accidentels.
La détente est toujours unique sur un monocanon, normalement double mais parfois unique sur un bicanons.
Elle ne doit être ni trop douce (moins de 1,5 kg pour la première, de 1,7 pour la seconde), car elle risquerait d'entraîner un départ prématuré du coup par simple effleurement du doigt, ou celui du second en même temps que le premier par effet de choc du recul, ni trop dure (plus de 3,5 kg), car il s'ensuivrait une crispation de la main et un retard dans le tir ou un coup de doigt ;
Elle ne doit pas avoir de jeu (ou de mou), mais être sèche. Il faut que le coup parte aussitôt que la pression du doigt se fait sentir.

2. La gâchette

Pièce entièrement intérieure qui sert d'intermédiaire entre la détente et le chien.

3. Le chien

Pièce massive accompagnée d'un puissant ressort que libère la rotation de la gâchette. On dit que le fusil est armé quand ce ressort est bandé. Sur les anciens juxtaposés, les deux chiens étaient apparents et s'armaient à la main. Sur les fusils modernes (ou hammerless), les chiens sont incorporés dans la bascule et s'arment automatiquement quand on les ferme.

4. Le percuteur

Pièce solidaire du chien, frappée par celui-ci, et dont le rôle est d'enfoncer l'amorce située au centre de la cartouche (d'où l'expression « percussion centrale »).

5. Les pièces apparentes d'un fusil semi-automatique

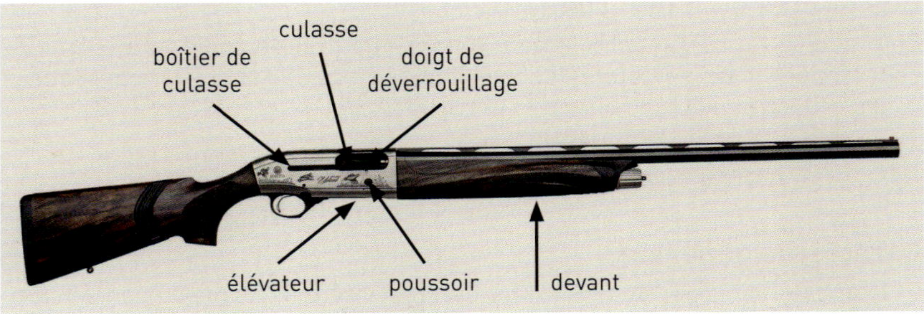

Comment fonctionne le mécanisme de percussion ?

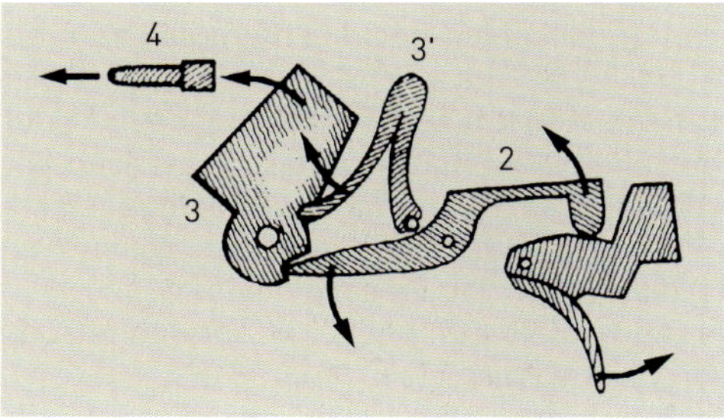

La pression du doigt sur la queue de détente fait pivoter la détente (1), laquelle fait pivoter à son tour la gâchette (2) et libère ainsi le chien (3). Sous la poussée de son ressort (3'), celui-ci bascule vers l'avant et permet au percuteur (4) de frapper brutalement l'amorce. On appelle « fusils à platines » ceux dont les mécanismes de percussion ne sont pas incorporés dans la bascule comme dans le cas général, mais sont montés sur deux plaques situées de part et d'autre et reliées par un axe traversant la crosse.

D LA SÉCURITÉ OU SÛRETÉ

Comment fonctionne la sécurité ?

Mue par un bouton-poussoir (cran de sûreté ou cran d'arrêt) situé le plus souvent juste en arrière de la clef d'ouverture, elle bloque la détente et l'empêche ainsi de pivoter quand on appuie sur sa queue.

Des limites qu'il faut connaître

Comme elle ne bloque directement ni la gâchette ni le chien, la sécurité ne peut empêcher les percuteurs de fonctionner en cas de choc. Par conséquent, la sécurité offerte est toujours très partielle.

E LE CANON

Caractères généraux

- fabrication en acier doux, souvent protégé contre la corrosion par un chromage intérieur ;
- longueur de 66-71 cm pour le chasseur polyvalent ; de 60-65 cm pour celui qui opère uniquement au bois; de 75-76 cm pour le sauvaginier qui tire à la hutte ou au vol ;
- épaisseur toujours très faible, si bien qu'un choc peut facilement l'abîmer et le rendre dangereux.

L'intérieur du canon (voir dessin ci-dessous)

Il comprend, d'arrière en avant :

1. la chambre, dans laquelle vient se loger la cartouche. Longueur : 65 ou 70 mm pour les fusils ordinaires ; 76 mm pour les fusils magnum ; 89 mm pour les fusils supermagnum. Les magnum permettent d'utiliser, à calibre égal, des cartouches contenant un peu plus de poudre et de plombs, ce qui peut être intéressant pour les tirs à la limite de portée ;
2. le cône de raccordement de la chambre à l'âme. Il voit le diamètre du canon se rétrécir et permet au sertissage de la cartouche de se déplier ;
3. l'âme. Partie la plus longue et parfaitement cylindrique ;
4. le choke. Rétrécissement à la bouche sur les derniers 50 à 80 mm qui a pour effet de resserrer la gerbe de plombs.

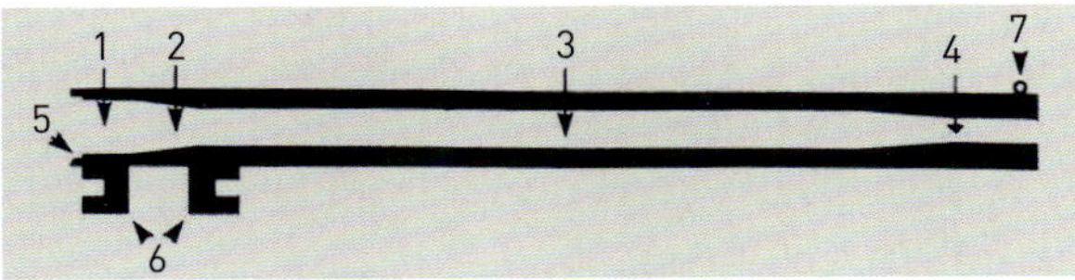

Selon l'importance de ce rétrécissement (compris entre 1,2 et 0,1 mm), un canon peut être : plein choke (ou full choke) ; trois quarts de choke ; demi-choke ; quart de choke ; lisse amélioré. À 35 mètres, un full choke donne un groupement à peu près double de celui du lisse amélioré, mais sa gerbe a de fortes chances d'être moins régulière.

Combinaisons les plus courantes :

- au bois, lisse amélioré / quart de choke ;
- en plaine, quart de choke / trois quarts de choke ou demi choke / full choke ;
- au marais, trois quarts de choke / full choke.

Ordre des combinaisons :

- sur un juxtaposé, le canon le moins choké est généralement celui de droite ;
- sur un superposé, le canon le moins choké est celui du bas.

Note : le premier coup étant tiré d'habitude à plus faible distance, on lui réserve en effet le canon le moins choké.

Trois précisions complémentaires :

- on peut demander à un armurier d'élargir un choke ;
- on peut avoir un fusil équipé d'un jeu de canons interchangeables aux chokes différents ;
- on peut avoir un fusil équipé de canons à chokes amovibles et interchangeables.

L'extérieur du canon

Il comprend, d'arrière en avant :

5. les extracteurs ou les éjecteurs ;

6. les crochets ;
7. les organes de visée : la bande striée (pour éviter les reflets lumineux) parfois ventilée (pour éviter les mirages de chaleur) et le guidon (ou point de mire), petite boule sphérique en forme de « grain d'orge » ou petit cylindre en fibre optique colorée placé près de la bouche.

Note : les canons d'un juxtaposé ou d'un superposé ne sont pas exactement parallèles, mais convergents. Cela permet de tirer au même endroit avec les deux à une distance moyenne.

F LES CALIBRES

Le calibre correspond au diamètre intérieur du canon (plus précisément à celui de son âme), mais il n'est pas égal au nombre de millimètres de ce diamètre. Les trois calibres couramment utilisés à la chasse sont le 12, le 16 et le 20.
Plus le chiffre est élevé, plus le calibre est petit. Plus le calibre est gros, plus le diamètre des canons est important et plus le fusil est lourd, mais plus la cartouche contient de poudre et de plombs. Ainsi, le 12 tire les cartouches les plus grosses, et le 20 les plus petites.
Il existe aussi des fusils de calibres inférieurs au 20, notamment le 24, le 28 et le 410. Avantage : leur extrême légèreté. Inconvénient : leur manque de puissance, qui oblige à ne tirer que de très près.

G LES CARTOUCHES

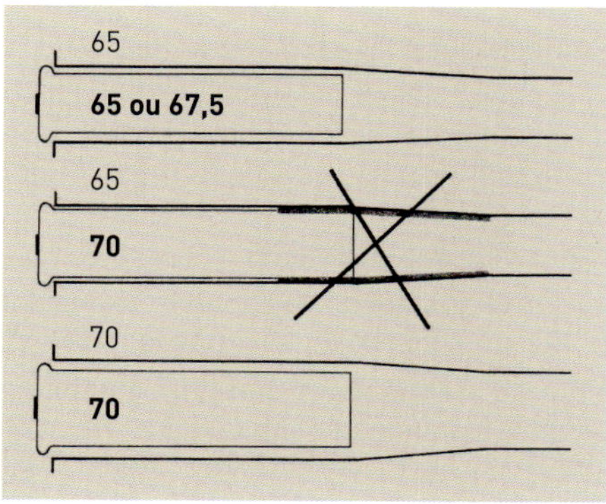

Description

Elles comprennent :

1. un étui en carton ou en plastique ;
2. un culot en métal, muni d'un bourrelet permettant l'extraction ou l'éjection.
   L'étui et le culot forment ce qu'on appelle la douille, partie de la cartouche qui reste dans la chambre après le départ du coup. Les douilles des cartouches ordinaires ont entre 65 et 70 mm de long, celles des cartouches magnum 76 ou 89 mm. Conséquence importante : on ne peut tirer sans danger n'importe quelle cartouche dans un même fusil. Un calibre 12 chambré à 65 mm, par exemple, peut recevoir une douille de 67,5 mm, mais pas une douille de 70 mm : il y aurait un risque de surpressions préjudiciables à la longévité de l'arme, voire à la sécurité du tireur.
   A fortiori, on doit expressément réserver les cartouches magnum aux fusils magnum, c'est-à-dire chambrés à 76 mm, et les supermagnum aux fusils chambrés à 89 mm. Pour éviter les erreurs, la longueur des chambres est toujours gravée sur les canons ;

3. une amorce, au centre du culot, que vient frapper le percuteur ;
4. une fermeture, constituée d'un disque serti ou du plissage en étoile de l'étui ;
5. une charge de poudre, mise à feu par l'amorce au 1/1 000 de seconde ;
6. une bourre, qui pousse les plombs en les empêchant de fondre sous la chaleur et en égalisant la pression produite par l'explosion de la poudre. Par conséquent, cette bourre est placée entre la poudre et les plombs. La bourre tubulaire en plastique, ou bourre à jupe et godet, est plus efficace que les classiques bourres en feutre, en liège ou en fibre, car elle permet de meilleurs groupements et une régularité plus grande ;
7. une charge de plombs, lesquels sont d'ailleurs le plus souvent durcis, nickelés, aluminés ou dorés pour accroître leur force de pénétration ;
8. éventuellement un croisillon ou pièce en plastique type ARX disposée au milieu des plombs pour favoriser leur dispersion à courte distance (tir du lapin).

Comment fonctionnent les cartouches ? (voir dessin ci-contre)

Sous le choc du percuteur, l'amorce (3) détonne et enflamme la poudre (5). Les gaz produits par explosion propulsent en avant la bourre (6) qui transmet la pression reçue à la charge de plombs (7). Cette dernière fait céder la fermeture (4) et fonce vers la bouche du canon.

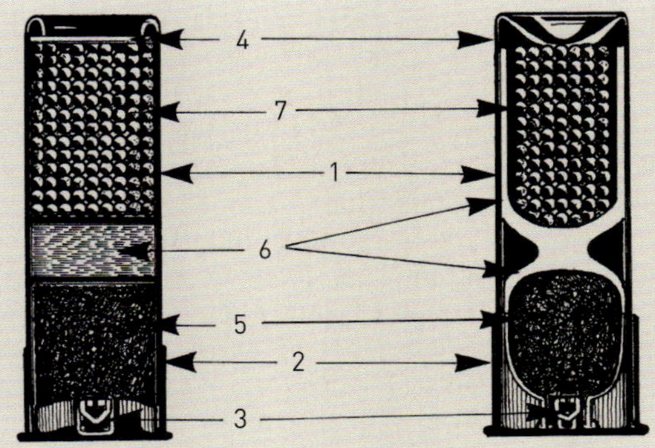

cartouche traditionnelle — cartouche moderne

À savoir

Les douilles en plastique sont indestructibles, polluant éternellement la nature. C'est pourquoi **chacun doit ramasser systématiquement ses douilles**.

H LES PLOMBS ET LES GRENAILLES DE SUBSTITUTION

Les numéros

Les numéros autorisés à la chasse vont de 10 à 1. Plus le numéro est petit :

- plus les plombs sont gros (le numéro ne correspond pas au diamètre : celui du n° 9 est de 2 mm, celui du n° 5 est de 3 mm, celui du n° 1 est de 4 mm) ;
- plus ils vont loin (gare à la sécurité !) ;
- moins ils sont nombreux (en calibre 12, à peu près un millier pour le n° 10, mais seulement une centaine pour le n° 1). À noter que certains canons – sans qu'on sache pourquoi – peuvent avoir un rendement médiocre ou franchement mauvais avec tel ou tel numéro de plombs.

Comment choisir les numéros de plombs ?

Le choix se fait en fonction :

1. du canon : on met généralement des plombs plus gros dans le second coup, destiné à tirer plus loin que le premier ;
2. de la date : en fin de saison, un même gibier se tire avec des plombs plus gros (donc avec un numéro plus petit) qu'à l'ouverture (plumage ou poil d'hiver plus épais) ;
3. du gibier :
   - 4 à 1 pour le renard ;
   - 7 à 4 pour le lièvre ;
   - 7 à 5 pour le faisan et le pigeon ;
   - 8 à 6 pour la perdrix, le lapin et le vanneau ;
   - 8 et 7 pour la tourterelle et la bécasse ;
   - 9 et 8 pour la grive et la caille ;
   - 10 et 9 pour l'alouette ;
4. du type de grenaille :
   En raison du risque de saturnisme (maladie transmise par le plomb), depuis le 1er juin 2006, l'usage des cartouches à plombs est interdit dans les zones humides. Aussi le chasseur doit-il utiliser des cartouches non toxiques à grenaille d'acier (fer doux), d'étain, de bismuth, de tungstène ou encore de cuivre recuit ou de zinc. Pour ces grenailles, il est recommandé d'utiliser des billes plus grosses (donc avec un numéro plus petit) deux numéros plus grosses que pour le plomb (3 au lieu de 5, par exemple) et de réduire ses distances de tir de 5 mètres, d'où ces propositions :
   - 3 à 1 pour l'oie ;
   - 5 à 2 pour le canard ;
   - 6 à 4 pour le vanneau ;
   - 7 à 6 pour la bécassine.

À savoir

Lorsque surgit à l'improviste un gibier pour lequel on n'a pas un numéro de plombs suffisant (exemple : un lièvre quand on chasse la caille), on ne tire pas. Quant au chevreuil, on ne doit le tirer qu'à balle, sinon le risque est très grand de le blesser mortellement et de le laisser s'enfuir pour agoniser au loin.

I LES BALLES

Caractères généraux

La balle est un projectile unique constitué d'un bloc en acier ou en plomb. À ce point près, la cartouche à balle est pratiquement identique à la cartouche à plombs.
Il existe différents types de balles selon la formule adoptée pour les stabiliser sur leurs trajectoires :

- la balle Brenneke, à nervures de guidage inclinées et bourre vissée servant d'empennage, très efficace à l'impact même en canon choké ;
- la balle Sauvestre, composée d'un projectile empenné sous-calibré, enfermé dans un sabot rainuré en matière plastique. Elle est à la fois très précise, très rapide et très efficace ;
- la balle Fier, qui contient dans un corps en matériau synthétique un pénétrateur en laiton poussé par une masse-marteau de plomb, également précise, rapide et efficace dans la plupart des armes ;
- la balle Slug, projectile creux en forme de dôme strié, adaptée au tir depuis des fusils dont les canons sont rayés ou boyaudés (c'est le cas de certains fusils bécassiers ou Slug).

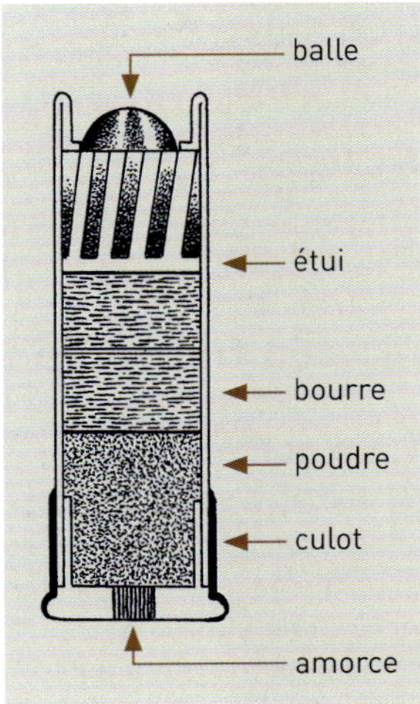

Il existe de nombreux autres types de balles pour armes lisses.

Comment choisir les balles ?

- une même balle peut être chargée dans des cartouches différentes ;
- on ne peut déterminer que par des essais à la cible quelle cartouche à balle convient le mieux à son fusil ;
- pour le tir à balle, on a toujours intérêt :
  - à choisir le calibre 12, chambre de préférence à 70 ou 76 mm ;
  - à utiliser le canon le moins choké possible (lisse amélioré) ;
  - à opter pour la cartouche convenant le mieux et à ne plus en changer ;
  - à faire monter par un armurier une hausse auxiliaire, la ligne de mire et le guidon étant insuffisants pour un tir de précision ;
- il est également possible d'utiliser un fusil dit « spécial tir à balle », c'est-à-dire aux canons et aux organes de visée se rapprochant de ceux des armes rayées.

Emploi

Le tir à balle en canon lisse est très différent de celui en canon rayé :

- le projectile baisse beaucoup plus vite, notamment à cause de son poids supérieur et de sa moindre pénétration dans l'air ;
- sa faible vitesse (200 m/s à 100 mètres) nécessite des corrections aussi importantes que pour le tir à plombs ;
- son énergie cinétique est médiocre à grande distance, multipliant alors les risques de blessures non décisives ;
- le projectile ne se déforme pas à l'impact, ce qui renforce le danger précédent. Pour ces raisons et quelques autres, le tir à balle en canon lisse ne se justifie vraiment qu'à la condition de tirer à de très courtes distances (30 mètres en calibre 12 sur gibier en mouvement, 40 mètres au calibre 12 au maximum sur gibier arrêté).

À savoir

Un fusil tirant bien la balle tire toujours bien le plomb. Aussi faut-il choisir son fusil en fonction d'abord de ses qualités lors du tir à balle.

J LES TROIS TYPES DE PORTÉE DES CARTOUCHES

1. La portée utile

La distance maximale à laquelle le gibier, bien visé avec le numéro de plomb approprié, est tué net à coup sûr est de 40 mètres pour le tir à plombs. Dans la majorité des cas, la mort est due au choc subi par le système nerveux. Un nouveau chasseur a tout intérêt, pour éviter de perdre des pièces qu'il ne retrouverait pas sur le coup (encore capable de fuir ou de ruser), à bien se mettre dans l'œil, sur le terrain, cette distance maximale.

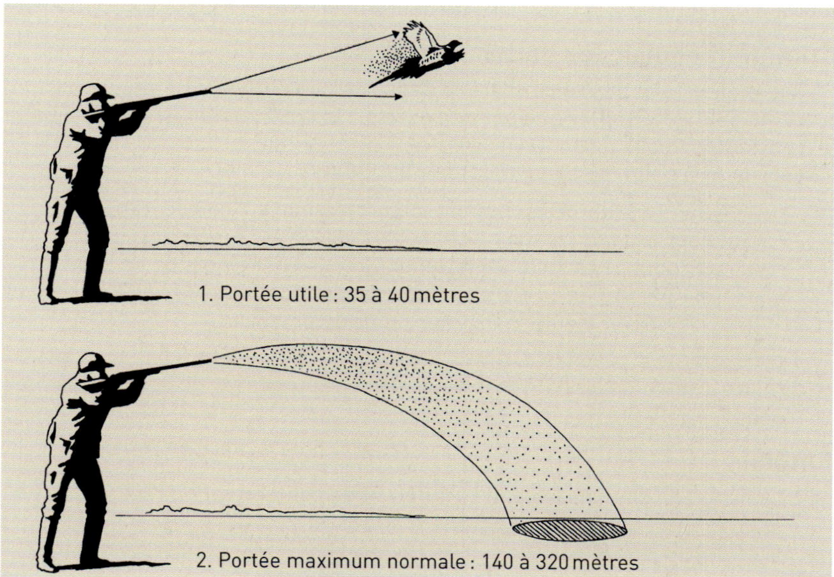

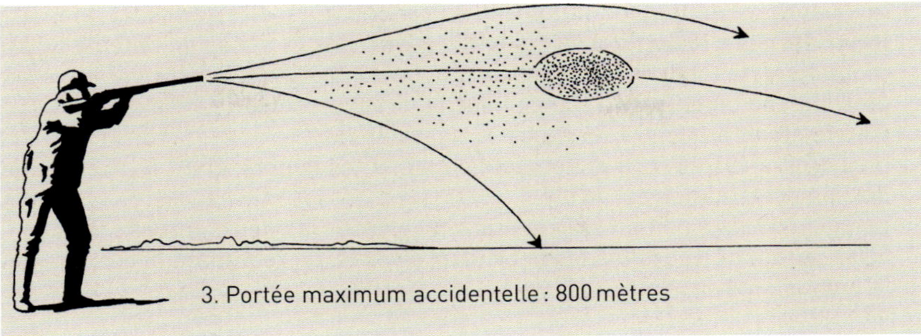

2. La portée maximum normale

C'est la distance à laquelle les plombs retombent sur le sol après un tir à 15° au-dessus de l'horizontale. Égale au diamètre des plombs (en mm) x 80, elle est comprise entre 140 (n° 10) et 320 mètres (n° 1). Exemple : **la portée limite dangereuse d'un plomb n° 5 est de 240 mètres**, puisque son diamètre est de 3 mm.

3. La portée maximale accidentelle

C'est la distance dangereuse qui résulte de la formation d'une grappe de plombs faisant plus ou moins balle en raison d'un défaut de la munition ou de l'arme. Ce sont les mauvaises cartouches ou les mauvais fusils qui permettent les coups de longueur les plus extraordinaires... dont leurs auteurs feraient mieux de s'inquiéter que de se vanter. Cette portée maximale accidentelle échappe par définition à toute règle, **mais elle peut aller jusqu'aux environs de 800 mètres**. Le risque en est considérablement réduit grâce aux plombs modernes, durcis par adjonction d'antimoine ou enrobage de nickel. Mais il demeure...
Conséquence : ne jamais tirer en direction d'une personne, d'une pièce de bétail, d'une machine agricole ou d'une maison, même si l'on croit qu'elle se trouve hors de portée. C'est naturellement encore plus vrai en cas de tir à chevrotines (portée maximum normale allant de 450 mètres pour la 28 grains à 750 m pour la 9 grains) ou à balle (PMN supérieure à 1 500 mètres).

À savoir

À ces portées, le chasseur en ajoute une quatrième qu'on pourrait appeler la « portée minimale ». Il ne tire jamais de trop près, la forte concentration de plombs risquant de mettre le gibier en charpie.

K LA POSITION DE TIR (POUR UN DROITIER)

- corps légèrement penché en avant ;
- épaule droite un peu avancée, en la creusant pour éviter l'effet de recul ;
- talon de la crosse au creux de l'épaule ;
- joue collée au busc de la crosse ;
- bras gauche légèrement tendu, main à la hauteur du premier tiers avant de

la longuesse : soutenant et guidant les canons, c'est elle qui vise ;
- **index derrière le pontet** : on ne doit le passer sur la queue de détente qu'au moment où le talon de la crosse se plaque contre l'épaule ;
- pied gauche légèrement avancé dans la direction où l'on pense que se trouvera le gibier au départ du coup ;
- pied droit à 45° environ et un peu en arrière, les genoux étant écartés d'une dizaine de centimètres ;
- poids du corps à peu près également réparti sur les deux jambes ;
- visée autant que possible les deux yeux ouverts, en regardant la cible et non le point de mire.

L LA CORRECTION DE TIR

Qu'est-ce que c'est ?

La vitesse moyenne des munitions courantes est de l'ordre de 400 m/s à la bouche et de 200 m/s à 35 mètres. Par conséquent, il leur faut une fraction de seconde pour parcourir cette distance. Par ailleurs, entre le moment où le cerveau donne l'ordre de tir et celui où le coup part, il se passe une autre fraction de seconde pendant laquelle le gibier se déplace.
Au vol ou à la course, il ne faut donc pas viser le gibier lui-même, mais le point où l'on suppose qu'il se trouvera au moment où la gerbe de plombs parviendra à sa hauteur. C'est ce qu'on appelle la correction de tir. Pour un canon et une cartouche donnés, cette correction dépend de la distance et de la vitesse du gibier, ainsi que de l'angle de son parcours par rapport au chasseur. Exemple : sur un traversard, elle doit être au moins deux fois plus grande à 35 mètres qu'à 20.

Méthode

Attaquer le gibier par l'arrière, le dépasser en suivant sa trajectoire, prendre de l'avance en fonction de sa distance et de sa vitesse et presser la queue de détente sans arrêter ni freiner le mouvement des canons. C'est le swing, qu'on traduit souvent aussi par la formule « queue-tête-pan ».

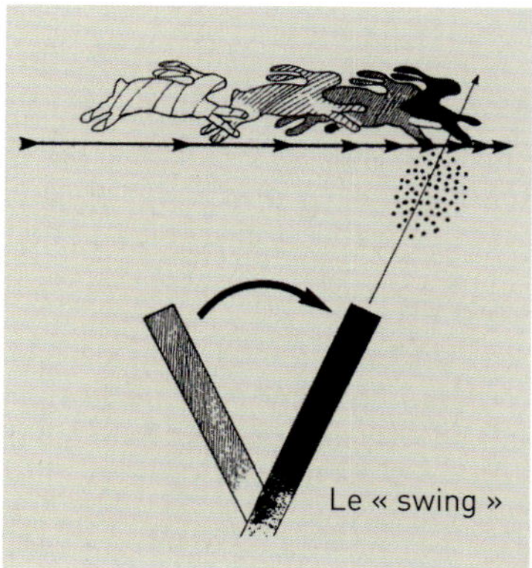
Le « swing »

Règles

1. Ne jamais craindre de viser ni trop haut ni surtout trop devant. Contrairement à une idée très répandue, la gerbe de plombs ne forme pas un disque plat mais un nuage en volume. À 35 mètres, il a environ 4 à 5 mètres de profondeur et 2,5 mètres de diamètre. Par conséquent, si on tire dedans ou trop peu en avant, toute la gerbe passera derrière. Mais si on tire trop en avant, la queue de la gerbe frappera la cible.
2. Dans un vol, ne jamais tirer « dans le tas » mais choisir un oiseau et tirer comme s'il était seul.

3. Exemples de corrections :
   - lièvre traversard à 20 mètres : 75 cm ;
   - lièvre traversard à 35 mètres : 1,5 mètre ;
   - oiseau traversard à 20 mètres : au moins 1 mètre ;
   - oiseau traversard à 35 mètres : au moins 3 mètres.

Tout ceci est bien entendu très relatif – notamment en fonction de la vitesse et de la direction du vent. C'est ainsi qu'un oiseau « ramant » contre la tempête paraît ne pas avancer... Seulement, ce même phénomène atmosphérique déviera les plombs derrière lui. Il faut donc corriger beaucoup plus qu'on ne le ferait d'instinct.

M L'ENTRETIEN DU FUSIL

Ce qu'il faut savoir

En action de chasse, un fusil est souvent exposé à recevoir de la poussière ou de l'eau. Même avec des munitions d'excellente qualité, il reste toujours dans les canons un minimum de résidus incomplètement brûlés. Il faut donc toujours nettoyer son fusil après la chasse. Immédiatement s'il a plu, 48 heures après au plus tard par beau temps et ne jamais le ranger mouillé dans sa housse (ou le sortir arrivé chez soi).

La bonne méthode

1. Nettoyer l'intérieur des canons au moyen d'un jeu d'écouvillons, brosses cylindriques que l'on visse tour à tour à l'extrémité d'une baguette. L'ordre d'utilisation est le suivant :
   - écouvillon en fil de nylon, pour chasser les cendres et les gros résidus solides ;
   - écouvillon métallique (en laiton doré, évitez l'acier qui raye les canons), pour gratter les poussières de plomb et de plastique et certains résidus de combustion qui adhèrent à la paroi (vérifier le résultat en mirant les canons devant le ciel ou une source de lumière) ;
   - écouvillon en laine, fortement imbibé d'une huile spéciale anticorrosive.
2. Lubrifier l'extérieur des canons et des mécanismes avec une huile neutre (exemple : huile de vaseline) ou de la graisse d'arquebuserie.
3. Introduire quelques gouttes d'huile anticorrosive dans les orifices du percuteur, les logements des détentes et sous la clef de fermeture.
4. Par contre, ne jamais déposer une arme près d'une source de chaleur pour la faire sécher, car le bois de la crosse pourrait alors se fendre ou même éclater.

Révisions du fusil

Même entretenu comme il faut, un fusil s'abîme forcément à la longue. Certaines pièces inaccessibles au chasseur peuvent s'encrasser, d'autres s'usent ou prennent du jeu. C'est pourquoi il faut le faire réviser par un armurier – si possible après chaque saison de chasse. De même, dans le cas où un nouveau chasseur reçoit en cadeau un fusil « de famille » qui n'a pas servi depuis un certain temps, une révision complète est indispensable.

À savoir

L'entretien des carabines étant pratiquement identique à celui des fusils, nous n'y reviendrons pas dans la section qui leur est consacrée. Il ne faut jamais oublier de dégraisser l'intérieur d'un canon rayé avant le départ pour la chasse en passant un simple écouvillon en laine, sans quoi la première balle tirée perdrait toute précision. Veiller aussi à ne pas se tromper de trousse de nettoyage ; chacune ne sert que pour un seul calibre.

3 LES CARABINES

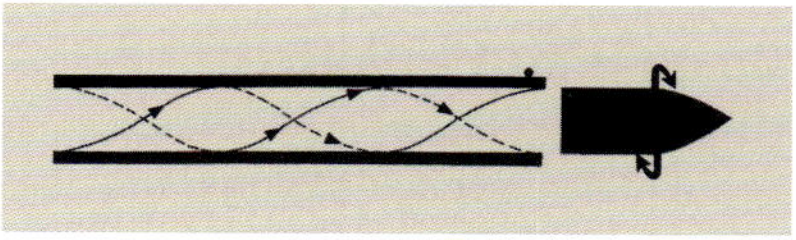

A DESCRIPTION

Souvent appelée arme rayée, la carabine de chasse du grand gibier se caractérise par la présence de rayures en forme de spires sur la surface intérieure du canon. En stabilisant la trajectoire de la balle, ces rayures accroissent la précision du tir.

Carabines à un canon

1. À verrou

La culasse, de type Mauser, s'ouvre et se ferme au moyen d'un levier latéral. La première cartouche s'introduit à la main dans la chambre du canon, les suivantes s'empilent dans un magasin vertical muni d'une planchette élévatrice. Lorsqu'on ouvre la culasse, la douille est éjectée ; la planchette permet à une nouvelle cartouche de se présenter dans l'axe du canon, où on l'introduit en repoussant le levier de culasse vers l'avant. Il s'agit donc d'une arme à répétition manuelle.

2. À levier en sous-garde ou à pompe

Le levier n'est plus sur le côté de la culasse, mais en dessous. Armes héritées du Far West, plus compliquées, plus lourdes et moins précises que les carabines à verrou, très peu employées en France.

3. Semi-automatique

Arme de battue en raison de sa cadence de tir élevée. Considérée comme antisportive par certains, voire accidentogène, elle est parfois interdite sur les territoires de chasse.

4. À un coup

Légère et maniable, elle convient bien à l'approche et à l'affût, notamment en montagne. Deux types : à canon fixe ou à bascule (kipplauf).

Carabines à deux canons

Appelée express et parfois double express, la carabine à deux canons possède deux canons rayés juxtaposés ou superposés. Dans le cas très rare où les deux canons sont de calibres différents, on parle d'« express mixte ». Fermeture à bascule.

Carabines à plus de deux canons

Originaires d'Allemagne et d'Autriche, les carabines à plusieurs canons, dites aussi armes combinées, qui reprennent le principe du mixte, peuvent prendre plusieurs formes.

À savoir

Le plus souvent, la carabine du chasseur de grand gibier est :

- monocanon ;
- à verrou ;
- à répétition ;
- à percussion centrale, comme les fusils.

La crosse de la carabine est souvent du type Monte-Carlo. Crosse pistolet rehaussée d'une joue qui augmente la surface de contact avec le visage du tireur. Le magasin peut contenir de 3 à 5 cartouches. En plus des rayures, la grande différence avec le fusil réside dans le fait que la cartouche produit une pression 5 à 6 fois plus forte. En conséquence, l'acier du canon est plus épais, le verrouillage plus solide, le poids plus élevé et le recul plus important.

B LES CARTOUCHES

Description

Une cartouche est constituée d'une douille en laiton (1), d'une amorce (2), d'une forte charge de poudre (3) et d'une balle (4).
Le fonctionnement est pratiquement le même que celui d'une cartouche à fusil. La douille peut être « à gorge » ou « à bourrelet ».

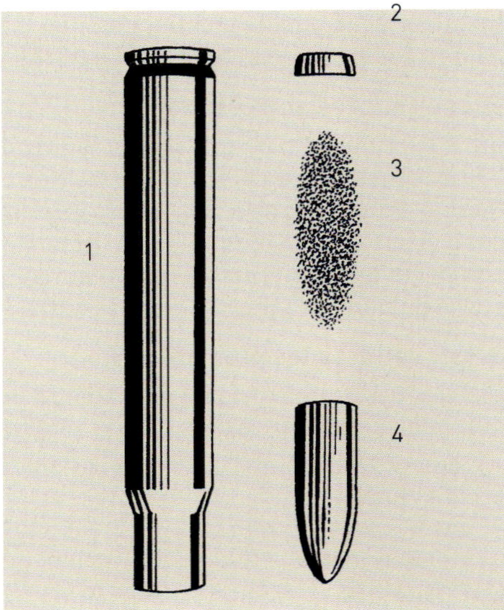

D'une façon très générale :

- une douille à gorge correspond aux carabines à magasin vertical (notamment les carabines à verrou) ;
- une douille à bourrelet correspond aux armes basculantes (à un coup, express ou mixtes).

Les balles

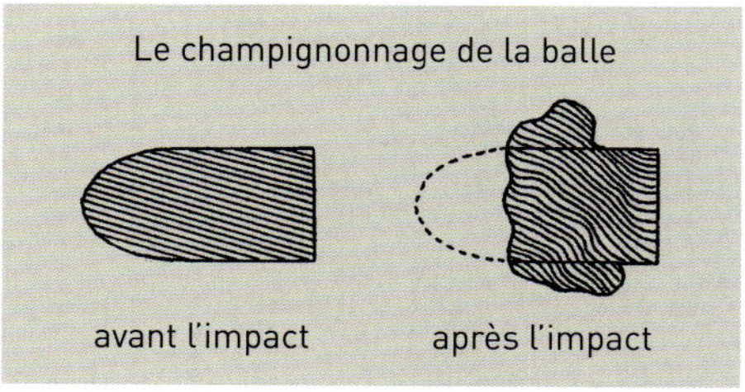

Il en existe d'innombrables types qui peuvent différer les uns des autres :

- par leur structure : balles blindées (non déformables) ou expansives (dont la pointe non blindée se déforme à l'impact en « champignonnant », ce qui accroît l'effet de choc et la gravité des blessures). Pour réduire au mieux les risques de pertes, les balles expansives sont obligatoires ;
- par leurs matériaux : noyau en plomb mou, légèrement durci ou composite (mou à l'avant, dur à l'arrière) ; blindage à base de métaux cuivreux ou d'acier doux ; balles sans plomb en alliage de cuivre ;
- par leur forme : pointue, semi-pointue, arrondie, à pointe creuse, etc. ;
- par leur poids : il peut varier du simple au double dans un même calibre. Fait en fonction du gibier qu'on veut tirer, son choix est un critère important.

C LES CALIBRES

Contrairement à ce qu'on a vu pour les fusils, leur nombre est considérable et la complexité de leur nomenclature ne facilite pas les choses.
Les données principales sont les suivantes :

1. Les calibres européens

Ils s'expriment par deux chiffres séparés par le signe x. Exemple : 7 x 64. Le premier chiffre (7) désigne le diamètre de la balle en mm. Le second (64), la longueur de la douille en mm. Lorsque la douille est à bourrelet, la mention du calibre est suivie de la lettre R (7 x 65 (R), par exemple).

2. Les calibres anglo-saxons

Ils s'expriment par un chiffre suivi d'un nom ou d'initiales. Exemple : 270 Winchester. Le chiffre est le diamètre de la balle en millièmes ou en centièmes d'inch (1 inch = 25,4 mm). Exemple : 300. Le nom (ou les initiales) est celui du créateur. Exemple : H & H pour Holland and Holland. Lorsque la douille comporte une ceinture de renforcement à la base, la mention du calibre est suivie du mot « Magnum » ou de la lettre M. Exemple : 270 Weatherby Magnum.

3. Les calibres les plus utilisés

Classés par ordre croissant de diamètre de la balle, voici les principaux calibres européens et anglo-saxons utilisés en France pour la chasse du grand gibier :

- moins de 6,5 mm : 222 Remington, 5,6 x 50 (R), Magnum 5,6 x 57 (R), 243 Winchester ;
- entre 6,5 et 7,5 mm : 6,5 x 57, 6,5 x 68, 270 Winchester, 7 x 64, 7 x 65 (R), 280 Remington ;

- plus de 7,5 mm : 300 Winchester Magnum ou 308 Norma Magnum, 8 x 57 JRS, 8 x 68 S, 9,3 x 62, 9,3 x 74 (R).

D COMMENT CHOISIR LA MUNITION ?

L'anarchie régnante est d'autant plus regrettable qu'elle entraîne deux séries de conséquences fâcheuses :

- une prolifération de cartouches aux diamètres très voisins ou même identiques, et par conséquent de nombreux risques de confusions et d'accidents ;
- une quasi-impossibilité de s'y retrouver, alors même que le choix de la munition est d'une importance capitale. Il doit venir en premier lieu, celui de l'arme susceptible de la tirer n'intervenant qu'en second.

Les raisons du choix

1. L'animal de chasse, notamment sa résistance. Un calibre et un poids de balle trop faibles ne feront souvent que le blesser. Trop forts, ils peuvent abîmer gravement la venaison.
2. Le mode de chasse :

- à l'approche et à l'affût (tir d'un gibier immobile à des distances parfois grandes), priorité à la vitesse et à une trajectoire tendue ;
- en battue (tir d'un gibier en mouvement à courte distance), priorité à la puissance de choc.

Comment choisir la munition ?

On note deux critères de choix :

1. l'énergie cinétique à une distance donnée (en joules et souvent à 100 mètres) est égale à la moitié de la masse du projectile multiplié par le carré de sa vitesse (E = 1/2 MV2) ;
2. accessoirement, le poids de la balle (en grammes).

Cas concrets

Attention : chaque fois qu'on change de type de munition, il faut vérifier le réglage par des tirs à la cible. On a souvent intérêt à avoir deux ou trois armes de calibres différents. Exemple : 7 x 64 ou 270 Winchester ou 6,5 x 68 pour le chevreuil et le chamois à l'approche, 300 Winchester Magnum ou 8 x 68 S pour le cerf et le sanglier à l'approche et à l'affût, 9,3 x 62 ou 9,3 x 74 (R) pour la battue du grand gibier.

Gibier	Énergie cinétique minimale à 100 mètres	Poids de la balle
Chevreuil	1 000 joules	4,5 à 6 g
Chamois, isard, mouflon et daim	2 000 joules	6 à 10 g
Cerf et sanglier	2 500 joules	10 à 19 g

E LA PORTÉE DES BALLES

Quels que soient le calibre et le poids de la balle qu'on utilise, la portée n'a rien à voir avec celle des cartouches à fusil, même chargées à balles.

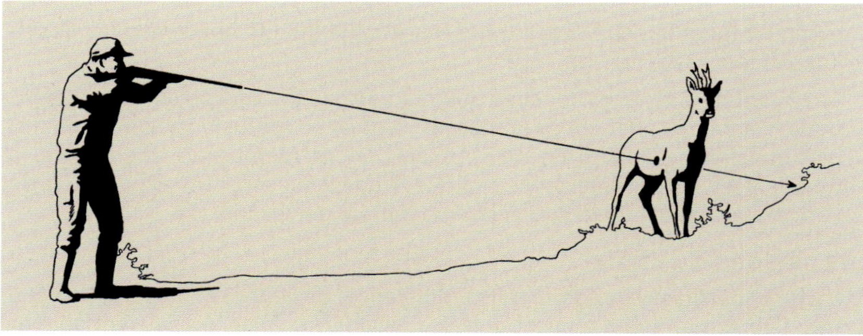

1. La portée utile d'une balle de canon rayé est très supérieure à celle d'une balle de canon lisse : plusieurs centaines de mètres

Il faut être absolument sûr de soi et de son arme pour tenter un tir à grande distance, car le moindre écart au départ devient alors énorme à l'arrivée. En pratique, un chasseur consciencieux ne tire jamais au-delà de 200 mètres sur un animal arrêté.

2. La portée maximum : plus d'un kilomètre

C'est-à-dire au-delà de celle du regard. En terrain dégagé, on n'est jamais certain que personne ne se trouve dans l'axe de tir.
Conséquences :

- ne tirer que lorsqu'on voit l'endroit où la balle s'enfoncera dans le sol, qu'elle ait manqué l'animal ou qu'elle l'ait touché au passage. C'est ce qu'on appelle le tir fichant ;
- ne jamais tenter un tir « rasant », comme celui d'un animal sur une ligne de crête.

F LES DIFFÉRENTES POSITIONS DE TIR

En battue

Même position qu'avec un fusil.

À l'approche et à l'affût

L'objectif étant de tuer aussi net que possible, le problème est d'assurer l'immobilité du canon au départ du coup. C'est pourquoi on cherche toujours à faire un tir appuyé :

- soit contre un support extérieur (horizontal ou vertical) : tronc d'arbre, rocher, bâton de pirsch tenu dans la main gauche (pirsch signifiant « approche » en allemand), rebord d'un mirador, sac à dos, etc. Dans tous les cas, ne jamais oublier d'intercaler un objet souple (gant plié, chandail...) ou au moins la main gauche entre l'arme et le support (sans quoi le canon « flotte », ce qui peut modifier la trajectoire de la balle) et prendre le point d'appui aussi loin que possible de la bouche du canon ;
- soit sur le sol : tir en position couchée, les deux coudes servant d'appui. Mais ce n'est possible que dans une végétation très basse et vers le bas pour obtenir un tir fichant ;
- soit sur soi-même : en position assise (jambes semi-pliées, les deux coudes sur les deux genoux) ou à genoux (le droit à terre, le coude gauche sur le genou gauche) ;
- soit sur la bretelle tendue avec le coude gauche, ce qui permet de créer un triangle de sustentation qui bloque à peu près l'arme. Par contre, en raison du recul, il ne faut jamais appuyer le dos et les épaules sur un tronc d'arbre ou la paroi du fond d'un mirador.

Si l'on ne peut éviter un tir à bras franc, le faire très vite et sans hésiter pour prévenir les mouvements que ne tarde pas à occasionner le poids de l'arme. Si l'émotion provoque un tremblement (des bras, des jambes ou de tout le corps – phénomène courant appelé « fièvre »), s'abstenir de tirer tant qu'on ne l'a pas maîtrisé.
La conjugaison du recul et de l'appui fait que la lunette « saute » souvent devant l'œil du tireur, qui se trouve donc comme aveuglé un court instant. Le double réflexe doit être de recharger aussitôt à tout hasard et de reprendre la visée pour voir ce qui se passe et redoubler en cas de besoin.

G LES CORRECTIONS DE TIR

En battue

La vitesse du projectile étant sans commune mesure avec celle d'une balle de canon lisse (entre 600 et 1 000 m/s à 100 mètres au lieu d'environ 200), les corrections à faire sont infiniment moindres.
Méthode : attaquer l'animal par l'arrière, le remonter vers l'avant, passer à hauteur de l'épaule et tirer en avant de la poitrine sans ralentir le mouvement.

À l'approche et à l'affût

Le gibier se tenant immobile, il n'y a pas de correction à faire. On doit viser non pas au défaut de l'épaule, mais « à travers les épaules », c'est-à-dire au-dessus et en avant du défaut. Pour cela, prendre l'axe vertical du membre antérieur et remonter presque au milieu du corps.
Exceptions :

- dans un tir rapproché depuis un haut mirador (c'est-à-dire très oblique par rapport à l'axe longitudinal du corps du gibier), il faut viser presque à la colonne vertébrale, sous peine de passer en dessous des organes vitaux ;

- dans un tir lointain en montagne, la faible résistance de l'air fait baisser moins vite la balle : quand on a réglé son arme en plaine, il faut donc corriger vers le bas. De même, un tir très oblique vers le haut ou vers le bas fait monter la balle, il faut là aussi corriger vers le bas.
  Enfin, en altitude, les grands vents habituels peuvent entraîner des dérives nécessitant des corrections latérales de plusieurs dizaines de centimètres.

H LES ORGANES DE VISÉE

Le tir à la carabine étant un tir ponctuel, il nécessite un appareillage de visée beaucoup plus précis que le tir au fusil. Cet appareillage peut être mécanique (hausse et guidon) ou optique (lunette de visée ou lunette de tir).

La hausse et le guidon

Il s'agit d'aligner avec le but du cran de mire de la hausse et le grain du guidon. Les formes usuelles sont le triangle, le rectangle et le demi-cercle. Conçus pour l'approche et l'affût, la plupart des appareils de visée mécaniques sont trop fins pour le tir en battue, qui réclame surtout de la vitesse. D'où l'intérêt de faire monter une visière en V largement ouvert au fond de laquelle le guidon est plus facile à placer, ou une bande de battue, ajustée sur le tiers du canon ou un peu plus, et creusée dans sa partie supérieure d'une gorge qui guide le tir.

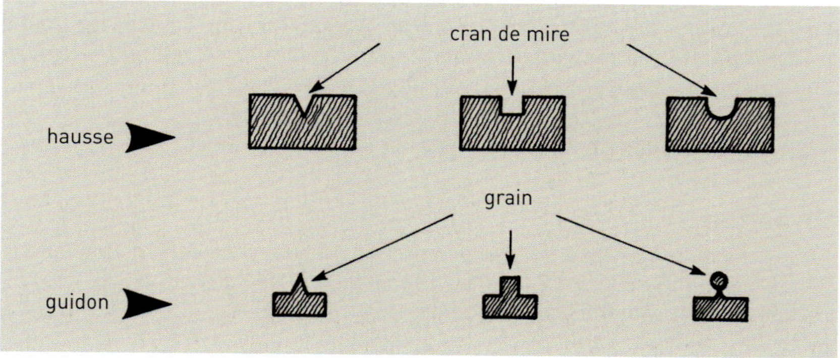

La lunette de visée

À l'approche ou à l'affût, elle permet de mieux identifier le gibier et de le tirer avec plus de précision, notamment dans les faibles lumières de l'aube et du crépuscule ; en battue, de remédier à un défaut de vision qui empêche de voir nettement à la fois le cran de mire, le grain de guidon et la cible.

Autre avantage : on ne doit plus aligner ces trois points mais seulement deux (réticule et cible). La qualité du matériel optique et de son support (le montage) étant primordiale, on a tout intérêt à n'acheter que des lunettes de grandes marques, même si leur prix est élevé.

Cela dit, les principales caractéristiques d'une lunette sont les suivantes :

- le grossissement, qui peut être fixe (exemple : 4 x) ou variable (exemple : 1,5-6 x). Avec une lunette à grossissement 4 x, un animal se trouvant à 100 mètres est vu comme s'il était à 25 ;
- le diamètre de l'objectif, dont dépend la quantité de lumière exploitée. Par exemple : une lunette 4 x 32 a un grossissement fixe de 4 x et un diamètre de 32 mm. Une lunette 2,5-10 x 52 a un grossissement variable de 2,5 à 10 x et un diamètre de 52 mm ;
- la puissance nocturne, proportionnelle au grossissement et au diamètre. Excellente à partir de 20, c'est la notion essentielle pour les chasses à l'approche et à l'affût (par exemple : 8 x 56) ;
- le champ (ou largeur de terrain visible à 100 mètres), inversement proportionnel au grossissement. Un champ étendu (de l'ordre de 20 mètres) est nécessaire au tir en battue (par exemple : 1 x 12). Solution moyenne ou lunette de type « universel » pour la chasse du grand gibier : 1,5-6 x 42.

Les lunettes diffèrent encore par bien d'autres points, notamment :

- les réticules ;
- les types de montage (préférer les montages amovibles de qualité à crochets ou pivotants).

Dans tous les cas, ne jamais oublier :

- que la qualité de la vue du chasseur (notamment en fonction de son âge) peut jouer un rôle important à l'heure du choix ;
- que la lunette recule en même temps que la carabine au départ du coup : sous peine d'accident, l'œil doit donc se placer à au moins 8 cm de l'oculaire ;
- qu'un obstacle très proche peut se trouver dans l'axe du canon sans apparaître dans la lunette ;
- que la lunette se règle en fonction d'un poids de balle : il faut donc la régler à nouveau quand on change de munition ;
- que la lunette peut se dérégler, notamment à la suite d'un choc : dans ce cas comme après un voyage, il est donc prudent de tirer à la cible quelques balles de contrôle.

On utilise aussi la lunette de visée dans un contexte très différent ; la chasse à la hutte, qui consiste à tirer de nuit sur du gibier d'eau posé. Alors, le montage se fait évidemment sur un fusil et la luminosité devient essentielle. Solution : 7 x 50 avec un réticule en U.

I LES TROIS ACCESSOIRES POUR L'APPROCHE ET L'AFFÛT

Outre le bâton et la canne de pirsch, ce sont :

Le réducteur ou modérateur de son

L'arrêté du 2 janvier 2018 (modifiant l'arrêté du 1er août 1986 relatif notamment à divers procédés de chasse, paru au Journal officiel le 23 janvier 2018) autorise « l'emploi sur les armes à feu de tout dispositif silencieux destiné à atténuer le bruit au départ du coup ». Ainsi la législation française s'aligne sur nombre de textes européens, principalement scandinaves, allemands et britanniques.

Appelé à tort silencieux, le réducteur ou modérateur de son limite le bruit mais ne le supprime pas. Grâce à ce dispositif, une arme de chasse voit son intensité sonore moyenne passer de 140-160 à 110-130 décibels, soit une perte de 30 décibels. Ce gain est bénéfique au chasseur (meilleure protection auditive, limitation du recul et meilleur confort de tir) et à son environnement (limitation du dérangement).

Par son poids, son encombrement et le risque d'altération de la précision lors de cadences de tirs soutenues, le réducteur ou modérateur de son est destiné prioritairement aux chasses d'affût et d'approche du grand gibier et du renard.

Le stecher

On l'appelle aussi « détente cheveu » ou « détente à pré-armement ». Le stecher peut être « à la française », avec une queue de détente unique qu'on repousse vers l'avant pour l'armer, ou « à l'allemande », avec deux queues de détente dont celle de l'arrière permet l'armement du système. Dans les deux cas, le stecher réduit le poids du départ à deux ou trois centaines de grammes, contre deux à trois kilos pour une détente conventionnelle. On ne doit bien évidemment armer le stecher qu'à l'instant du tir. Il est absolument nécessaire de s'entraîner à utiliser un stecher, d'abord avec une carabine déchargée, puis au stand de tir. La quasi-totalité de ces détentes se désarment à l'ouverture de l'arme, mais il faut également apprendre à les désarmer en toute sécurité.

Les jumelles

Cet instrument de repérage et de jugement est nécessaire pour un tir qualitatif du grand gibier. Son fonctionnement, qualités et nomenclature analogues à ceux d'une lunette de tir. Équipements utiles :

- la gaine en caoutchouc antichoc (et surtout antibruit) ;
- le cache-poussière pour les oculaires et les objectifs (très précieux en cas de pluie) ;
- les bonnettes retroussables protégeant des rayons du soleil et permettant aux porteurs de lunettes une vue à champ complet.

Qualités prioritaires en fonction du type de chasse :

- pour l'approche de jour, une grosse puissance nocturne est inutile. En revanche, on cherche la légèreté, la maniabilité, un grand champ et un grossissement compatible avec le tremblement des mains. Solutions : 8 x 30 ou 8 x 32 ;
- pour l'affût à l'aube et au crépuscule, la puissance nocturne prime sur tout. D'où la nécessité d'un fort grossissement et d'un grand objectif qui entraînent un encombrement, un poids et un tremblement plus forts – mais on est immobile et on peut s'appuyer. Solutions : 10 x 40 ou 12 x 50. Solution moyenne, ou

jumelles de type universel pour la chasse du grand gibier : 8 x 56 ;

- pour la chasse en haute montagne, où l'animal doit souvent être découvert et identifié à grande distance, on emploie aussi des longues-vues télescopiques ou non, à très fort grossissement fixe (exemple : 22 x 70) ou variable (exemple : 15-60 x 60), montées sur trépied ;
- pour la chasse à la hutte du gibier d'eau, essentiellement nocturne, la qualité prioritaire est bien entendu la luminosité. Solution : 7 x 50 ou 8 x 56, qui battent de loin tous les records sur ce plan.

J LES AUTRES CARABINES

Dans les calibres inférieurs à ceux qu'on utilise pour la chasse du grand gibier, on rencontre des carabines à deux usages :

- soit pour le tout petit gibier (comme le merle) : du 6 mm au 9 mm. Canon lisse, percussion centrale ou annulaire. Appelées parfois « carabines de jardin », ces armes constituent pour les jeunes d'excellents moyens d'initiation, mais elles sont interdites à la chasse ;
- soit pour les nuisibles (notamment les petits carnassiers et les corvidés) : du 22 court au 22 Hornet en passant par le fameux 22 Long Rifle. Canon rayé, percussion annulaire sauf pour le 22 Hornet.

À savoir

Avec des portées utiles allant de plus de 50 à près de 90 mètres, ces armes sont d'autant plus redoutables pour le petit gibier et le chevreuil qu'on peut les équiper de lunettes et de silencieux. Étant ainsi devenues l'outil de travail favori de très nombreux braconniers, leur emploi à la chasse est interdit dans certains départements.

3 LES ARMES COMBINÉES

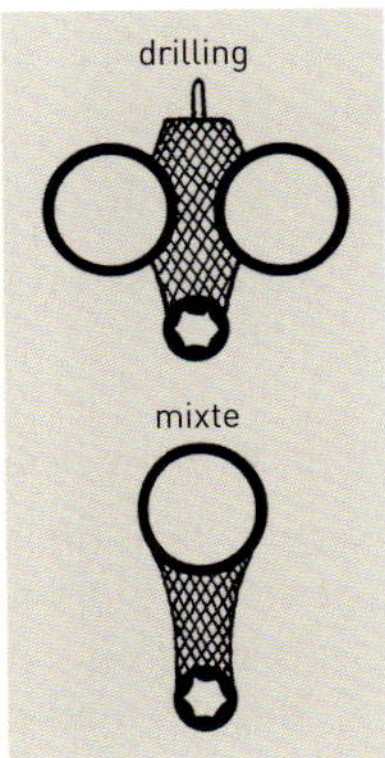

Avec un ou plusieurs canons pour le tir à plombs et un ou plusieurs canons pour le tir à balle, elles permettent de chasser à la fois le petit et le grand gibier (ou les nuisibles). Fermeture à bascule. Comme pour l'express et les carabines à un coup, leur prix élevé en limite l'emploi. On distingue de nombreux types et combinaisons, dont voici les principaux :

- le mixte possède un canon lisse et un canon rayé ;
- le drilling possède deux canons lisses et un canon rayé ;
- l'express drilling est un express auquel s'ajoute un canon lisse de calibre 12 ou 20, soit deux canons rayés et un lisse ;
- le Bergstutzen est un express dont les deux canons possèdent des calibres différents ;

- le Bock drilling est un Bergstutzen doté d'un canon lisse ;
- le Vierling possède quatre canons, deux lisses et deux rayés qui peuvent être de même calibre ou différents.

5 LES INTERDICTIONS

Pour des raisons de sécurité, de lutte antibraconnage et de préservation du gibier, la loi interdit d'utiliser à la chasse (et pour la destruction des nuisibles) un certain nombre d'armes, d'accessoires et de munitions.

Armes

Les armes des catégories A et B sont interdites à la chasse (sauf dérogation viagère). Il s'agit :

- des armes ayant l'apparence d'un autre objet ;
- des armes à feu automatiques ;
- des fusils à pompe à canon lisse ;
- des armes d'épaule dont la longueur totale est inférieure à 80 cm et/ou dont le canon mesure moins de 45 cm (arme rayée) ou moins de 60 cm (arme lisse) ;
- des armes d'épaule à répétition dont la capacité est supérieure à 11 coups (10 + 1 dans la chambre) ;
- des armes semi-automatiques à chargeur amovible ou dont la capacité est supérieure à trois coups (2 + 1 dans la chambre).

Accessoires

- Les dispositifs de visée réglables à plus de 300 mètres ;
- Les télémètres intégrés dans des lunettes de visée fixées sur les armes à feu et équipées d'un système de correction automatique de la visée (arrêté du 21 mai 2015).

Munitions

1. Tir à l'arme rayée (même des nuisibles) :
   - les balles blindées ;
   - les calibres classés (catégorie B) : 7,62 x 39 ; 5,56 x 45 (.223 Rem) ; 5,45 x 39 Russe ; 12,7 x 99 ; 14,5 x 114.
2. Tir à l'arme lisse (même des nuisibles et des oies) :
   - les chevrotines. Excepté pour le sanglier en battue dans quelques départements (Corse, Landes), par arrêté ministériel ;
   - le chevreuil à plombs (n° 1 ou moindres). Excepté dans une quarantaine de départements.

Ces deux dernières exceptions sont regrettables à plus d'un titre. La chevrotine est rendue dangereuse du fait du risque accru de ricochets pouvant atteindre mortellement des chasseurs (et des chiens). Quant au tir à la chevrotine et au plomb, il augmente les risques de blesser mortellement sangliers et chevreuils tirés à de trop longues distances. Les animaux fuyant sans que le chasseur puisse deviner l'atteinte, donc vérifier son tir et entamer une recherche.

6 LES FORMALITÉS

L'achat

Il faut avoir 16 ans révolus. Si on a entre 16 et 18 ans, il faut présenter une autorisation des parents ou du tuteur et un permis de chasser validé ou une licence sportive appropriée. Toute vente d'une arme de chasse par un commerçant fait l'objet de l'inscription, sur un registre, de l'état civil et du nom de l'acheteur. Il faut donc, pour acquérir une arme de chasse, présenter une pièce d'identité officielle et le permis de chasser en cours de validation.
Les armes lisses (fusils à un coup par canon, catégorie D) font l'objet d'un enregistrement en préfecture. De plus, toutes les armes à canon rayé (catégorie C), destinées à la chasse du grand gibier, sont au minimum soumises à déclaration en préfecture. Il en va de même pour tous les fusils dits automatiques (2 coups + 1) à canon lisse ainsi que pour les fusils bécassiers dont un des canons est rayé. Au même registre, les fusils à pompe à canon lisse et les armes de poing 22 Long Rifle à un coup sont désormais classés en catégorie B et de ce fait, leur acquisition et leur détention sont désormais soumises à autorisation préfectorale ; ils sont interdits à la chasse. Seul le fusil à pompe à canon rayé ou slug est classé en catégorie C (déclaration) et autorisé à la chasse.
L'achat de munitions destinées à la chasse est aussi réglementé et soumis à présentation d'une pièce d'identité et d'un permis de chasser validé pour l'année en cours ou l'année précédente.

Achat ou vente à un particulier, perte ou vol

Il faut faire aussitôt une déclaration au commissariat de police ou à la gendarmerie.

À savoir

Un chasseur français désirant opérer dans les autres pays membres de l'Union européenne avec ses propres fusils et carabines doit se faire délivrer par sa préfecture une « carte européenne d'arme à feu », sorte de passeport pour arme valable pendant cinq ans.

5
LA
FAUNE
SAUVAGE

1 DE QUELLES ESPÈCES PARLE-T-ON ?

Les grandes catégories d'animaux sauvages

En droit, la faune sauvage se divise en trois catégories :

- les espèces chassables ou espèces gibier, que l'on peut chasser pendant la période d'ouverture de la chasse ;
- les espèces dites nuisibles, que l'on peut chasser comme les précédentes, mais que l'on peut aussi réguler (ou détruire) en dehors de la période d'ouverture de la chasse. Cela au nom des dégâts qu'elles commettent, des risques sanitaires qu'elles font courir ou de leur caractère invasif ;
- les espèces protégées, qu'on ne peut jamais ni chasser ni réguler.

L'espèce protégée

Une espèce est protégée pour trois raisons possibles :

- elle est utile à l'agriculture ou à la sylviculture (beaucoup d'oiseaux insectivores) ;
- elle est très menacée, voire en voie de disparition, ou en voie de recolonisation mais demeure rare (ours, lynx, loutre) ;
- elle est régulée en cas de besoin, dans des conditions et par des moyens qui n'ont plus rien à voir avec la chasse (mouette rieuse, goéland argenté).

La notion d'espèce protégée ne se limite pas à la simple interdiction de la chasse, mais s'étend à :

- tous les modes de destruction, de capture, y compris des œufs et des nids ;
- la naturalisation, même des sujets trouvés morts ou tués par accident ;
- leur transport, utilisation ou commercialisation sous toutes ses formes ;
- la sauvegarde de sites indispensables à la survie des espèces concernées (aire de nidification).

En conclusion, le chasseur doit toujours identifier le gibier avant de tirer. Chaque fois qu'il n'est pas sûr de son identification, il ne doit pas tirer.

De protégée à chassable, et inversement

Aucun encadrement législatif ni réglementaire ne devrait constituer un dogme à jamais gravé dans le marbre, car les choses évoluent. Nous observons que de plus en plus d'espèces protégées font l'objet de mesures de régulation ponctuelles et temporaires (loup, cormoran, bernache du Canada). Pour la raison que telle espèce rare peut ne plus l'être du fait de l'accroissement de ses populations, la régulation et la chasse peuvent aussi à terme s'avérer nécessaires afin d'en limiter la progression, voire l'invasion, les dégâts, les menaces sanitaires et autres effets néfastes.
De même, certaines espèces chassables le sont de moins en moins du fait de la baisse de leurs populations, due à toutes sortes d'agressions (pollutions diverses, destructions de leurs territoires...). Pour cela, de nombreuses restrictions en termes de période de chasse (plan de chasse zéro, suspension

de la chasse), de territoires chassables, de quotas sont mises en place, du fait du législateur, de l'administration ou du chasseur lui-même. De fait, l'espèce se trouve protégée.

L'espèce chassable

Par principe, toute la faune sauvage est protégée, le droit de chasse n'est qu'une dérogation à cette règle. La chasse ne peut s'appliquer qu'aux animaux figurant sur la « liste des espèces chassables » arrêtée par le ministre l'Écologie. Ensuite, la réglementation de la chasse est définie pour chaque département et chaque année par l'arrêté préfectoral d'ouverture et de fermeture de la chasse. Vous pouvez le consulter auprès de votre FDC, le lire en mairie ou sur Internet.

La faune est une richesse renouvelable, donc durable dans l'absolu. Grâce aux naissances naturelles, il y a chaque année une certaine production d'animaux. Il est possible de s'emparer d'une partie de cette production, comme le fait le sylviculteur qui abat des arbres, pourvu que cette « consommation » ne compromette pas l'avenir. Tant que tuer un animal sauvage ne compromet en rien l'existence de son espèce ou de l'une de ses populations, il est possible de la chasser. *A contrario*, si tuer un animal sauvage fragilise l'espèce à laquelle il appartient ou une population donnée, alors il faut impérativement réduire, suspendre ou arrêter sa chasse. Pour être pratiquée et acceptée par le plus grand nombre, la chasse doit être durable et responsable.

Les menaces qui pèsent sur la faune sauvage

De nos jours, parce qu'elle est organisée, légiférée, réglementée, contrôlée, la chasse ne fait pas courir de risques aux espèces. Il n'empêche, pour des raisons n'ayant aucun rapport avec la chasse, il faut savoir que nombre d'espèces animales sauvages sont menacées actuellement.

Si quelques espèces (corbeau freux, corneille noire, étourneau sansonnet, renard, sanglier...) se sont très bien adaptées ici à l'apparition des plaines rases, là à la fermeture du milieu (friches, jachères, maquis, garrigues...), les animaux sauvages – dont les espèces gibier – souffrent de multiples maux dus à l'activité humaine, dont l'addition peut s'avérer gravissime :

- disparition des territoires ruraux et naturels (« campagne », forêt, marais, montagne, littoral...) ;
- banalisation et artificialisation des paysages qui entraînent le déclin de la biodiversité ;
- extension et création des villes, villages, lotissements, centres commerciaux géants, zones industrielles, zones artisanales, stations balnéaires ou de sports d'hiver... ;
- remembrement toujours en cours (arrachage des haies et des boqueteaux, accroissement des surfaces cultivées d'un seul tenant, suppression illégale des chemins ruraux, disparition des lisières...) ;
- mécanisation des travaux agricoles ;
- emploi excessif des engrais insecticides, pesticides, herbicides ;
- pollutions de toutes sortes, de la terre comme de l'eau ;
- abandon par l'agriculture et l'élevage des terrains de montagne ;

- assèchement des marais et des zones humides ;
- drainage et endiguement des rivières et autres cours ou plans d'eau ;
- construction de barrages ;
- industrialisation de la sylviculture (conversion en futaies, développement des peupleraies, enrésinement...) ;
- développement d'une pisciculture intensive ;
- développement des réseaux routiers et ferroviaires, des grillages et des parapets (routes nationales, autoroutes, TGV...) ;
- multiplication des obstacles aériens (lignes à haute tension, câbles de téléphériques ou de remonte-pentes, champs d'éoliennes...) ;
- prolifération des chats et des chiens errants, prédateurs en puissance ;
- dérangements touristiques de tous ordres : promeneurs, randonneurs, coureurs, photographes animaliers, cueilleurs de fruits et de fleurs, ramasseurs de champignons, chercheurs de mues de cerf, conducteurs de 4x4, adeptes du moto-cross et du VTT, véliplanchistes, skieurs hors pistes, adeptes de la raquette, du parapente... Tous dérangent et donc nuisent à la faune sauvage, généralement sans le savoir ;
- industrialisation du braconnage, favorisé par les progrès techniques (armement, optique, munitions, 4x4, congélateur...) et l'évolution sociétale (chômage, réduction du temps de travail...).

La gestion adaptative

La loi de 2019 institue la gestion adaptative laquelle consiste à ajuster régulièrement les prélèvements des espèces en fonction de l'état de conservation de leur population et de leur habitat, en s'appuyant sur les connaissances scientifiques. De plus, la gestion adaptative repose sur un système de retour d'expérience régulier et contribue à l'amélioration constante des connaissances.
La gestion adaptative concerne essentiellement le petit gibier à plume, migrateur ou sédentaire. Ce système est très proche du plan de chasse, principe élaboré par les chasseurs pour gérer le grand gibier mais aussi certaines espèces de petit gibier.
Un Comité d'experts sur la gestion adaptative (Cega) aide à la prise de décisions par le ministre de l'Ecologie. Un arrêté du même ministre définit les conditions de chasse : quotas nationaux, quotas individuels, périodes, zones géographiques, modes de chasse. Via une application téléphonique nommée ChassAdapt, chaque chasseur renseigne en temps réel l'état de son carnet de chasse ainsi digitalisé, cela afin de permettre le respect des quotas.
Un décret du ministre de l'Ecologie fixe pour chaque saison la liste des espèces bénéficiant de la gestion adaptative. Actuellement, ces espèces sont : la barge à queue noire, le courlis cendré, le grand tétras, la tourterelle des bois.

Les trois devoirs du chasseur

Pour toutes ces raisons, le chasseur digne de ce nom – c'est-à-dire le chasseur « naturaliste » – doit être sensibilisé à la conservation : des habitats naturels ; de l'ensemble de la faune sauvage ; du gibier contre une chasse mal pratiquée ou excessive.

2 LE CAS DES « ESOD »

Les raisons d'un classement spécial

On appelle traditionnellement «nuisibles» les espèces que l'on peut réguler (piéger, déterrer, tirer) sous conditions toute l'année. Ces espèces peuvent être «détruites» par les gardes assermentés, les lieutenants de louveterie, les piégeurs agréés et les chasseurs participant à une battue administrative. Le chasseur peut les capturer légalement pendant la période de chasse. Depuis la loi du 17 mars 2016, l'on évoque des «espèces susceptibles d'occasionner des dégâts» (Esod). Le changement de terme ne change rien à la réalité des choses. Toutefois, on observe de plus en plus de déclassements d'Esod en espèces chassables.

L'homme considère certaines espèces en surnombre comme pouvant nuire car :

- elles commettent des dégâts dans les culture ou les points d'eau ;
- elles s'attaquent aux animaux domestiques, troupeaux, basses-cours, etc. ;
- elles consomment des poissons ou des espèces gibiers ;
- elles transmettent des maladies.

Suite à l'évolution des mentalités, la notion d'Esod tend à se modifier. Ainsi, il n'est plus question de détruire des espèces par des moyens toxiques (empoisonnement et gazage). Toutefois, de plus en plus d'espèces exotiques invasives colonisent nos territoires. Elles occupent la niche écologique d'espèces indigènes et menacent leur avenir. Aussi, la « régulation » (piégeage, déterrage et tir) s'impose. La loi distingue trois groupes d'espèces susceptibles d'occasionner des dégâts :

Groupe 1	
Espèces non indigènes au territoire métropolitain	Espèces invasives suite à des lâchers ou des évasions : bernache du Canada, chien viverrin, ragondin, rat musqué, raton laveur, vison d'Amérique
Groupe 2	
Espèces indigènes au territoire métropolitain	Traditionnellement « nuisibles » : belettes, corbeau freux, corneille noire, étourneau sansonnet, fouine, geai des chênes, martre, pie bavarde, putois, renard
Groupe 3	
Espèces indigènes au territoire métropolitain	Traditionnellement gibier : lapin de garenne, pigeon ramier et sanglier

Le nombre des régulations d'Esod tend à baisser. Cela est dû davantage à la baisse des activités de régulation (en raison du vieillissement des pratiquants, de la complexité de la réglementation, d'une réglementation toujours plus protectrice) qu'à une régression des populations des espèces concernées.

Morne plaine

Il convient d'avoir conscience que la plaine agricole est bien souvent devenue inhospitalière non seulement pour les espèces gibiers, mais aussi pour les espèces protégées. Uniformatisation et pollution définissent les nombreuses menaces, lesquelles privent les espèces animales sauvages de nourriture, d'abris (prédateurs, intempéries, dérangements divers), tout en les fragilisant via les produits chimiques.

L'impressionnante liste des menaces

Ces menaces concrètes sont notamment :

- limitation et arrachage des haies, ronciers, boqueteaux (destruction des habitats favorables et des sites de nourriture naturels) ;
- suppression des talus ;
- limitation des bordures et lisières ;
- assèchement des mares ;
- précocité et traitement du fauchage des accotements routiers ;
- suppression des accotements routiers ;
- disparition des chemins même communaux récupérés par l'espace agricole ;
- agrandissement des parcelles ;
- uniformisation des cultures (maïs, biocarburants) qui favorise notamment la prédation ;
- arrosage agricole noyant les animaux (dont les poussins) ;
- précocité accrue des travaux agricoles, dont un déchaumage dès la fin de l'été ;
- fauchaison des luzernes (lieux privilégiés de la nidification de la perdrix grise et de la mise bas du chevreuil notamment) ;
- désherbage quasi systématique des vergers et des vignes ;
- débroussaillage mécanique ;
- mécanisation agricole amplifiée (destruction des portées, couvées et jeunes) ;
- pollution chimique due aux engrais, herbicides, insecticides ;
- collisions routières sur des axes de plus en plus fréquentés.

Que faisons-nous ?

Le chasseur doit mesurer, en tant qu'« usager de la nature » et citoyen, ces risques réels pesant sur les gibiers qu'il affectionne. Libre à lui de participer à la conservation des espèces via des aménagements, mais obligation lui est faite de respecter les restrictions de chasse.

3 LE PETIT GIBIER SÉDENTAIRE

▸ En un coup d'œil :
3 petits gibiers à plume sédentaires

	Perdrix grise	Perdrix rouge	Faisan commun
Appellation mâle, femelle, jeune	coq, poule, poussin, perdreau (perdrix), pouillard (perdrix et faisan), faisandeau (faisan)		
Poids	350-400 g	350-600 g	1100-1600 g
Longueur	30 cm	35 cm	55-90 cm (dont queue 20-45 cm)
Envergure	46 cm	48 cm	70-90 cm
Lieu de repos	au sol	au sol et se perche	se perche
Tempérament	grégaire	grégaire	solitaire
Comportement sexuel	monogame	monogame	polygame
Nid	à terre	à terre	à terre
Nombre de couvées/an	1-2, voire 3	1-2	1-2
Époque de ponte	mai-juin, pic en mai	mai à mi-juin	mi-mars à début juin
Durée de couvaison	24 jours	24 jours	24 jours
Époque d'éclosion	mi-juin à mi-juillet	mi-juin à mi-juillet	début mai à fin juin
Nombre d'œufs/ couvée	15 (1re ponte), 10 (2e ponte), moins de 10 (3e ponte, rare)	10-16 (1re ponte), 6 (2e ponte)	10-12 (1re ponte), 5 (2e ponte)

La perdrix grise

Perdix perdix
famille des phasianidés
(voir tableau précédent)

• **Autre appellation** : perdreau.

• **Reconnaissance** : distinction des sexes impossible en vol, très difficile à terre, possible l'oiseau en main (voir le croquis). Ceci dit, à partir de 3-4 mois, le mâle présente des couleurs plus vives, une tête plus rousse. La perdrix « roquette », bien que jadis souvent évoquée (soi-disant plus petite, avec des pattes jaunes), n'existe pas.

1re façon de reconnaître une poule d'un coq de perdrix grise	
	**tache brune sur le ventre :** – fer à cheval absent ou très incomplet/poule (de plus de 3-4 mois) – fer à cheval bien dessiné/coq ou poule adulte (de plus de 3-4 mois)
2e façon de reconnaître une poule d'un coq de perdrix grise	
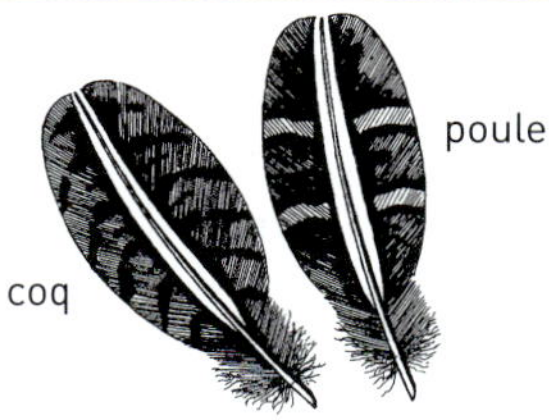	**scapulaires (plumes de l'aile les plus rapprochées du corps) ou moyennes couvertures :** – raie blanche simple/coq – rayures dessinant au moins une croix de Lorraine/poule ou jeune de l'un ou l'autre sexe de moins de 2 mois

• **Confusion éventuelle** : perdrix rouge en vol.

• **Répartition** : essentiellement plaines de la moitié nord de la France (pays de la Loire, Haute-Normandie, Beauce, Brie, Champagne, Nord, Picardie). Ainsi qu'en moyenne montagne : Limousin, Rhône-Alpes, Auvergne. La « perdrix grise de montagne » se rencontre dans les seules Pyrénées.

• **Habitat** : plaines cultivées à prédominance céréalière. La quasi-disparition très ancienne de l'espèce dans le quart méridional de la France est attribuée au réchauffement climatique. Les parcelles propices à l'espèce : ne seront pas trop grandes ; auront un minimum de variété ; abriteront des accotements de routes, chemins de terre et d'herbe, talus, haies, friches. Bois de vastes surfaces et marais sont inhospitaliers à l'espèce.

• **Comportement** : vit en « compagnies ». Le couple constitue la cellule fondamentale de l'espèce. En hiver, de fin novembre à fin février, les compagnies éclatent peu à peu, non sans de fréquents combats entre leurs membres. Chaque poule choisit alors un coq issu d'une autre compagnie et les couples formés vagabondent à la recherche d'un domaine vital.
Début mars, les couples sont cantonnés. De l'ordre de quelques hectares, leurs domaines vitaux peuvent se chevaucher. On peut observer tour à tour (jamais en même temps) deux couples voisins au même endroit. On voit aussi des coqs en surnombre, les « bourdons ». D'abord solitaires, ils essaient de s'intégrer à des couples. Ils y parviennent souvent, constituant des « trios » aussi féconds que les couples. La compagnie restera unie pendant six mois. En automne, il existe trois types de compagnies, dues à la réunion de deux familles trop petites ; d'adultes sans progéniture ; d'une famille et d'adultes sans progéniture. Les « grosses compagnies » vues à l'ouverture de la chasse ne sont pas la preuve systématique d'une bonne reproduction.
Activité diurne, importante après le lever et le coucher du soleil. Plusieurs repas par jour. La recherche de nourriture se fait à pattes, la perdrix ne volant que pour fuir. Oiseau essentiellement terrestre. L'entretien du plumage nécessite des bains de poussière, l'oiseau se « pouille ». La sécurité des jeunes explique trois autres comportements. Dressé de tout son long, souvent juché sur un andain de paille, le coq fait le guet pendant que la compagnie vaque à ses occupations. Le bourdon, loin d'être indésirable, renforce les chances de survie du groupe. En cas de danger, la poule fait semblant d'être blessée pour détourner l'attention sur elle. Quand la compagnie a dû se disperser, la poule « rappelle » sa couvée.

• **Reproduction** : monogame, même dans le cas d'un trio. Lorsque la compagnie « éclate » en hiver, les parents reforment en général le même couple.
Quand les œufs sont détruits avant l'éclosion, seconde ponte possible en juin et, parfois, en cas de nouvelle destruction, troisième possible en juillet. C'est le « recoquetage », commun à d'autres oiseaux. Après une première couvée réussie, la perdrix ne peut pas en avoir une seconde la même année. Une poule pond 15 œufs maximum ; lorsqu'on en trouve 20 dans un nid, c'est que deux poules y ont déposé leurs pontes. Nid constitué par une petite cavité naturelle du sol tapissée de tiges vertes et de brins de paille. Situé dans les endroits non cultivés (talus, haies, accotements herbeux) ou dans les parcelles (trèfle et luzerne de préférence aux céréales et aux prairies) à proximité de leurs lisières. Un nid installé plus à l'intérieur des parcelles est très souvent à côté d'un repère qui permet à la poule de le retrouver (grande tige de chardon). Celle-ci assure seule la couvaison, ne l'interrompant pour se nourrir que deux fois par jour par beau temps, pas du tout en cas de pluie. Poussins nidifuges : ils quittent le nid quelques heures après l'éclosion. Les femelles sont plus nombreuses que les mâles à la naissance, mais des pertes supérieures chez les premières entraînent rapidement un léger surnombre des seconds. Selon un vieux dicton, « les perdreaux (jeunes) deviennent perdrix (adultes) à la mi-octobre ».

• **Mortalité** : plaine de plus en plus inhospitalière. Sensible aux étés pluvieux et froids (nids noyés, poussins malades, poussins englués dans la boue) et aux prédateurs des œufs (pie et corneille noire).

• **Moyens de lutte** : choix des produits de traitement les moins toxiques et respect de leur mode d'emploi (dose, époque, nombre de traitements). C'est tellement important que l'OFB distribue en permanence aux agriculteurs une plaquette intitulée « Choisissez et dosez », gratuite et régulièrement mise à jour. Utilisation de systèmes d'effarouchement (les « barres d'envol » servent aussi à lever les perdrix) : montés sur le côté des engins agricoles, constitués d'une barre horizontale d'où pendent des chaînes verticales, ils font détaler le gibier de la partie du champ qui sera fauchée au prochain passage. Attaque des parcelles par le centre et non par la périphérie, ce qui facilite la fuite du gibier. Suppression du brûlage des chaumes, interdit dans de nombreux départements. Recueil des œufs découverts à la récolte. Aménagement du territoire. Tout cela nécessite une sensibilisation poussée des agriculteurs, assortie le plus souvent de compensations matérielles (fourniture gratuite des barres d'envol). Lutte anti-braconnage. Contrôle des prédateurs, surtout en période de reproduction.

• **Alimentation** : deux périodes alimentaires. Jusqu'à 3 semaines, surtout insectivore (pucerons, fourmis, coléoptères, chenilles, araignées). Pour 90-95 % les deux premières semaines, 80 % la troisième. Ne digère pas les graines. À 3 semaines, devient surtout végétarien. Feuilles vertes (printemps et hiver, herbes, pointes de blé en herbe ou d'escourgeon, folioles de luzerne), graines de céréales (été et automne, blé, orge, maïs), graines de plantes adventices dites mauvaises herbes (renouée, mourron, liseron), matières végétales (insectes jusqu'a 20 % l'été).

• **Aménagements** : inutiles dans les plaines de polyculture par petites surfaces, tels les paysages de type bocager. Indispensables dans les territoires remembrés, exploités par parcelles de plusieurs dizaines d'hectares d'un seul tenant. Là, suspendre la chasse ne sert à rien si on ne redonne pas aux oiseaux les moyens de vivre.
D'abord, conserver et entretenir tous les éléments de variété qui subsistent : boqueteaux, haies, buissons, banquettes herbeuses, chemins d'herbe ou de terre, talus. Repenser les méthodes agricoles : réviser le plan d'assolement pour rétablir un effet de mosaïque. Réduire la taille des parcelles (12 ha maximum). Éviter de faire une même culture dans des parcelles contiguës. Chercher à juxtaposer au maximum couverts hauts, couverts bas et terres nues. Implanter une bande étroite d'une culture donnée dans la plus grande longueur d'une autre culture. Adopter des cultures et des modes culturaux les plus favorables. Mettre en place des bandes-abris étroites et longues, découpées en petites parcelles de cultures à gibier, avec implantation d'abris agrainoirs et de buissons. Très efficace, cet aménagement sert de refuge (contre les intempéries, prédateurs et engins agricoles), de source de nourriture (végétale et

animale) en toute saison, de lieu de nidification, de couloir de circulation entre champs éloignés. Hélas, il est coûteux (location du terrain et frais d'entretien). Planter des buissons dans les endroits qui ne gênent ni l'exploitation agricole ni la circulation des véhicules (bordures de chemins, emprises de pylônes électriques). Enfin, construire des postes d'agrainage comprenant une tôle-abri pentue, un bidon-agrainoir légèrement surélevé, rempli de grains de blé, percé de fentes verticales à la base ou d'issues de triage et soigneusement refermé par-dessus, un sol désherbé et recouvert de sable ou de gravier fin permettant le « pouillage », un pneu-abreuvoir recueillant l'eau de pluie tombée du toit, un piège à rats, une boîte à fauves. Piégeage, déterrage et chasse limitent la prédation.
Le couplage buisson + poste d'agrainage permet d'offrir aux oiseaux, à moindres frais pour le chasseur et à moindres contraintes pour l'agriculteur, des « stations-service » où les perdrix trouvent de quoi satisfaire la plupart de leurs besoins. Complétés par un plan de chasse, ces aménagements permettent de retrouver ou de maintenir un bon niveau de perdreaux.

• **Repeuplement** : tout lâcher doit concerner des oiseaux « purs », sinon la pollution génétique affaiblit considérablement les animaux sauvages (contaminations parasitaires, bactériennes et virales). Les lâchers anarchiques et excessifs entraînent une surprédation.
Un lâcher peut se justifier dans deux cas : si la capacité territoriale, qu'on évalue par comparaison avec des territoires voisins semblables mais bien gérés, n'est plus atteinte, ou si l'on vient d'accroître cette capacité par des aménagements. Autrement, il est inutile de libérer des perdrix en surnombre : toutes mourraient.
Repeuplement uniquement dans une grande réserve. Obligation de suspension de la chasse (trois saisons minimum). Sur plusieurs milliers d'hectares d'un seul tenant, avec un accord entre voisins au sein d'un Groupement d'intérêt cynégétique (GIC).

• **Prélèvement** : la capacité territoriale varie de quelques couples à 30/100 ha au printemps, 14 constituant une bonne moyenne. Soit un total de 30 perdrix, en ajoutant deux bourdons. Sauf catastrophe, la population de printemps est multipliée à l'ouverture par deux à trois environ. Ce qui donne, dans notre exemple, un effectif compris entre 50 et 100. Dans tous les cas, compte tenu de 40 % de pertes hivernales et du léger surnombre de coqs, il faut laisser 50 oiseaux à la fermeture pour retrouver 14 couples le printemps d'après. Par conséquent, à nombre constant de reproducteurs, le prélèvement possible peut varier de 0 à 50.
Le plan de chasse exige qu'on évalue deux points : le nombre des animaux avant reproduction et le taux d'accroissement de l'année, c'est-à-dire le pourcentage jeunes/adultes à l'ouverture. Le premier s'obtient par des battues de comptage (possibles uniquement en plaine). Le second se détermine par analyse du tableau réalisé à l'ouverture. Cela se fait en manipulant observant les plumes (voir le croquis ci-dessous). À partir des données obtenues grâce à

cette « lecture », le calcul permet de connaître l'effectif présent à l'ouverture, d'où l'on déduit tout naturellement le prélèvement possible (voir tableau). La battue de comptage a lieu entre mi-mars et mi-avril (végétation encore basse et couples bien cantonnés). On utilise la même méthode pour recenser perdrix grise et lièvre. Cela commence par l'étude du tableau d'ouverture et la distinction jeunes et adultes.

Reconnaître un jeune d'un adulte de perdrix grise	
Examiner les deux dernières rémiges, c'est-à-dire les deux grandes plumes situées à l'avant de l'aile :	
jeune 	bouts à la fois pointus, foncés et d'aspect neuf
adulte 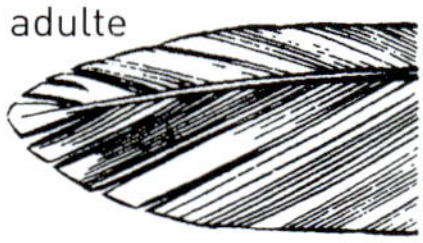 	bouts encore pointus mais devenus clairs et d'aspect usé, ou arrondis (cas le plus fréquent)

Prélèvements possibles de perdrix grise		
moins ou autant de jeunes que d'adultes	année « très mauvaise »	arrêt immédiat de la chasse
1,5 jeune pour 1 adulte	année « médiocre »	limitation du prélèvement total à 20 % de l'effectif à l'ouverture
2 jeunes pour 1 adulte	année « moyenne »	limitation du prélèvement total à 30 et 40 % de l'effectif à l'ouverture
2,5 jeunes pour 1 adulte	année « très bonne »	limitation du prélèvement total à 50 % de l'effectif à l'ouverture

• **Situation et avenir** : en net déclin. Depuis l'après-guerre, d'ami, l'agriculteur est passé – malgré lui – à ennemi. Ceci étant, accabler l'agriculteur serait injuste, déplacé, voire hypocrite. En effet, on ne peut demander un retour à l'agriculture de « grand-papa », d'autant plus que la société actuelle veut consommer toujours plus et toujours moins cher. Et que la logique économique – et politique – veut exporter toujours plus. Aussi, une partie du système agricole est à la fois organisateur et otage d'une production de masse, laquelle demande une exploitation industrielle, donc destructrice de biodiversité et responsable de nombreuses pollutions.
L'espérance réside dans la révolution qu'opèrent de plus en plus d'agriculteurs en repensant leurs pratiques, pour une agriculture plus « douce ». En la matière, on citera ici l'exemplaire réseau des fermes pilotes Agrifaune, créé par l'OFB.

Le monde de la chasse devrait valoriser davantage ce concept. L'entente entre chasseurs et agriculteurs est primordiale également afin de sauver ou maintenir l'espèce, même dans des environnements uniformisés mais aménagés. La raréfaction extrême, voire la disparition signerait par là même la mort de la passionnante chasse en plaine, notamment au chien d'arrêt, un pan historique de l'art cynégétique. Et une perte irrémédiable pour la biodiversité.

Dans la même galère

Le petit gibier, tout comme le gibier d'eau, le petit gibier migrateur terrestre et le petit gibier de montagne, peut être très fragilisé car ses besoins vitaux sont de plus en plus contrariés. En fait, c'est bien l'ensemble de la microfaune et de la petite faune qui souffre de la destruction des territoires et de toutes sortes de pollutions.

Pensons-nous à eux ?

La microfaune se compose des :

- insectes ;
- arachnides (araignées) ;
- invertébrés (vers) ;
- mollusques (escargots) ;
- crustacés (cloportes) ;
- myriapodes (scolopendres).

On ajoutera à cette liste :

- les reptiles ;
- les amphibiens ;
- les poissons.

Micro mais essentiel

Les uns se nourrissent des autres, c'est la chaîne alimentaire. Ainsi la microfaune constitue-t-elle la base alimentaire de nombreux oiseaux gibiers, notamment au stade de poussin. Que cette fameuse chaîne alimentaire soit perturbée et les populations de petit gibier à plume principalement déclinent. Aussi, on mesurera à quel point ces espèces auxquelles on prête peu d'attention, les animalcules, sont en fait primordiales.

La perdrix rouge

Alectoris rufa
famille des phasianidés
(voir tableau précédent)

• **Reconnaissance** : distinction entre les sexes très aléatoire même après la mort, ceci dit une technique existe (voir ci-dessous).

Reconnaître une poule d'un coq de perdrix rouge	
poule 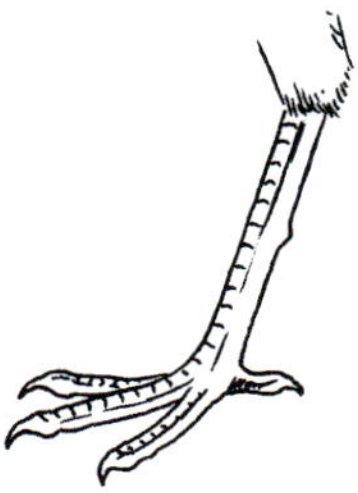	coq 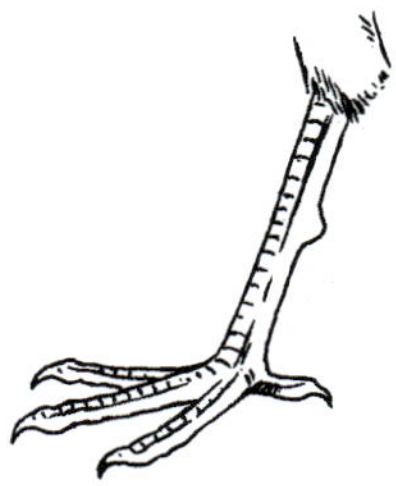
absence d'ergot	un ergot large à la base des pattes

Reconnaître un jeune d'un adulte de perdrix rouge	
Examiner les deux dernières rémiges, c'est-à-dire les deux grandes plumes situées à l'avant de l'aile :	
jeune 	bouts à la fois pointus, d'aspect neuf, terminés par une tache blanche
adulte 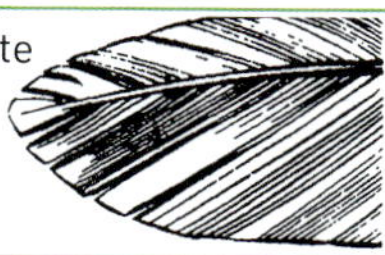	bouts encore pointus, d'aspect usé, terminés par une légère tache blanche
adulte 	bouts arrondis, sans tache blanche

• **Confusion éventuelle** : avec la perdrix grise en vol. En montagne, avec la perdrix bartavelle.

- **Répartition** : à l'origine dans les deux tiers du Sud-Ouest de la France, légèrement au-dessus de la Loire, à l'ouest du Rhône et dans le Sud-Est. Dans le tiers centre de la France, perdrix rouges et perdrix grises cohabitent naturellement.

- **Habitat** : lieux secs et ensoleillés. Milieux de polycultures (céréales, vignes, oliveraies) et zones incultes ou en friche (landes, haies, clairières, garrigues, maquis).

- **Comportement** : *idem* perdrix grise.

- **Reproduction** : formation des couples, pontes et éclosions un peu plus tardives que celles de la perdrix grise (15 jours environ). Recoquetage possible. L'hybridation perdrix rouge/perdrix bartavelle engendre la « perdrix rochassière ».

- **Mortalité** : en raison des climats plus secs et des terrains plus couverts où l'espèce se complaît, la mortalité est moins forte que pour la grise, tant chez les jeunes qu'en hiver.

- **Alimentation** : *idem* perdrix grise.

- **Aménagements** : là où les deux espèces coexistent, les mesures en faveur de la grise profitent à la rouge. Plus forte fréquentation des abris agrainoirs par cette dernière, surtout lorsqu'ils sont placés dans des friches ou en bordure des bois. Dans le Midi, création de points d'eau dans les zones arides. Implantation de cultures à gibier dans les régions abandonnées par les agriculteurs.

- **Repeuplement** : *idem* perdrix grise.

- **Prélèvement** : le moindre taux de mortalité finissant par compenser le moindre taux de natalité de la rouge, l'accroissement annuel paraît supérieur à celui de la grise. Les territoires à perdrix rouges étant très fourrés, il est délicat d'effectuer des recensements ou d'établir des plans de chasse. La seule indication vient de l'analyse du tableau d'ouverture et des suivants. Distinction jeune/adulte : *idem* perdrix grise. Lorsqu'on trouve deux jeunes pour un adulte, faire un tableau équivalent à la moyenne des années précédentes.

- **Situation et avenir** : en net déclin. L'espèce a quasi disparu du tiers de son aire de répartition d'origine, aux débuts des années 1980. La perdrix rouge est menacée par la déprise agricole et la fermeture du milieu. Dans le Midi, la choukar (perdrix d'Afrique du Nord, reconnaissable à l'absence de semis de gouttelettes noires sous le collier) a été lâchée sous prétexte de repeuplement. Erreur, car la choukar est en compétition avec les perdrix rouges autochtones. La choukar ne figurant plus sur la liste des espèces gibier, sa chasse et ses lâchers sont interdits.

Mâle ou coq

Les faisans

famille des phasianidés
(voir tableau précédent)

• **Reconnaissance** : parmi les innombrables variétés obtenues par croisement, mentionnons :

- le faisan « de Colchide » ou faisan commun (coq dépourvu de collier blanc, ventre à dominante pourpre), Phasianus colchicus ;
- le faisan « versicolore » (coq dépourvu de collier blanc, ventre sombre à reflets verts) ;
- le faisan « de Chine » (coq ayant un collier blanc, plus petit, flancs plus clairs que la poitrine, croupion gris-vert) ;
- le faisan « de Mongolie » (coq ayant un collier blanc, plus gros, flancs aussi pourpres que la poitrine, pas de croupion gris-vert).

Femelle ou poule

Tous les coqs ont un plumage très coloré à dominante pourpre et reflets brillants. Sauf le faisan « obscur », presque noir, qui est une mutation génétique du faisan commun. Distinction des sexes : la poule a toujours un plumage beige clair tacheté de brun.

• **Confusion éventuelle** : aucune.

• **Répartition** : les populations sauvages se situent essentiellement dans la moitié nord. En 2002, une enquête y a recensé 164 populations strictement sauvages réparties dans 15 départements, auxquels il fallait ajouter des dizaines de constitutions de populations et des renforcements de populations par des lâchers. Aisne, Eure-et-Loir, Moselle, Pas-de-Calais, Bas-Rhin et Sarthe accueillent le plus de GIC faisan.

• **Habitat** : espaces plus ou moins boisés comportant des zones ouvertes très ensoleillées (friches, landes, clairières) et d'autres très fermées au niveau du sol (ronciers, bruyères, hautes herbes), ainsi que des champs dispersés et variés. S'adapte à la plaine et au marais.

• **Comportement** : poule et coq se taillent un territoire de quelques hectares. Les mâles réduisent les leurs au printemps, lorsqu'ils se cantonnent autour d'une « place de chant » où ils essaient d'attirer les poules. La défense du territoire donne lieu à des combats en toute saison, surtout pendant la période de reproduction.

Le rythme d'activité se décompose en quatre phases : aube, sortie en plaine pour un premier repas ; matinée, retour à la zone refuge où l'oiseau partage sa journée entre des périodes de repos (dans des gîtes au sol), de recherche de nourriture (notamment chasse aux animalcules), d'opérations de pouillage ; fin d'après-midi, nouvelle excursion en plaine ; crépuscule, rentrée dans la zone refuge où l'oiseau se branche dans un arbre pour la nuit, les coqs marquent leur territoire par des cris bruyants. Sauf dans ce cas, les faisans ne volent pas mais se déplacent à pattes.

• **Reproduction** : un coq territorial féconde deux à quatre poules. Ce qui incite à déséquilibrer l'égalité naturelle des sexes en faveur de ces dernières, mais il est prudent de ne pas dépasser le rapport 2/3. Nids situés davantage en milieu découvert (prairies et cultures) que dans les bois, dans ou près d'un endroit non cultivé (talus, friche, touffe d'orties). La poule seule couve, ne quittant son nid qu'une fois par jour pour se nourrir. Poussins nidifuges, leur mère pouvant les conduire assez vite dans une zone d'élevage située à plus de 1 km du nid.

• **Mortalité** : printemps pluvieux et froids (le germe est tué dans l'œuf, le taux de réussite des couvées chute) ; dérangements répétés de la couveuse par des promeneurs et cueilleurs de jonquilles et de muguet ; prédateurs d'œufs et d'oisillons (renard) particulièrement actifs dans ce type de territoires ; maladies (dont celle de Newcastle), bien qu'elles soient beaucoup moins redoutables en nature qu'en élevage ; hivers rigoureux, générateurs de disettes et de soif ; nombreuses menaces vues précédemment (lire l'encadré « Les menaces de la plaine et d'ailleurs »). Toutefois, grâce à la localisation du nid, les faisandeaux peuvent échapper à la destruction massive par les engins mécaniques et trouver assez de nourriture animale pendant le premier mois de leur vie.

• **Moyens de lutte** : *idem* perdrix grise.

• **Alimentation** : à 3 semaines, le faisandeau a une alimentation surtout animale (petits mollusques, vers, larves, œufs de fourmis, insectes). À 3 semaines, alimentation surtout végétale. Dans une proportion de plus en plus grande jusqu'à 12 semaines, âge auquel son régime est identique à celui des adultes : 95 % de substances végétales extrêmement variées, comportant les feuilles, les graines et les fruits aussi bien de plantes sauvages (pâturin, liseron) que de plantes cultivées (maïs, céréales, trèfle). Sauf dans les régions arides, le faisan n'a pas besoin de points d'eau pour boire. Doit ingérer des gravillons pour le bon fonctionnement de son gésier.

• **Aménagements** : le principe fondamental consiste à conserver ou à redonner au territoire un maximum de variété. L'effet de lisière (les bordures) joue un rôle si important que la capacité territoriale lui est à peu près proportionnelle. L'aménagement forestier doit éviter les parcelles homogènes de trop grandes surfaces (plus de 5 à 10 hectares), l'exploitation simultanée de plusieurs parcelles contiguës (ou, en plaine, de plusieurs boqueteaux voisins), les travaux de dégagement des plantations et des semis pendant la saison de ponte. Il ne suffit pas d'avoir un bois pour que le faisan puisse y vivre. Celui-ci n'y parvient que dans les endroits ensoleillés, telles de jeunes plantations et des coupes de régénération naturelle. En revanche, dès que leurs peuplements se ferment et que la lumière n'y arrive plus jusqu'au sol (futaie résineuse ou feuillue, vieux taillis), ces parcelles deviennent aussi peu accueillantes que des champs de maïs de même taille pour les perdreaux. Cultures à gibier dans tous les espaces « ouverts » (peupleraies, grandes allées de tir, emprises de lignes électriques). Surface nécessaire : 2 à 3 % du territoire. Création de sentiers ou de postes d'agrainage, surtout dans les parcelles qu'on ne peut équiper en cultures.

• **Repeuplement** : malgré la qualité de l'élevage pratiqué au sein des grands domaines de jadis, le véritable faisan commun (sans collier) déclina au fur et à mesure qu'on le croisa avec d'autres oiseaux aux origines incertaines, aboutissant à la création d'une espèce tellement hybride et mal fixée (à collier plus ou moins net) qu'on l'appela de façon floue « faisan de chasse ». Pire encore, on lâchait les oiseaux quelques heures avant la chasse et parfois même pendant... Et l'on évoquait des « faisans de tir ». Peut-on encore parler de chasse ou doit-on évoquer du tir ?
Un espoir : l'élevage a fait de gros progrès. Reste au chasseur à sélectionner le bon éleveur et à assumer le prix d'un « bon » oiseau. Un tel faisan est notamment élevé à moins de 3 semaines dans une grande volière accueillant des arbustes. Le développement de la volière anglaise (aménagée et à ciel ouvert) permet d'acclimater et de cantonner les oiseaux sur le territoire de chasse.

• **Prélèvement** : en milieu favorable, la capacité territoriale est de l'ordre de 30 faisans/100 ha au printemps, soit 12 coqs et 18 poules si le rapport des sexes est de 2/3. Sauf exceptions, la population de printemps est multipliée à l'ouverture par 1,5 à 3, ce qui donne dans notre exemple un effectif compris entre 45 et 90. Dans tous les cas, compte tenu de 20 % de mortalité hivernale, il faut laisser 38 oiseaux à la fermeture pour en retrouver 30 le printemps d'après. Par conséquent, à nombre constant de reproducteurs, le prélèvement possible peut varier de 7 à 52. Un plan de chasse encadre cette gestion.
Pour cela, le recensement des reproducteurs peut se faire de deux façons, hélas assez imprécises : battues à blanc avec chiens, pour peu que les bois ne soient ni trop grands ni trop fourrés ; comptage au chant des coqs, avec observation aux jumelles du nombre des poules attirées par chacun.
Quand on ne peut évaluer la population présente à l'ouverture, moduler le tableau en fonction du rapport jeunes/poules adultes des premiers jours de chasse et des tableaux des années précédentes. Pour conserver le rapport des sexes de 2/3, ne prélever qu'un petit peu plus de coqs que de poules (1,2 pour 1 au maximum).
Lorsqu'on souhaite développer une population naturelle tout en lâchant un

appoint d'oiseaux de tir, équiper ceux-ci d'un « poncho » bien voyant et épargner systématiquement ceux qui n'en ont pas. Nés dans la nature, ces derniers ont beaucoup plus de chances que les autres de s'y reproduire avec succès.

Reconnaître un jeune d'un adulte de faisan	
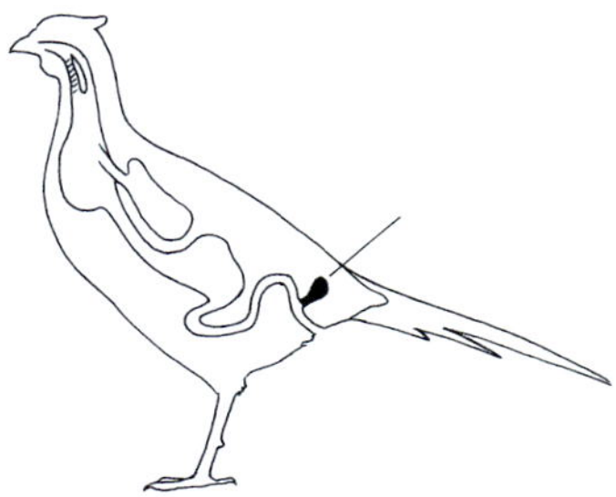	manipulant les oiseaux issus du tableau d'ouverture, introduire une allumette dans un petit trou situé en haut du cloaque et appelé la « bourse de Fabricius » : – profondeur de 10 à 25 mm/jeune – profondeur inférieure à 10 mm ou si bourse complètement refermée/adulte

Prélèvements possibles de faisans		
1 jeune	1 poule adulte	arrêt immédiat de la chasse
1,5 jeune	1 poule adulte	limitation du prélèvement total aux alentours de 20 % de l'effectif à l'ouverture
2,5 jeunes	1 poule adulte	année « moyenne », limitation du prélèvement total à 40 % de l'effectif à l'ouverture
3,5 jeunes ou plus	1 poule adulte	limitation du prélèvement total à 50 % de l'effectif à l'ouverture

• **Situation et avenir** : les Romains importèrent en Europe occidentale le faisan qu'ils avaient eux-mêmes découvert en Grèce. En France, sa présence est établie depuis le IXe siècle au moins. Le faisan fut un « gibier roi », de Louis XIV qui aimait à le chasser devant soi avec ses chiens d'arrêt, de Napoléon III et des présidents de la IIIe République qui le saluèrent lors de tirés d'anthologie à Rambouillet et à Marly. Gibier roi, car obtenir et maintenir une chasse de faisan digne de ce nom est très contraignant. Depuis, l'oiseau a connu des fortunes diverses. Le recours à l'élevage de mauvaise qualité et au lâcher le jour même de la chasse tend à diminuer. Fort heureusement, car la chasse de la « cocotte », rendue célèbre par les Inconnus (sketch de *La galinette cendrée*), a longtemps discrédité le chasseur. Cela est dommage, car la chasse du faisan au bois devant soi au chien n'a rien à envier à la quête de la bécasse. Le caractère opportuniste de l'oiseau permet la reconstitution de populations sauvages, d'où le succès des GIC ; on en compte 52 en 1988, 185 en 2006. L'avenir est prometteur. La chasse du faisan sera ce que les chasseurs en feront.

Le faisan vénéré

Syrmaticus reevesii
famille des phasianidés

• **Reconnaissance** : le coq atteint 1,7 kg et 2,20 mètres de long de la pointe du bec à celle de la queue.

• **Confusion éventuelle** : la poule faisane vénérée avec les autres poules faisanes.

• **Répartition** : moitié nord et Centre.

• **Habitat** : forêts, grands bois, chênaies et hêtraies de plaine. Capacité territoriale : 30 oiseaux/100 ha avant naissances.

• **Comportement** : grégaire. Tendance à se regrouper par bandes du même sexe.

• **Reproduction** : sa polygamie autorise à déséquilibrer légèrement le rapport des sexes en faveur des poules. Naissances : fin mai-début juin. Nombre moyen d'œufs par couvée : 10 maximum pour les premières pontes, moins en cas de recoquetage. À cause de la destruction des nids et d'une forte mortalité juvénile, on ne doit pas compter retrouver à l'ouverture plus de 1,5 jeune/poule présente au printemps. Le faisan vénéré peut s'accoupler avec les autres variétés de faisan, mais les unions sont stériles.

• **Alimentation** : très variée. Fruits durs (glands, faines), graines, baies. Importants besoins en eau.

• **Aménagements** : *idem* faisans. Les travaux sylvicoles conditionnent la vie de cette espèce strictement inféodée à la forêt.

• **Prélèvement** : 20 % de l'effectif à l'ouverture, soit moitié moins que pour les autres faisans.

• **Situation et avenir** : originaire de Chine où il survit à peine, le faisan vénéré est importé en Angleterre en 1831. Il rejoint les territoires de chasse français vers 1870. Le faisan vénéré est rustique, sauvage et parfois « effronté ». Capable de peupler des territoires inhospitaliers à tout autre oiseau-gibier sédentaire. Susceptible d'élevage mais sans abâtardissement, se défend à merveille devant les chiens et permet de superbes coups de fusil tant en battue que devant soi. La constitution de populations sauvages de ce gibier doit être encouragée.

Le colin de Virginie

Callipepla californica
famille des odontophoridés

• **Reconnaissance** : huppe noire. Entre la caille et la perdrix grise. 170 g, longueur 26 cm, envergure 40 cm.

• **Confusion éventuelle** : au vol, avec une caille (mais le colin est nettement plus gros).

• **Habitat** : zones de broussailles, de fourrés, de haies épaisses et de jachères à proximité de petits champs de polyculture. Oiseau de lisière.

• **Comportement** : sédentaire, territorial et diurne. Jusqu'à l'automne, vit en compagnies familiales – pouvant compter plusieurs dizaines d'individus – cantonnées chacune sur une dizaine d'hectares. Vole exceptionnellement, dort perché.

• **Reproduction** : monogame. Nid à terre fait de brins d'herbe entremêlés. 10 à 14 œufs en première ponte. Recoquetages possibles. Le coq participe à la couvaison, il est capable de remplacer entièrement la poule. Peut-être grâce à cela, le taux de reproduction est très fort, jusqu'à 10 poussins/femelle.

• **Mortalité** : oiseau non adapté à nos territoires et à nos climats, très vulnérable à nos prédateurs.

• **Alimentation** : fruits, graines, feuilles larges.

• **Prélèvement** : chassé sur quelques territoires corses.

• **Situation et avenir** : anecdotique. Originaire de la côte pacifique de l'Amérique du Nord. Des années 1960 aux années 1980, on a voulu voir dans cet oiseau une perdrix que l'on chasserait au bois. Le tir de cet oiseau volant à hauteur d'homme peut se révéler dangereux au bois et le long des haies.

▸ En un coup d'œil : 1 sturnidé et 4 corvidés

	étourneau sansonnet	corbeau freux	corneille noire	pie bavarde	geai des chênes
Poids	60-95 g	400-530 g	450-600 g	155-255 g	145-195 g
Longueur	17-21 cm	43-48 cm	43-49 cm	45-50 cm (dont queue 19-26 cm)	32-37 cm
Envergure	37 cm	92-94 cm	92-100 cm	48-53 cm	53-56 cm
Tempéra-ment	grégaire et solitaire (reproduction)	grégaire	grégaire et solitaire (alimentation)	grégaire et solitaire (reproduction)	grégaire et solitaire (reproduction)
Nid	cavité (+ 3 m du sol)	grands arbres, en colonie (corbeautière)	grands arbres, en colonie (corbeautière)	grand arbre ou arbre dense	arbre (2-5 m du sol)
Nombre de cou-vées/an	1-2	1	1	1	1
Époque de ponte	mi-avril à juin	fin mars à mi-avril	début avril à mi-mai	mi-avril à juillet	mi-avril à mi-mai
Durée de couvaison	12-14 jours	16-18 jours	18-20 jours	22-24 jours	16-18 jours
Nombre d'œufs/ couvée	5-6	3-5	4-5	6-7	5-6

Corbeau freux

L'étourneau sansonnet

Sturnus vulgaris
famille des sturnidés
(voir tableau ci-contre)

• **Reconnaissance** : ressemble au merle, en plus délié. Le soir, chante et « imite ». Au sol, ne marche pas mais saute.

• **Confusion éventuelle** : aucune.

• **Répartition** : partout (dont la Corse). Surtout Normandie, Bretagne, Loire-Atlantique/Vendée, Vaucluse et pourtour. Localement au fil du littoral atlantique, des Pyrénées et du Languedoc-Roussillon.

• **Habitat** : campagne, ville.

• **Comportement** : en fin de journée, se rassemble au sein d'innombrables vols et d'immenses dortoirs (jusqu'à 1 million, à Rennes et au lac de Grand-Lieu) en campagne comme en ville. Se perche dans les grands arbres, sur les grues des chantiers... Les dortoirs hivernaux peuvent regrouper des centaines de milliers d'individus.

• **Reproduction** : nid dans les trous d'arbres, les anfractuosités de rochers et de murs. Niche essentiellement dans la moitié nord (voir tableau ci-contre).

• **Alimentation** : l'été, insectivore (chenilles) et frugivore (cerises, baies). L'automne et l'hiver, omnivore (beaucoup de graines de céréales).

• **Pourquoi il faut réguler** : dégâts aux vergers, pillages et souillure des stocks d'aliments pour bétail (ensilages de maïs), fientes à profusion, bruits. Classé nuisible dans la moitié des départements (moitié nord). Moins de 50 000 sujets régulés. Espèce relativement peu prélevée par rapport à ses populations. Détruit pour deux tiers à tir, pour un tiers par le piégeage.

• **Situation et avenir** : stable en France, en nette baisse en Europe. Malgré tout, au printemps, on compterait 13 millions d'étourneaux en France et 70 millions (maximum) l'hiver. La prolifération de l'espèce et ses dégâts sont bien réels. En pays de Caux (Normandie) est toujours pratiquée une chasse traditionnelle à l'étourneau sansonnet à l'aide de nappes de filets (« rets »).

Le corbeau freux

Corvus frugilegus
famille des corvidés
(voir tableau précédent)

• **Reconnaissance** : la base de son puissant bec est gris pâle.

• **Confusion éventuelle** : avec le choucas des tours (partout, plus petit, lance un cri caractéristique), le grand corbeau (en Bretagne, dans le Massif central, les Pyrénées et les Alpes, nettement plus gros), le crave à bec rouge (Bretagne, Cévennes, Pyrénées et Alpes, plus petit, bec rouge vif, pattes rouge orangé) et le chocard à bec jaune (Pyrénées et Alpes, nettement plus petit, bec jaune et pattes rouge vif). Ces quatre espèces sont protégées.

• **Répartition** : plus présent au nord de la Loire. Occasionnel en Corse.

• **Habitat** : très sociables, corbeau freux et corneille noire se retrouvent volontiers dans les mêmes champs, souvent en compagnie d'étourneaux (moitié nord).

• **Comportement** : sédentaire, migrateur ou erratique. Dortoirs de centaines, voire de milliers d'oiseaux (automne et hiver). Colonies de dizaines, voire de centaines de nids.

• **Reproduction** : nidifie au nord d'une ligne Bordeaux-Lyon.

• **Alimentation** : largement granivore. Son nom *frugilegus* signifie « qui ramasse des grains ». Et vers de terre, insectes, mollusques, détritus, voire œufs et oisillons.

• **Pourquoi faut-il réguler** : dégâts aux levées de semis et aux cultures (céréales, pois...) lorsqu'ils s'y posent en grandes bandes. Classé nuisible dans plus de la moitié des départements (moitié nord). 200 000 sujets régulés. Détruit pour deux tiers à tir, pour un tiers par le piégeage (cage à corvidés).

• **Situation et avenir** : abondant, en progression (localement en baisse). 200 000 à 300 000 couples nicheurs. A colonisé la basse vallée du Rhône et le Midi-Pyrénées. Offre de belles chasses d'affût tant l'oiseau est méfiant.

La corneille noire

Corvus corone
famille des corvidés
(voir tableau précédent)

• **Reconnaissance** : la base du bec légèrement bombé est noire (« corneille noire, bec noir »).

• **Confusion éventuelle** : *idem* corbeau freux.

• **Répartition** : partout. Absente de Corse, remplacée par la corneille mantelée (protégée), considérée comme une sous-espèce.

• **Habitat** : *idem* corbeau freux.

• **Comportement** : sédentaire. Très territoriale (période de reproduction).

• **Reproduction** : couple uni d'une année sur l'autre. Niche également sur une falaise ou un bâtiment.

• **Alimentation** : graines, mollusques, insectes, œufs et poussins d'oiseaux nichant à terre (perdrix, faisans, canard), charognes, détritus en ville ou sur les décharges, voire lapereaux et levrauts. 500 000 à 1 million de couples nicheurs en France.

• **Pourquoi faut-il réguler** : dégâts aux levées de semis et aux cultures (céréales, pois...). Destructions d'œufs, de poussins, de lapereaux et de levrauts. Classée nuisible dans plus de quatre cinquièmes des départements. Avec 330 000 sujets régulés, c'est le nuisible le plus prélevé. Détruite pour deux tiers par le piégeage (cage à corvidés), pour un tiers à tir.

• **Situation et avenir** : espèce abondante, en progression.

La pie bavarde

Pica pica
famille des corvidés
(voir tableau précédent)

• **Reconnaissance** : plumage caractéristique. Jacassement rapide et rauque. Vifs battements d'ailes entrecoupés de courtes glissades.

• **Confusion éventuelle** : aucune.

• **Répartition** : partout, exceptionnelle en Corse.

• **Habitat** : prédilection pour les bordures de plaines cultivées, pourvu que s'y trouvent des alignements ou des bosquets de grands arbres. Colonise de plus en plus les villes même importantes (parcs, allées, mails). Observée dans Paris dès les années 1970.

• **Comportement** : sédentaire. Territoriale en période de reproduction. Couple uni d'une année sur l'autre. Vit en petits groupes bruyants. Se rassemble le soir parfois en bandes pour se percher dans des dortoirs (jusqu'à plus d'une centaine d'individus).

• **Reproduction** : vastes nids coiffés d'un dôme, constitués de branchages, morceaux de laine, chiffons, plastique.

• **Alimentation** : omnivore. Larves d'insectes, gros insectes adultes, escargots, limaces, vers de terre, petits rongeurs, œufs et oisillons (pinsons, grives, merles, columbidés, perdrix, faisans, canards...), fruits (cerises, prunes, raisins, glands, noix, pois...), cadavres d'animaux, détritus...

• **Pourquoi faut-il réguler** : grand prédateur de nids dans les arbres et au sol (œufs, oisillons, poussins et canetons). Classée nuisible dans plus de deux tiers des départements. 220000 sujets régulés. Détruite pour deux tiers par le piégeage (cage à corvidés), pour un tiers à tir.

• **Situation et avenir** : abondante. 1 à 2 millions de couples nicheurs. Vivant proche de l'habitat humain, elle reste néanmoins sur ses gardes. Il suffit qu'on s'intéresse à elle pour qu'elle devienne inabordable. Intéressante à chasser le long des haies.

Le geai des chênes

Garrulus glandarius
famille des corvidés
(voir tableau précédent)

• **Reconnaissance** : plumage très bigarré, notamment bleu ciel strié de noir (avant des ailes), caractéristique. Porte une crête noire et blanche souvent dressée. Cri d'alarme caractéristique.

• **Répartition** : partout, y compris la Corse.

• **Habitat** : franchement arboricole, il fréquente surtout les parties fraîches des bois feuillus ou mixtes, même les parcs.

• **Comportement** : sédentaire, un peu erratique ou migrateur. En octobre, migrations, voire invasions de sujets d'Europe du Nord et de l'Est. Territorial et silencieux en couple (excepté cris d'alarme). L'hiver, se rassemble en petites troupes bruyantes (une dizaine d'animaux).

• **Reproduction** : vit en couple isolé. Se reproduit partout jusqu'à 1600 mètres.

• **Alimentation** : fruits secs (glands, châtaignes, noisettes, noix...), baies (cerises...), graines de céréales (maïs...), gros insectes, lézards, campagnols, œufs d'oisillons et de poussins (petits passereaux, grives, merles, columbidés...). Constitue des stocks de nourriture (glands) en les cachant ou en les enterrant.

• **Pourquoi faut-il réguler** : prédateur de nids (œufs, oisillons et poussins), dégâts dans les vergers et certaines cultures (fraise, pois...). Classé nuisible dans quatre départements seulement. Moins de 2000 sujets régulés. Détruit pour deux tiers par le piégeage (cage à corvidés), pour un tiers à tir.

• **Situation et avenir** : abondant. De 500000 à 2 millions de couples nicheurs. Par son cri, soit signale le déplacement de grand gibier et renard au chasseur, soit avertit la faune sauvage de la présence de l'homme (cas le plus fréquent). Sa chasse à l'appeau à l'affût sous les chênes est divertissante.

▸ En un coup d'œil :
2 petits gibiers à poil

	Lapin de garenne	Lièvre brun
Appellation mâle, femelle, jeune	lapin, lapine, lapereau	bouquin, hase, levraut
Poids	1-1,5 kg	3,5-4 kg
Habitat	plutôt le bois	plutôt la plaine
Lieu de repos	sous terre (terrier)	à terre (« gîte » ou « forme »)
Tempérament	grégaire	solitaire
Comportement sexuel	polygame	polygame
Époque de reproduction	février à septembre	janvier à septembre
Nombre de portées/an	3-5	3
Durée de gestation	30 jours	42 jours
Époque des naissances	mars à octobre	mars à novembre
Pic des naissances	avril, mai et juin	mai-juin
Nombre de petits/portée	5 (mai et juin)	3 (juin et juillet)
Nombre de petits/an/femelle	20	8 (13 maximum)

Le lapin de garenne

Oryctolagus cuniculus
famille des léporidés
(voir tableau ci-dessus)

• **Autres appellations** : garenne, jeannot, counil.

• **Reconnaissance** : parce qu'il a quatre incisives à la mâchoire supérieure, le lapin n'est pas un rongeur mais un lagomorphe (comme le lièvre). Pas de différence visible entre les sexes.

• **Confusion éventuelle** : avec le jeune lièvre.

• **Répartition** : partout, jusqu'à une altitude de 1000 mètres.

• **Habitat** : le sol doit être assez meuble et profond pour être creusé, et assez perméable pour éviter l'inondation. Sable et gravillons sont plus favorables que l'argile. Le milieu doit être varié pour procurer des abris (haies, buissons, souches évidées, tas de bois ou de pierres) et de la végétation basse. Implanté en terrain couvert, à proximité immédiate de champs ou de prés, le terrier (appelé « garenne » quand il comporte de nombreuses gueules et galeries) protège l'espèce contre la plupart de ses prédateurs et des excès du climat.

• **Comportement** : vit en groupes familiaux de deux à sept membres articulés autour d'un mâle et d'une femelle dominants. Chaque groupe exploite un territoire de quelques hectares autour du terrier, délimité par des marques odorantes (« frottis », « grattis », « latrines »). Comportement territorial très actif pendant la période de reproduction. À l'intérieur du groupe familial, une hiérarchie s'établit entre les mâles, d'une part et les femelles d'autre part, au moyen de combats et de postures de soumission. Plusieurs groupes peuvent se réunir pour former une « colonie ». Activité surtout nocturne, avec pointes au crépuscule et juste avant l'aube. Par beau temps hivernal et en plein jour, les lapins peuvent se gîter à l'air libre.

• **Reproduction** : à l'intérieur du groupe familial, le mâle dominant assure à lui seul toute la reproduction, à l'issue de parades comportant des mouvements de la queue et des jets d'urine. La lapine met bas dans une « rabouillère », terrier miniature à fleur de terre disposant d'une seule entrée et creusé pour l'occasion. Nés aveugles et nus, les lapereaux en sortent après trois semaines.

• **Mortalité** : pertes prénatales par résorption intra-utérine. Multiples pertes au nid : abandon des portées ou arrêt de lactation par des mères souffrant de carences alimentaires, noyades en cas de fortes pluies, destruction par une femelle étrangère ou par des prédateurs (renard, blaireau, putois). Près de 50 % des lapereaux disparaissent à ce stade. Pertes « classiques » (lire l'encadré précédent). Plusieurs maladies affectent le lapin : coccidiose, pasteurellose, VHD et, bien sûr, myxomatose. Grâce au développement d'une résistance naturelle, dorénavant, la myxomatose ne détruit plus que la moitié des animaux atteints. Ses vecteurs sont les puces et les moustiques, dont l'abondance en fin d'été entraîne une forte mortalité juste avant l'ouverture.

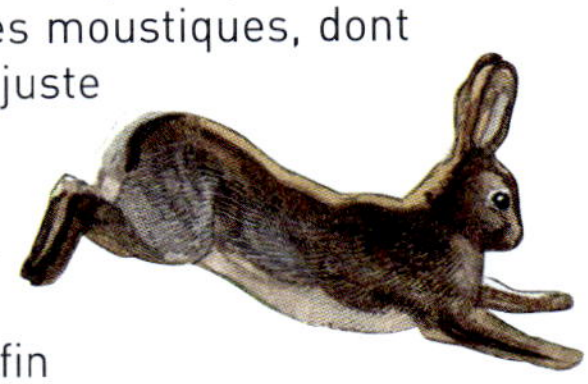

• **Moyens de lutte** : vaccination massive contre la myxomatose et le VHD. Désinsectisation des terriers au moyen d'une poudre antipuces. Limitation de la chasse afin de maintenir une population suffisante pour que survivent aux flambées de la maladie de plus en plus d'animaux plus résistants. Contrôle des prédateurs naturels et des chiens errants. Aménagement des territoires (garennes artificielles).

• **Alimentation** : végétarien. « Opportuniste ». Deux types d'aliments primordiaux : graminées surtout au stade de jeunes pousses printanières et estivales ;

végétaux ligneux et semi-ligneux (ronces, ajoncs, bruyères, arbustes), surtout en automne et en hiver. « Cæcotrophage », le lapin produit certaines crottes très molles qu'il réingurgite aussitôt (comme le lièvre). Cela permet une meilleure assimilation des substances nutritives.

• **Dégâts** : les dégâts peuvent être localement très importants aux cultures (céréales d'hiver et cultures maraîchères), aux prairies et aux vignes. Mais aussi aux plantations forestières (abroutissement des semis et rongement des jeunes plants). Certains rongements et sectionnements de tiges répondent à un besoin non pas d'alimentation, mais d'usure des incisives (à croissance continue). Protections : engrillagement global (clôtures) ou individuel (manchons) ; répulsifs ; clôtures ou filets électriques.

• **Aménagements** : quatre sortes. Garennes artificielles, remblais et refuges à l'abri de l'humidité (tas de souches ou de branchages, décaissés ou monticule de terre perméable). Entretien des fossés, pour une meilleure irrigation du sol, et maintien ou développement de zones en friche ou de ronciers. Amélioration des sources de nourriture existantes (fauchage des bandes herbeuses et épandage d'engrais pour en augmenter l'appétence, recépage des taillis et des haies pour multiplier les rejets ligneux), cultures à gibier (ray-grass, luzerne et céréales). Apport de nourriture d'appoint en hiver.

• **Repeuplement** : avec des lapins de garenne sauvages repris ou des lapins de garenne d'élevage « purs ». Les lâchers ont une chance de réussir à condition que les sujets soient vaccinés et qu'on ferme la chasse pendant au moins deux ans.

• **Prélèvement** : en fonction notamment du niveau de la myxomatose et de la pluviométrie printanière, l'accroissement annuel est très variable. Alors que telle population peut être devenue, à l'ouverture, six à sept fois plus nombreuse que celle que l'on avait laissée à la fermeture, telle autre peut avoir régressé d'elle-même. Populations impossibles à dénombrer.
Le calcul du rapport jeunes/adultes dans les premiers tableaux se fait – jusqu'en décembre seulement – en palpant avec le pouce le bas de la face externe du cubitus d'une patte avant (1 cm au-dessus de l'articulation). On agit comme pour le lièvre (voir le croquis). À partir de ces données, le calcul permet de connaître l'effectif présent à l'ouverture, d'où l'on déduit le prélèvement possible.

Prélèvement possible de lapins selon le tableau de l'ouverture		
moins de jeunes que d'adultes		arrêt immédiat de la chasse
50 % de jeunes	« mauvaise année »	limitation du tableau à 20 % de la moyenne des années précédentes
2/3 de jeunes	« année moyenne »	tableau équivalent à cette moyenne
3/4 de jeunes	« bonne année »	tableau supérieur de 50 % à la moyenne

• **Pourquoi faut-il réguler** : dégâts aux cultures (céréales d'hiver) et aux plantations forestières. À la différence des dégâts de grand gibier, ceux du lapin et des autres espèces de petit gibier nuisibles ne font pas l'objet d'une indemnisation collective. C'est au détenteur du droit de chasse de les payer à l'agriculteur riverain qui le lui demande et en évalue lui-même le montant. S'il y a litige, le tribunal fait procéder à une expertise et oblige le chasseur à s'exécuter lorsqu'on a pu établir que le gibier auteur des dégâts vit habituellement sur le territoire et que le chasseur a commis une faute ou une négligence (mise en réserve du territoire, nombre insuffisant de battues, absence de furetage).

• **Situation et avenir** : probablement en progression, notamment dans le bassin parisien. D'origine méditerranéenne, introduit en France à l'époque romaine, le lapin s'y plut tant qu'il devint dans certaines régions un véritable fléau. En 1952, la création de la myxomatose par le professeur Paul Armand-Delille (pour cette innovation, il fut félicité par les milieux agricole et forestier) faillit anéantir l'espèce. D'autres maladies (coccidiose, pasteurellose et VHD) participent désormais à la baisse des populations lapines. Les tableaux de chasse chutent depuis le début des années 1980 (-75 % entre 1974 et 1998). Hier gibier pléthorique, « gibier fourrage », s'il s'est encore chassé 3,2 millions d'animaux en 1998-1999 (dernière enquête nationale), il n'en demeure pas moins que finalement peu de chasseurs peuvent en prélever dorénavant. Univers agricole et forestier s'opposent à toute politique de réinstauration de l'espèce.

Le lièvre brun

Lepus europaeus
famille des léporidés
(voir tableau précédent)

• **Autres appellations** : capucin, oreillard, rouquin.

• **Reconnaissance** : les immenses pattes arrière permettent de sauter haut (près de 2 mètres), loin (7 mètres), de courir très vite (plus de 70 km/h) et très longtemps. Le lièvre est un lagomorphe (comme le lapin). Pas de différence visible entre les sexes. Ceux qui prétendent faire la distinction selon la position des oreilles (verticale ou horizontale) pendant la fuite se trompent.

• **Confusion éventuelle** : un jeune lièvre avec un lapin. En montagne, avec le lièvre variable.

• **Répartition** : partout, jusqu'à 2000 mètres. Le lièvre brun a été importé en Corse au lendemain de la Seconde Guerre mondiale, alors que le lièvre d'Italie y avait été introduit dès le XVIe siècle.

- **Habitat** : bocage et plaine de préférence, bois en lisière. Le territoire idéal offre un sol filtrant (ou assez sec), fertile et accueille une mosaïque de cultures en petites parcelles, parsemées de boqueteaux et de haies.

- **Comportement** : ne rejoint ses semblables que pour le rut. Le reste de l'année, vit à l'intérieur d'une zone d'activité de 10 à 15 ha. Peut changer de secteur en fonction des travaux agricoles. Peut en sortir en cas de besoin pressant (alimentation, rut, dérangements, chasse).
Au final, un lièvre vit sur un domaine vital de 300 ha. Il dispose de plusieurs « gîtes » ou « formes » entre lesquels il en choisit un au lever du jour, en fonction du temps, du vent et de l'état des cultures. N'en bouge plus de la journée, sauf dérangement. Activité nocturne très intense à l'aube. Plusieurs prises de nourriture entrecoupées de toilettes, de périodes de repos et de déplacements.

- **Reproduction** : les animaux convergent parfois en grand nombre vers des places de rut situées en terrain sec, bien dégagé et riche en nourriture. Ils s'y livrent, de nuit et parfois en plein jour, au « bouquinage ». Manifestations comprenant de violents combats entre mâles, de longues poursuites des femelles par les mâles et des copulations brèves et fréquentes. Une hase peut être à nouveau saillie avant d'avoir mis bas sa portée précédente, c'est la « superfétation ». Elle peut réduire à moins de 40 jours l'intervalle entre deux naissances. Les levrauts naissent à l'air libre, dans des nids primitifs. L'on peut trouver un levraut seul tapi et apparemment abandonné. Il n'en est rien, on ne doit pas le toucher mais le laisser afin que la hase revienne s'en occuper. Les jeunes naissent couverts de poils et les yeux ouverts. Sevrage à un peu plus de 1 mois, si bien que la plupart des hases allaitent jusqu'au 15 octobre.

- **Mortalité** : facteurs encore plus nombreux que ceux du lapin. Pour deux raisons : son habitat principal, la plaine, est nettement plus dangereux, et il ne creuse jamais de terrier. Causes : raréfaction des abris et des couverts (buissons, haies, boqueteaux, talus, friches), qui accroît sa vulnérabilité aux autres dangers ; évolution des pratiques agricoles (traitements chimiques mortels, tels les colorants nitrés, paraquat et mesurol, mécanisation des travaux, fauchaison ultrarapide des luzernes, brûlage des chaumes, broyage des pailles) ; intensification du trafic routier notamment nocturne ; nombreuses maladies bactériennes (pseudo-tuberculose, pasteurellose, tularémie transmissible à l'homme), parasitaires (coccidiose, différentes formes de strongylose) et virales (VHD) ; intempéries (gel, neige persistante, pluie excessive) ; prédation, redoutable pour les levrauts (corneille noire, pie bavarde, renard, chat et chien errant) ; braconnage. En année moyenne, 30 % des lièvres laissés à la fermeture de la chasse meurent en hiver.

- **Moyens de lutte** : mêmes moyens que ceux utilisés par perdrix grise.

- **Alimentation** : végétale. Plantes herbacées, tubercules, céréales, grains, fruits, jeunes pousses d'arbustes. Commet moins d'écorçages. La compétition alimentaire rend la cohabitation difficile avec le lapin, celui-ci prenant toujours le dessus. Sujet à la cæcotrophie et au besoin d'usure des incisives (comme le lapin).

• **Dégâts** : dégâts éventuels très localisés et très limités.

• **Aménagements** : en cas de faibles effectifs, la gestion demande de suspendre la chasse de l'espèce, d'instaurer un plan de chasse, d'aménager le territoire, de lutter contre les causes de mortalité. Même non chassée, une population peut ne pas remonter à un niveau normal. Il convient de créer des réserves, de rendre le territoire davantage hospitalier, en mettant en œuvre les moyens de lutte contre les causes de mortalité, en réalisant des aménagements destinés à pallier les carences en nourriture et en abris (maintien de couverts après récoltes et création de cultures à gibier). Pour cela, il faut indemniser l'agriculteur.

• **Repeuplement** : l'échec des – coûteux – lâchers dits « de repeuplement », jadis très pratiqués, est facile à comprendre. Si des lièvres indigènes, parfaitement adaptés au sol, à la végétation et au climat, ne survivent plus sur un territoire, ce ne sont pas des exilés ou d'anciens captifs qui le pourront !

• **Prélèvement** : dans les meilleures régions (celles de type bocager), capacité territoriale de 25 lièvres/100 ha au printemps. Dans les plus mauvaises (celles où prédominent herbages ou forêts), capacité territoriale de 5 lièvres/100 ha. 20 lièvres/100 ha constituent une bonne moyenne. Accroissement très variable d'une année à l'autre. La population de printemps est multipliée à l'ouverture de la chasse au moins par 1,5, au mieux par 3, ce qui donne dans notre exemple un effectif compris entre 30 et 60. Compte tenu de 30 % de pertes hivernales, il faut laisser 27 lièvres à la fermeture de la chasse pour en retrouver 20 le printemps d'après. À nombre constant de reproducteurs, le prélèvement possible peut varier de 3 à 33. Cet écart est tellement important – et le résultat trop souvent tellement mince – qu'on doit être extrêmement attentif à ce qu'on fait. D'où deux obligations : ne jamais chasser avant le 15 octobre (protection des dernières hases allaitantes et de leurs levrauts) ni après le 15 décembre (protection des premières hases gestantes) ; établir un plan de chasse.
Le plan de chasse lièvre reprend le même principe que celui de la perdrix grise. Afin d'analyser le tableau réalisé à l'ouverture, il faut manipuler la patte avant de chaque animal (voir le croquis ci-dessous).
Quand on ne peut évaluer la population présente à l'ouverture, moduler le tableau en fonction du rapport jeunes/adultes et des tableaux des saisons précédentes (comme on le fait pour le lapin). Lorsque l'on pratique la chasse devant soi, individuelle ou par petits groupes, exiger qu'à la fin de la chasse, chacun vienne faire analyser ses prises avant de les emporter. Le territoire d'une population de lièvres étant toujours plus grand qu'un terrain de chasse, il faut s'entendre avec ses voisins pour adopter les mêmes règles de gestion dans le cadre d'un Groupement d'intérêt cynégétique (GIC).

Reconnaître un jeune d'un adulte de lièvre			
Palper avec le pouce le bas de la face externe du cubitus d'une patte avant, 1 cm au-dessus de l'articulation.			
jeune 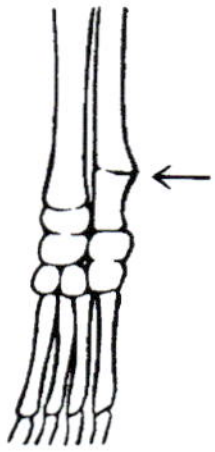	◂ si on sent une petite saillie sous la peau	adulte 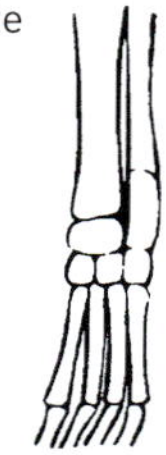	◂ si on ne sent pas de petite saillie sous la peau

Prélèvements possibles de lièvres selon le tableau de l'ouverture		
moins de jeunes que d'adultes	« mauvaise » année	arrêt immédiat de la chasse
autant de jeunes que d'adultes	année « médiocre »	limitation du prélèvement total à 20 % de l'effectif à l'ouverture
entre 1,5 et 2 jeunes pour 1 adulte	année « moyenne »	limitation du prélèvement total à moins de 50 % de l'effectif à l'ouverture
3 jeunes ou plus pour 1 adulte	« bonne » à « très bonne » année	limitation du prélèvement total à 50 % de l'effectif à l'ouverture

• **Situation et avenir** : stable, voire en progression. Après trois décennies de fortes chutes (1960-1990), l'espèce paraît mieux se porter, bien qu'elle demeure particulièrement sensible aux printemps froids et pluvieux. De plus, elle souffre de l'évolution de son milieu, semblant mieux résister que ses congénères de la plaine et du bocage.
En outre, la gestion du chasseur (suspension de la chasse et plan de chasse) permet aux populations de se rétablir.

De gibier en gibier

Ici s'achève le tour d'horizon du petit gibier sédentaire que le chasseur peut maintenir ou développer non seulement par de simples restrictions de tir, mais aussi par des aménagements. Il s'agit évidemment des perdrix, des faisans, du lapin et du lièvre. Il importe de comprendre que le sort de ces espèces est étroitement lié. Lorsque le lapin fut terrassé par la myxomatose, une masse de chasseurs de « counils » se reporta sur d'autres espèces, dont les perdrix grise et rouge ainsi que le lièvre. Celles-ci subirent une forte pression de chasse qui les fragilisa. La plaine agricole devenant chaque jour plus hostile – à la perdrix grise notamment –, le report s'effectue vers le seul lièvre, d'où une pression de chasse amplifiée, heureusement cadrée par les plans de chasse quand ils sont mis en œuvre.

Un peu d'exotisme

Cette évolution des espèces de petit gibier sédentaire explique les tentatives – un peu folles et vaines – de lâcher perdrix choukar, colins de Virginie, cailles japonaises et sylvilagus (ou lapin de Floride). Auxquelles s'ajoutent les lâchers de lièvres, perdrix, faisans et colverts qui font planer le double risque de la pollution génétique des souches naturelles et de la transmission de maladies.

Nos 4 réactions possibles

Lorsque la catastrophe est là, on observe quatre types de réactions :

1. certains, dégoûtés, renoncent à la chasse en plaine ou à la chasse tout court ; c'est la mort des chasseurs ;
2. d'autres s'accommodent du gibier de tir le plus misérable ; c'est la mort de l'esprit de la chasse ;
3. d'autres encore, pas dégoûtés et restés purs, font un nouveau transfert d'activité sur des gibiers migrateurs (bécasse, grives, pigeon ramier) qui n'intéressaient jusqu'alors que des minorités de spécialistes et qui se trouvent menacés à leur tour de ponctions excessives donc de solides mesures de gestion, voire de protection ; à terme, c'est la mort de la chasse ;
4. d'autres enfin, mis au pied du mur, font brusquement leur « révolution culturelle » et mettent en œuvre une politique à trois volets (aménagements, repeuplement de qualité, limitation des prélèvements). Les techniques nécessaires étant aujourd'hui maîtrisées, les résultats suivent ; c'est le salut de la chasse. Il passe par beaucoup de volonté et d'engagement.

En un coup d'œil :
2 petits mammifères omnivores

	Renard	Blaireau
Appellation mâle, femelle, jeune	renard, renarde, renardeau	blaireau, blairelle, blaireautin
Poids	6-7 kg	7-20 kg
Longueur	120 cm (dont queue 40 cm)	70-90 cm (dont queue 15-19 cm)
Hauteur au garrot	35 cm	30 cm
Lieu de repos	au sol et sous terre (terrier)	sous terre (terrier)
Tempérament	familial	familial ou communautaire
Comportement sexuel	plus ou moins monogame	monogame
Époque de reproduction	décembre à février	janvier à mars
Nombre de portées/an	1	1
Durée de la gestation	61-63 jours	42-49 jours
Époque des naissances	janvier à avril	mars-avril
Nombre de petits/portée	3-7	2-5

Le renard

Vulpes vulpes
famille des canidés
(voir tableau ci-dessus)

- **Autre appellation** : goupil.

- **Reconnaissance** : pas de différence visible entre les sexes, même si le mâle est un peu plus lourd que la femelle.

- **Répartition** : partout, y compris la Corse.

- **Habitat** : moins forestier qu'on ne le croit, le renard peut vivre dans tous les milieux. Des bords de mer jusqu'à 2500 mètres d'altitude, en passant par les banlieues urbaines.

- **Comportement** : le renard détient un domaine vital de 300-400 ha, qu'il parcourt régulièrement (10-15 km/nuit) en empruntant les mêmes coulées. Nocturne, parfois diurne surtout pendant le rut et en été (nourrissage des jeunes). Repos dans les endroits les plus divers, très rarement au terrier, si bien qu'on en lève souvent à la chasse. Densité moyenne : 1 renard/km².

• **Reproduction** : sevrage à 3 semaines. Allaitement jusqu'à 2 mois. Autonomie à 5 mois. À l'automne, expulsés du territoire natal, les jeunes recherchent un nouveau secteur.

• **Mortalité** : peu de causes. Prédateurs naturels : lynx, grand-duc, aigle. La surdensité favorise notamment la gale.

• **Alimentation** : omnivore et opportuniste. Déchets domestiques, charognes, fruits, invertébrés, petits rongeurs (campagnols), œufs, insectes, oiseaux nichant au sol. Pour le renard comme pour les autres carnivores, il ne faut pas se fier aveuglément aux traces de ses « forfaits » (restes de faisans, de lièvres et parfois même de faons retrouvés à l'entrée des terriers). Il peut s'agir d'animaux déjà morts, blessés ou gravement malades au moment de leur capture.

• **Prélèvement** : selon les densités locales et les dégâts.

• **Pourquoi faut-il réguler** : destruction d'animaux de basse-cour, d'oiseaux d'ornement et d'espèces gibier, notamment en mai (nourrissage des jeunes). En 1968, une grave épidémie de rage dont le renard fut le principal vecteur est survenue en France et a persisté longuement, jusqu'à ce que le pays soit déclaré indemne en 2000. Mais la maladie persiste en Allemagne, en Europe de l'Est et au Maghreb, entre autres. Aujourd'hui, l'animal véhicule notamment l'échinococcose alvéolaire, maladie dangereuse transmissible à l'homme en nette progression.

• **Situation et avenir** : stable ou en progression. Jadis gazé ou empoisonné, le renard profite de la désertification des campagnes et de la multiplication des friches aux abords des villages et des villes. Opportuniste, l'espèce s'adapte très bien à l'environnement urbain. Bel animal de tir en battue (le plus difficile des tirs), de chasse à tir aux chiens courants (Bretagne et Normandie), de vénerie et de déterrage, le renard se chasse encore à tir l'été, à l'affût et à l'approche. Une très belle pratique qui tend à se développer.

Le blaireau

Meles meles
famille des mustélidés
(voir tableau précédent)

- **Autre appellation** : tesson.

- **Reconnaissance** : ne ressemble pas aux autres mustélidés, davantage à un ours petit et plat. Pas de différence visible entre les sexes, bien que le mâle soit un peu plus lourd que la femelle.

- **Confusion éventuelle** : avec le raton laveur.

- **Répartition** : partout, jusqu'à 2000 mètres. Absent de Corse.

- **Habitat** : forêts de feuillus, bocages, broussailles, landes et prairies. Proximité de ressources alimentaires et en eau indispensable, car déplacements rarement éloignés. Le sol doit permettre à ce redoutable fouisseur de creuser des terriers parfois si grands, si profonds et si complexes que les tonnes de terre expulsées finissent par modifier le site sur plusieurs ares. Peut partager le terrier avec le renard.

- **Comportement** : vit seul, en couple ou en clan d'une douzaine d'individus au maximum, se partageant un même domaine vital délimité par des marquages olfactifs. Malgré ce grégarisme possible, le blaireau se déplace seul pour chercher sa nourriture. Crépusculaire à nocturne. Plus la météo hivernale est rude, plus son activité se réduit. L'animal peut rester plusieurs nuits ou semaines sans sortir, vivant dans une sorte d'hibernation partielle (à ne pas confondre avec la réelle hibernation de l'ours).

- **Reproduction** : un phénomène de repos embryonnaire analogue à celui du chevreuil et à plusieurs autres mustélidés fait que les petits ne naissent qu'au bout d'un an malgré une gestation de six à sept semaines. Les femelles entrent en chaleur juste après les mises bas, mais une deuxième période d'ovulation peut survenir en mai-juin.

- **Mortalité** : très forte la première année (jusqu'à 50-70 %), surtout en cas de sécheresse estivale entraînant un manque de nourriture. Faible par la suite. L'espèce est peu menacée par des prédateurs ou des épidémies. Les écrasements sur la route se multiplient.

- **Alimentation** : déterre tout, ce que révèle son excellent odorat au sol et même dans les écorces : vers de terre, vers blancs, larves, insectes, taupes, batraciens, charognes, campagnols au nid, lapereaux nouveau-nés dans leurs rabouillères, fruits, glands, maïs, blé, avoine, raisins, tubercules. Régime carnivore prédominant en hiver et au printemps. Part de l'alimentation végétale grandissante en été et en automne. Les traces de ses recherches sont des « grattis ».

• **Prélèvement** : selon les densités locales et les dégâts.

• **Pourquoi faut-il réguler** : dégâts très localisés notamment dans les vignes et les maïs en lait. Destructions parfois non négligeables de lapereaux, très occasionnelles de levrauts et de couvées d'oiseaux nichant à terre. L'animal peut faire l'objet d'une destruction autorisée par le préfet en cas de dégâts agricoles.

• **Situation et avenir** : stable ou en progression. À tel point que l'on peut l'observer nuitamment au saut des routes, ou relever de nombreuses dépouilles suite à collisions routières. Dans *Le Livre de chasse du Roy Modus*, le plus ancien traité de chasse français écrit entre 1354 et 1377, Henri de Ferrières conteste la nocivité du blaireau. Pourtant, celui-ci sera considéré comme « nuisible » jusqu'en 1988, et pour cela détruit, piégé et gazé. Ce ne sont sûrement pas les chasseurs spécialisés, les « déterreurs », qui se plaindront de son seul statut de gibier. La possibilité qu'il soit réservoir de la tuberculose bovine, dont il meurt, et qu'il retransmette cette épizootie au bétail (lequel la lui aura transmise à l'origine) impose un suivi strict de l'espèce.

En un coup d'œil :
6 petits mustélidés

	hermine	belette	fouine	martre	putois	vison d'Amérique
Poids	130-445 g	40-130 g	1,1-2,1 kg	800-1 600 g	610-1 720 g	475-1 120 g
Longueur	35 cm (dont queue de 8-12 cm)	17-27 cm (dont queue 4-8 cm)	65-77 cm (dont queue 25-27 cm)	65-80 cm (dont queue 25-30 cm)	44-67 cm (dont queue 10-20 cm)	45-59 cm (dont queue 12-18 cm)
Pays d'origine	France	France	France	France	France	Amérique du Nord
Époque de reproduction	mai à juillet	mars à juillet	juillet-août	juillet-août	mars-avril	février à avril
Nombre de portées/an	1	2-3	1	1	1	1
Durée de gestation	28 jours	34-37 jours	56 jours	56 jours	40-42 jours	30-35 jours
Époque des naissances	mars à mai	avril à août	mars-avril	mars-avril	mai-juin	avril-mai
Nombre de petits/portée	8	3-9	2-4	2-5	3-9	2-7

L'hermine

Mustela erminea
famille des mustélidés
(voir tableau précédent)

• **Reconnaissance** : Fourrure d'été brun-roux dessus et blanc dessous. Fourrure d'hiver généralement blanche. Toute l'année, la queue se termine par un gros pinceau noir caractéristique de l'espèce. Le mâle adulte est beaucoup plus gros que la femelle.

• **Confusion éventuelle** : avec la belette (celle-ci est deux fois plus petite et ne mue pas l'hiver comme l'hermine).

• **Répartition** : moitié nord, Pyrénées, Massif central, Alpes. Absente des plaines rases, du cœur des grandes forêts du Centre et du Sud-Ouest, du Midi méditerranéen, de Provence, de Corse, d'une partie de la Bretagne, de l'Alsace, des Vosges.

• **Habitat** : des rivages de l'Atlantique nord à la montagne jusqu'à 2700 mètres.

• **Comportement** : nocturne. Davantage diurne le printemps et l'été. Déplacements quotidiens au sol de 1 à 8 km.

• **Reproduction** : jusque 18 petits par portée. Repos embryonnaire de 9 à 11 mois.

• **Mortalité** : raticides anticoagulants agricoles.

• **Alimentation** : campagnol terrestre (dit « rat taupier », 60 à 99 % de son alimentation), œufs, oisillons, poussins, voire lapereaux et levrauts.

• **Pourquoi faut-il réguler** : prédations sur les espèces gibiers et sur les élevages agricoles très difficiles à préciser.

• **Prélèvement** : insignifiant.

• **Situation et avenir** : probablement stable. L'hermine ne pouvant être piégée, il est très délicat d'estimer l'évolution de ses populations. À quoi bon continuer d'inscrire l'hermine parmi les espèces chassables puisqu'elle ne présente pas d'intérêt cynégétique ? S'il s'avérait qu'elle commettait des dégâts, ne conviendrait-il pas de la définir comme « nuisible » et de la piéger ?

La belette

Mustela nivalis
famille des mustélidés
(voir tableau précédent)

• **Reconnaissance** : plus petit carnivore de notre pays. Fourrure brun-roux en été, tirant sur le gris en hiver. Gorge, poitrine et ventre toujours blancs. Queue de la même couleur que la fourrure.

• **Répartition** : partout où vit le campagnol des champs, c'est-à-dire presque partout. Y compris la Corse (introduite récemment).

• **Habitat** : presque partout, y compris grandes plaines céréalières, où elle s'abrite et nidifie dans les propres galeries du campagnol des champs.

• **Comportement** : nocturne, en partie diurne l'été. Sédentaire surtout en cas d'intempéries, résidente temporaire ou erratique. Territoriale.

• **Reproduction** : rut et naissances en toute saison, surtout au printemps. Fécondité très grande.

• **Alimentation** : campagnol des champs (60 à 99 %), voire musaraignes, batraciens, reptiles, poissons, nids, oiseaux, poussins, taupes, lapereaux, levrauts. D'avril à juillet, surtout les années pauvres en campagnols, elle peut exercer de gros dégâts sur les nids et les poussins des oiseaux nichant au sol (perdrix, faisans) et sur les tout jeunes lagomorphes.

• **Pourquoi faut-il réguler** : comme pour les trois autres mustélidés présentés ci-après (fouine, martre, putois), raids « meurtriers » dans les basses-cours et élevages. Destruction de petit gibier. Classée nuisible dans trois départements seulement. Quelques centaines de sujets régulés. À plus de 90 %, l'ensemble des mustélidés nuisibles sont détruits par le piégeage, à peine 10 % sont détruits à tir.

• **Situation et avenir** : plutôt abondante. Espèce assez souple malgré un régime alimentaire très spécifique. Le niveau de ses populations varie selon des cycles de deux à quatre ans, probablement calés sur les cycles du campagnol des champs.

La fouine

Martes foina
famille des mustélidés
(voir tableau précédent)

- **Reconnaissance** : pelage uniformément gris-brun, à l'exception d'une tache de gorge blanche se divisant en deux parties sur le haut des pattes.

- **Confusion éventuelle** : avec la martre.

- **Répartition** : partout (excepté la Corse).

- **Habitat** : zones habitées (fermes, villages et villes), carrières et endroits rocheux. Espèce thermophile, recherchant des gîtes épargnés par les grandes variations de températures.

- **Comportement** : crépusculaire et nocturne. Territoriale. Se déplace par bonds avec arrêts en position de la chandelle (*idem* lièvre). Très bonne nageuse, grimpeuse et sauteuse. Importants déplacements quotidiens (plusieurs kilomètres). Aime mieux « fouiner » à l'aventure que chasser à l'affût.

- **Reproduction** : repos embryonnaire de huit mois.

- **Alimentation** : généraliste. Petits mammifères (campagnols, musaraignes, lapins), œufs et oiseaux (fin d'hiver, printemps), fruits (été, début automne).

- **Pourquoi faut-il réguler** : *idem* belette. Dégâts aux véhicules (détériorations des câbles) et dans les épaisseurs des laines de verre. Les tueries massives enregistrées dans les poulaillers sont pratiquement toutes son œuvre. Classée nuisible dans plus de deux tiers des départements. 30 000 sujets régulés. Vivant aux côtés de l'homme, c'est le mustélidé le plus piégé.

- **Situation et avenir** : parmi les petits carnivores les plus répandus. Espèce des plus opportunistes.

Martre ou Fouine ?	
 **Martre** longue tache jaune à jaune-orangé se terminant en pointe en bas du poitrail.	 **Fouine** longue tache blanche à jaune sale se divisant en 2 parties sur le haut des pattes.

La martre

Martes martes
famille des mustélidés
(voir tableau précédent)

• **Reconnaissance** : fourrure plus brune que celle de la fouine. Contrairement à celle-ci, la tache de gorge est jaune orangé et se termine par une pointe située entre les pattes.

• **Confusion éventuelle** : avec la fouine.

• **Répartition** : majeure partie du pays, bien représentée dans les forêts de montagne (jusqu'à 2000 mètres). Sauf grande partie du Nord (dont Haute-Normandie et Bassin parisien), littoral atlantique de la Loire aux Pyrénées, grande partie du Sud-Ouest, Arc méditerranéen, Corse et localement.

• **Habitat** : on ne rencontre qu'assez rarement martre et fouine aux mêmes endroits. La martre se tient à l'écart des zones habitées, elle est inféodée à la forêt.

• **Comportement** : crépusculaire et nocturne. Se déplace par bonds. Grimpe fort bien jusqu'à la cime des arbres (griffes non rétractiles). Gîte dans des trous, vieux nids de rapaces ou d'écureuils.

• **Reproduction** : repos embryonnaire de huit mois.

• **Alimentation** : généraliste. Insectes et fruits (été, automne), rongeurs (hivers), oiseaux arboricoles et écureuils.

• **Pourquoi faut-il réguler** : *idem* belette. Sans prédateur naturel. Classée nuisible dans un quart des départements. 7000 sujets régulés.

• **Situation et avenir** : en progression dans le Sud-Ouest (Landes et Gironde) et les régions se couvrant de forêt et de friches. En battue de grand gibier ou lors des chasses silencieuses, il est parfois possible de l'observer.

Le putois

Mustela putorius
famille des mustélidés
(voir tableau précédent)

• **Reconnaissance** : pelage contrasté. Masque noir et bandes claires sur la tête très caractéristiques. Ventre, membres et queue noirs. Dos et flancs beige jaunâtre.

• **Répartition** : répartition irrégulière, plus présent dans la moitié nord. Majeure partie du pays, sauf le massif alpin jusqu'au Rhône, la Corse, importantes parties de la Somme, des Côtes-d'Armor, du Cher, de l'Yonne, secteurs des Vosges, d'Alsace et du Jura et localement.

• **Habitat** : zones humides, rivières boisées, bocages, boisements clairs, montagnes (dont Pyrénées jusqu'à 2000 mètres), se rapproche des maisons (notamment l'hiver). Des troncs d'arbres creux jusqu'aux terriers de lapins, de renards et de blaireaux, il se gîte dans les endroits les plus divers.

• **Comportement** : nocturne. Excellent nageur et plongeur. Médiocre grimpeur. Importants déplacements quotidiens (plusieurs kilomètres).

• **Reproduction** : voir tableau précédent.

• **Alimentation** : surtout lapins et surmulots, oiseaux nichant au sol, rats musqués, ragondins, lièvres, volailles.

• **Pourquoi faut-il réguler** : *idem* belette. Sans prédateur naturel. Classé nuisible dans aucun département en 2012-2013 (dernière étude nationale). Il s'en était régulé 6000 sujets la saison précédente.

• **Situation et avenir** : en nette baisse. Raréfaction du lapin, assèchement des marais, destruction des mares et des haies, campagnes de dératisation lui sont néfastes. Victime d'un parasite des fosses nasales.

Reconnaître le vison d'Europe, le vison d'Amérique et le putois		
Vison d'Europe	**Vison d'Amérique**	**Putois**
menton, bouche et museau entourés de blanc. 	tache blanche sous le seul menton. 	masque noir et bandes claires développées. 

Le vison d'Amérique

Mustela vison
famille des mustélidés
(voir tableau précédent)

- **Reconnaissance** : corps brun luisant. Tache blanche sous le menton. Pieds palmés.

- **Confusion éventuelle** : avec le vison d'Europe (protégé). Celui-ci ayant le menton, la bouche et le museau entourés de blanc.

- **Répartition** : surtout Bretagne. Et localement Pays de la Loire, Basse-Normandie, Charente, Sud-Ouest et Pyrénées occidentales.

- **Habitat** : milieux aquatiques. Petits cours d'eau forestiers de préférence. Eau douce, saumâtre et littoral.

- **Comportement** : crépusculaire et nocturne. Très bon nageur. Peu territorial. Sédentaire, résident temporaire et erratique.

- **Reproduction** : très court repos embryonnaire (30 jours).

- **Alimentation** : généraliste. Poissons, grenouilles, écrevisses, petits mammifères (musaraignes, campagnols, mulots, surmulots et rats musqués), oiseaux (poules d'eau, foulques, colverts).

- **Pourquoi faut-il réguler** : occupe la même niche écologique que le vison d'Europe. En compétition alimentaire et territoriale avec les autres petits carnivores naturels, principalement vison d'Europe (protégé). Comme le vison d'Amérique est beaucoup plus lourd (plus de 60 % plus gros) et plus puissant que celui d'Europe, il l'évince de ses territoires naturels (Bretagne, surtout Morbihan, Charente, Sud-Ouest) et contribue à accélérer sa disparition. L'espèce devrait être davantage régulée.

• **Situation et avenir** : en progression. Espèce importée invasive. Population française issue d'animaux échappés d'élevage (fourrure).

En un coup d'œil :
4 petits mammifères aquatiques et invasifs

	ragondin	rat musqué	raton laveur	chien viverrin
Poids	2,5-9 kg	0,6-1,8 kg	5-6 kg	4-10 kg
Longueur	65-105 cm (dont queue 25-45 cm)	44-63 cm (dont queue 19-28 cm)	66-100 cm (dont queue 20-30 cm)	64-93 cm (dont queue 15-23cm)
Pays d'origine	Amérique du Sud	Amérique du Nord	Amérique du Nord	Asie orientale
Tempérament	solitaire ou familial	familial	solitaire et grégaire	solitaire, en couple ou familial
Comportement sexuel	monogame	monogame	monogame	monogame
Époque de reproduction	milieu automne et milieu été	février à fin septembre	janvier-février	fin hiver
Nombre de portées/an	1-2	2-3	1	1
Durée de gestation	130 jours	29-30 jours	63 jours	61 jours
Époque des naissances	fin hiver à fin automne	mars à septembre	mai à août	printemps
Nombre de petits/portée	2-9	3-8	3-8	3-7

Le ragondin

Myocastor coypus
famille des myocastoridés
(voir tableau ci-contre)

- **Autres appellations** : myocastor, lièvre des marais.

- **Reconnaissance** : nettement plus gros que le rat musqué. Queue cylindrique.

- **Confusion éventuelle** : avec le rat musqué, voire le jeune castor (protégé).

- **Répartition** : partout sauf grandes plaines du Nord-Est, Vosges, Jura, Alpes, Massif central et pointe orientale des Pyrénées et Corse.

- **Habitat** : milieux aquatiques. Eau saumâtre et salée.

- **Comportement** : crépusculaire et nocturne. Construit des terriers à l'entrée généralement subaquatique.

- **Reproduction** : voir tableau ci-contre.

- **Alimentation** : herbivore (végétation aquatique, coupée au niveau de l'eau, et terrestre telles les céréales), voire petits mollusques.

- **Pourquoi faut-il réguler** : particulièrement nocif. En creusant ses galeries, il inflige aux rives et aux digues des cours d'eau, des étangs et des mares des dégâts qui peuvent atteindre des proportions catastrophiques (inondations). Il écorce les jeunes arbres. Il est un réservoir d'organismes pathogènes (douve, ténia, leptospire).

- **Situation et avenir** : en expansion. A littéralement envahi la France depuis les années 1960. Espèce importée invasive. Population française issue d'animaux échappés d'élevages (fourrure). L'espèce devrait être davantage régulée. Le ragondin offre une chasse passionnante pour les archers et initiatrice pour les nouveaux chasseurs à tir.

Le rat musqué

Ondatra zibethicus
famille des muridés
(voir tableau précédent)

- **Autre appellation** : ondatra.

- **Reconnaissance** : mini-ragondin. Queue aplatie verticalement. Seul le mâle dégage une odeur forte, musquée. Peut demeurer en apnée 20 minutes.

- **Confusion éventuelle** : avec le ragondin, voire le jeune castor (protégé).

- **Répartition** : partout sauf majeure partie du Sud-Ouest, des Pyrénées, de la vallée du Rhône aux Alpes, de la Corse.

- **Habitat** : milieux aquatiques.

- **Comportement** : crépusculaire et nocturne. Construit des terriers ou huttes dont l'entrée se situe sous l'eau.

- **Reproduction** : voir tableau précédent.

- **Alimentation** : herbivore. Consomme surtout de la végétation aquatique, coupée au fond de l'eau. Ses lèvres peuvent obturer la bouche à l'arrière des incisives. Et moules aquatiques et écrevisses.

- **Pourquoi faut-il réguler** : *idem* ragondin. Dégâts aux cultures (céréales, betteraves, plantes maraîchères).

- **Situation et avenir** : *idem* ragondin. Son élevage a débuté en France à la fin des années 1920. Dès 1965, une bonne moitié nord du pays était colonisée.

Le raton laveur

Procyon lotor
famille des procyonidés
(voir tableau précédent)

• **Reconnaissance** : pourrait évoquer vaguement, par sa fourrure, le blaireau. Mais le raton laveur a une queue annelée de blanc et de noir et porte un masque noir et blanc caractéristique du « bandit ».

• **Confusion éventuelle** : aucune

• **Répartition** : trois foyers en développement soutenu. Principalement Oise, Somme, Nord, Aisne, Seine-et-Marne, Marne, Ardennes, Meuse, Moselle, Bas-Rhin. Mais aussi Allier, Puy-de-Dôme, Haute-Loire, Cantal. Ainsi que Gironde. Absent de Corse.

• **Habitat** : varié. Marécages avec feuillus, forêts de plaines alluviales, marais d'eau douce ou saumâtre, cultures, friches.

• **Comportement** : crépusculaire et nocturne. L'hiver, dans les régions les plus froides, peut entrer dans une phase de léthargie. Loge dans des arbres creux et les terriers de renards, blaireaux et marmottes.

• **Reproduction** : mâle territorial. Parcourt de longues distances durant le rut.

• **Alimentation** : omnivore. Fruits, baies, graminées (maïs), invertébrés (vers de terre), insectes, crustacés (écrevisses), amphibiens, rats, musaraignes, écureuils, œufs et oisillons, volaille, jeunes rats musqués.

• **Pourquoi faut-il réguler** : espèce importée invasive. Compétition alimentaire et territoriale avec les autres petits carnivores naturels. Dégâts dans les cultures (maïs), les vergers, les poulaillers, les nids d'oiseaux d'eau sauvages.

• **Situation et avenir** : effectifs faibles mais en nette progression. Population alsacienne issue de la population allemande (lâchers et évasions d'élevages pour la fourrure entre 1934 et 1945). Population de l'Aisne – la plus importante et la plus dynamique – issue des mascottes des militaires des bases américaines implantées en France jusqu'à la sortie du pays de l'OTAN en 1966. L'espèce devrait être davantage régulée.

Le chien viverrin

Nyctereutes procyonoïdes
famille des canidés
(voir tableau précédent)

• **Reconnaissance** : silhouette singulière évoquant vaguement un mélange de chien et de renard. Bas sur pattes, toison assez épaisse, queue sobre, oreilles courtes, masque discret.

• **Confusion éventuelle** : aucune.

• **Répartition** : très localisée. Essentiellement pointe nord-est (Alsace -Lorraine). Absent de Corse.

• **Habitat** : forêts accueillant des plans d'eau et des espaces ouverts.

• **Comportement** : diurne et nocturne. Quand la température chute à -10 °C, il est le seul canidé à entrer en léthargie. Abri sous des meules de foin, des tas de bois, dans des trous d'arbres, d'anciens terriers de renard et de blaireaux.

• **Reproduction** : voir tableau précédent.

• **Alimentation** : omnivore. Surtout rongeurs (campagnols). Et mollusques, poissons, amphibiens, reptiles, œufs et oiseaux, charognes.

• **Pourquoi faut-il réguler** : espèce importée invasive. Compétition alimentaire et territoriale avec les autres petits carnivores naturels.

• **Situation et avenir** : effectifs faibles mais en progression. Population alsacienne issue des lâchers volontaires dans la partie occidentale de l'ex-URSS (fin des années 1930) qui s'est développée au fil de l'Europe de l'Est. En France, la première capture date de 1975. L'espèce devrait être davantage régulée.

Huit petits mammifères protégés

La loutre

Elle fut si commune, de la mer aux torrents de montagne, qu'au Moyen Âge il existait un corps de « loutriers » analogue à celui des louvetiers. Les populations ont chuté au lendemain de la Seconde Guerre mondiale à cause d'une pression de chasse excessive (pour sa fourrure) et plus encore sous les coups de plusieurs ennemis : pollution des eaux (dont les détergents qui détruisent l'imperméabilité de sa fourrure), assèchement des marais, multiplication des barrages, disparition du poisson. Aujourd'hui, quelques centaines de sujets survivent dans les grands marais de l'Ouest, aux têtes des bassins versants en Bretagne, Charente, Limousin et dans les Pyrénées. Attention au risque de confusion éventuelle entre de jeunes loutres et de gros ragondins ou rats musqués.

Le castor

Autre « survivant » qui subit les mêmes maux que la loutre. On trouve le castor essentiellement dans le Rhône et ses affluents d'où il n'a jamais disparu, et désormais dans nombre de cours d'eau où l'animal a été réintroduit (Loire et affluents). Ses dégâts aux arbres n'en font pas l'ami du sylviculteur.

Le chat sauvage

Il ressemble tellement au chat domestique tigré qu'il est très délicat de les distinguer. Surprenant : l'hiver, il peut cohabiter avec le renard dans les mêmes terriers. On l'observe surtout dans le Nord-Est et dans les Pyrénées et l'Auvergne. Jadis piégé pour sa fourrure, le chat sauvage se développe aujourd'hui discrètement.

La genette

Sa robe tachetée et annelée empêche de confondre ce viverridé avec les mustélidés. Sa silhouette le distingue du chat domestique errant et du chat forestier. La genette se rencontre un peu partout de manière exceptionnelle, plus souvent dans la région comprise entre le sud de la Loire et l'ouest du Rhône, particulièrement dans le Sud-Ouest. Originaire d'Afrique, où elle était couramment domestiquée et d'où elle aurait été importée en Europe par les Sarrasins, la genette est en voie d'expansion numérique et géographique en France.

L'écureuil

Autrefois localement chassé et consommé, voire détruit par les forestiers, il se lance parfois dans de grandes transhumances collectives. De plus, ses effectifs subissent de fortes fluctuations à peu près tous les quatre ans. Ces deux phénomènes font croire à sa disparition, alors qu'il reparaît en force quelques années plus tard.

Le hérisson

Autrefois consommé localement, détruit par les gardes-chasse et les chasseurs, il fut accusé de piller les nids de perdrix et de faisans pour manger les œufs. En réalité, il s'y intéresse très peu mais consomme insectes, larves, chenilles, vers de terre, escargots, limaces, serpents et petits rongeurs. À ce titre, il est particulièrement utile à l'agriculteur. Il est la victime toute désignée des routes et des pollutions (insecticides, pesticides, herbicides, engrais...).

Le vison d'Europe

Il est évoqué avec le vison d'Amérique.

Les rats

Bien qu'ils ne soient classés nuisibles nulle part (étant donné que la loi les ignore purement et simplement), on ne saurait passer sous silence le surmulot (ou rat d'égout) et le rat noir (ou rat de grenier). Le premier est un spécialiste de l'eau et creuse des terriers. Le second préfère les terrains secs et confectionne des nids. Aussi résistants que prolifiques, l'un et l'autre sont de redoutables prédateurs d'œufs et d'oisillons, voire de lapereaux et même de levrauts. Beaucoup de leurs ravages sont attribués à tort aux mustélidés... dont certains sont justement leurs pires ennemis.

4 LES OISEAUX DE PASSAGE

▸ En un coup d'œil :
3 oiseaux migrateurs terrestres

	Alouette des champs	Caille des blés	Bécasse des bois
Appellation jeune	oisillon	cailleteau	bécasseau
Poids	26-50 g	60-155 g	320 g
Longueur	18-19 cm	16-19 cm	33-35 cm (dont bec 6,5-8 cm)
Envergure	30-36 cm	33-36 cm	56-60 cm
Habitat	plaine	plaine	boqueteau, forêt
Lieu de repos	au sol	au sol	au sol
Nid	au sol	au sol	au sol
Époque de ponte	début avril à fin juillet	mi-mai à fin août	mi-février à août
Nombre de couvées/an	1-3	1-3	1
Durée de couvaison	11 jours	17 jours	22 jours
Époque d'éclosion	mi-avril à début août	fin mai à mi-septembre	début mars à août
Nombre d'œufs/couvée	3-5	6-18	3-5

L'alouette des champs

Alauda arvensis
famille des alaudidés
(voir tableau ci-dessus)

• **Reconnaissance** : seul oiseau chassable d'une taille inférieure aux grives et au merle. À peine plus grande qu'un moineau. Pas de différence entre les sexes.

• **Confusion éventuelle** : avec les autres alouettes, toutes protégées. Cochevis huppé : huppe beaucoup plus apparente. Alouette lulu : plutôt forestière, la seule à se percher sur les arbres, queue moins longue et non bordée de blanc.

Alouette calandre : purement méridionale, nettement plus grosse, queue plus courte et bec plus épais. Calendrelle : méridionale et occidentale, nettement plus petite, calotte roussâtre hérissée sur la tête.
Sur le terrain, le meilleur mode d'identification est le chant... encore faut-il l'entendre ! Le mâle de l'alouette des champs est le seul qui vole au point fixe, parfois si haut qu'on l'entend chanter sans le voir. Il « fait le saint Esprit ».

• **Répartition** : partout, en nidification comme en hiver. Points forts : Sud-Ouest, grandes plaines de la moitié nord. Points faibles : partie du Nord-Est, régions de forêts et de montagnes (au-dessus de 1 000 mètres).

• **Habitat** : plaines cultivées. Et friches, landes, tourbières, marais. Se fait rare dans une végétation de plus de 50 cm de haut.

• **Comportement** : difficulté de faire la part entre les oiseaux migrateurs, simplement erratiques et sédentaires. Dans le Sud-Ouest, en octobre, leur descente précède et annonce celle des palombes (pigeons ramiers). Remontée de février à mi-avril, descente de mi-septembre à mi-novembre. Vols très rares, sauf hautes ascensions verticales et sonores des mâles. Oiseau particulièrement adapté à la marche et à la course. En dehors de la saison de reproduction, vit en petites bandes éparpillées que rejoignent parfois des alouettes lulus.

• **Reproduction** : première couvaison en avril-mai, au sol, dans une zone couverte d'herbes, pendant moins de deux semaines. Bientôt suivie d'une deuxième et parfois d'une troisième couvaison en juillet. Le mâle relaie la femelle dans le nourrissage de la nichée. Comme leurs parents, les poussins courent le plus souvent à ras du sol et se tapissent en cas d'alerte.

• **Mortalité** : les produits chimiques agricoles menacent grandement l'espèce.

• **Alimentation** : petites graines et pousses végétales toute l'année, invertébrés au printemps et en été (jeunes et adultes).

• **Prélèvement** : il se chasse un peu plus d'alouettes à tir qu'aux « pantes » (filets) et à la « matole » (piège tombant), deux modes de chasse traditionnels, soit 2 x 600 000 sujets. Sachant que l'espèce est chassée au sein de deux autres nations européennes (Italie et Grèce), et que la population européenne est estimée à 40 à 80 millions de couples. Le fameux miroir aux alouettes est désormais obligatoirement dépourvu de morceaux de glace, mais ce miroir d'un genre nouveau fonctionne également très bien.

• **Situation et avenir** : en baisse. Cet oiseau de steppe voit ses populations décliner très sérieusement depuis les années 1970, la chasse n'y étant pour rien. Après une période de hausse inexpliquée (canicule ?) au début des années 2000, les populations nicheuses et hivernantes repartent à la baisse.

La caille des blés

Coturnix coturnix
famille des phasianidés
(voir tableau précédent)

• **Reconnaissance** : ressemble à un perdreau miniature. Se distingue de la caille japonaise (interdite de lâcher) par l'absence du dessin en forme d'ancre (la « bavette ») à la gorge du mâle chez cette dernière ; en outre, les plumes de la gorge et du menton sont effilées et non arrondies chez le sujet asiatique.

Distinguer en main une femelle d'un mâle de caille			
femelle 	gorge à dominante blanche, mouchetée de brun foncé	mâle 	gorge roux orangé, avec deux bandes noirâtres

• **Confusion éventuelle** : avec le râle des genêts (protégé), dit « roi des cailles ».

• **Répartition** : au printemps, partout en plaine comme en montagne. En été jusqu'à 2300 mètres (Alpes). En hiver, un peu dans le Midi.

• **Habitat** : ouvert et enherbé. De préférence les cultures, notamment les céréales (blé, orge, avoine, seigle) qui assurent couvert et nourriture, mais aussi les champs de trèfle et de luzerne, les prairies de fauche, les prés salés et les jachères. Le nom de l'oiseau vient d'un penchant prononcé pour les parcelles de blé en herbe à son arrivée.

• **Comportement** : seul phasianidé européen migrateur. Arrivées entre début mai (Sud-Ouest) et début juin (Nord-Ouest), de nuit, à faible altitude et à une vitesse de 70 km/h, les bandes migratoires de 40 sujets maximum se dispersent sur les lieux de nidification. L'oiseau devient solitaire et farouche. Surtout le mâle qui chante jour et nuit au printemps, probablement pour attirer les femelles sur son territoire. Regroupement et départs de la mi-août à la mi-novembre avec un maximum en septembre. Activité crépusculaire, prise de nourriture surtout en soirée.

• **Reproduction** : nid dans une petite dépression tapissée de quelques débris végétaux. Les petits, couvés puis conduits par la femelle, grandissent très vite.

- **Mortalité** : sur les lieux de nidification, comme la perdrix grise. Sur les voies migratoires, destructions massives dans les îles d'escale. Sur les lieux d'hivernage, une agriculture de plus en plus extensive, et la chasse commerciale en période de reproduction en Afrique du Nord à laquelle le chasseur responsable ne participera pas.

- **Alimentation** : régime végétal et animal. Prépondérance des graines de céréales et plantes adventices sauvages (chanvre, millet, blé, avoine, orge, tournesol, renouée, chénopode, mourron, euphraise, stellaire, coquelicot, mélampyre, sarrasin, oseille, vesce, plantain). Gros besoins en protéines animales (insectes, larves, araignées, escargots et lombrics) en période de reproduction. Faibles besoins en eau.

- **Prélèvement** : on a longtemps chassé la caille à deux époques, juste après son retour (les « cailles vertes ») et juste avant son départ. Aujourd'hui, la chasse de printemps est interdite. L'ouverture raisonnablement tardive aboutit à une protection de fait. Quelques oiseaux sont chassables essentiellement dans le Sud-Ouest.

- **Situation et avenir** : a beaucoup baissé, peut-être en légère progression. Malgré les mesures de conservation prises par les chasseurs, la caille voit ses effectifs s'effondrer depuis 1960. Toutefois, depuis quelques années, on observerait un très léger renouveau de l'espèce. L'une des raisons est-elle une moindre pression de chasse en Afrique du Nord ? Par ailleurs, désormais, le lâcher de cailles japonaises pour l'entretien des chiens d'arrêt ou comme oiseaux de tir est rigoureusement interdit, au motif que les deux espèces se croisent et les hybrides sont fertiles. Aussi la pollution génétique a-t-elle menacé grandement la caille des blés, outre la transmission de maladies de l'oiseau d'élevage vers l'oiseau sauvage.

La bécasse des bois

Scolopax rusticola
famille des scolopacidés
(voir tableau précédent)

• **Autre appellation** : mordorée.

• **Reconnaissance** : doit son nom à son long bec droit caractéristique. Femelle un peu plus grosse que le mâle et bec un peu plus long. Distinction entre les sexes impossible à l'œil. Plumage des plus mimétiques.

• **Confusion éventuelle** : aucune.

• **Répartition** : partout en hiver. Les meilleures régions sont réparties le long de quatre axes : littoral de la Manche et de l'Atlantique jusqu'aux Pyrénées ; ligne de partage des eaux entre l'Atlantique et la Méditerranée, du Morvan aux Pyrénées ; vallée du Rhône ; verticale Jura-Alpes-Provence-Corse. En nombre restreint, la bécasse niche partout jusqu'à 2000 mètres, avec prédominance à l'Est, au Centre et dans les Pyrénées. Points forts en saison de chasse : Bretagne, Cotentin, Sud-Ouest, Nord. Points faibles : les zones entre les quatre axes cités.

• **Habitat** : forestier. Précisément, l'oiseau préfère les boqueteaux aux trop grands massifs. Territoire de prédilection : sol meuble riche en terreau, tapissé de feuilles mortes ou de mousse ; sous-bois dense et diversifié, alternant les places de gagnage (humides et ouvertes) et les zones refuges (plus sèches et fermées) ; bas-fonds gorgés d'eau, petits ruisseaux, queues d'étangs ou proximité de marécages, de prairies mouillées ou de champs.
Les meilleurs endroits, les « places à bécasses », sont fréquentés chaque année aussi longtemps qu'y subsistent des fourrés assez épais. La durée de vie de ces « tènements » atteint 20 ans dans un bois de chênes, mais ne dépasse pas cinq à six ans dans un bois de résineux ou de châtaigniers. Ces places se repèrent à la présence de « miroirs », taches excrémentielles blanches et rondes que l'on ne confondra pas avec les fientes des faisans ou des pigeons.

• **Comportement** : une même place accueille rarement deux bécasses à la fois, presque jamais davantage. Plutôt que des migrations véritables – avec des phases d'arrivée, de stationnement et de départ bien marquées –, les bécasses effectuent une sorte de mouvement tournant, constant et régulier, dans le sens inverse des aiguilles d'une montre.
On dira en simplifiant que la descente s'échelonne pour l'essentiel d'octobre à début décembre. À partir de cette date, les oiseaux peuvent être considérés comme hivernants et ne se déplacent plus guère qu'au gré des vagues de froid. Lorsque celles-ci sont intenses, des boutées venues de l'est et du nord viennent

renforcer les effectifs. La remontée commence fin janvier. À partir de mars, les oiseaux qui restent sont considérés comme nicheurs.
Les bécasses voyagent de nuit, le plus souvent par petits groupes d'une demi-douzaine de sujets. Jeunes, femelles et mâles migrent séparément. Outre les oiseaux indigènes, la France est concernée par quatre populations originaires d'Europe du Nord et d'Europe centrale qui ne se mélangent pratiquement jamais.
Au printemps et en été, la bécasse ne quitte pas le milieu forestier, où elle doit trouver sa nourriture. En automne et en hiver, son rythme d'activité voit se succéder deux phases principales : pendant le jour, l'oiseau se tient au bois en milieu fermé, où il se repose. Pendant la nuit, c'est l'inverse, préférence pour les milieux ouverts (champs, prairies, marais) et prééminence des repas sur les repos. De nuit comme de jour, la bécasse ne se déplace qu'à pattes pour « vermiller », fouiller la terre à l'aide de son bec afin de consommer des vers. À l'aube et au crépuscule, suivant des horaires et des itinéraires très réguliers, déplacements au vol entre ces deux zones d'habitat : la « passée ». La bécasse ne se perche pratiquement jamais.

• **Reproduction** : polygame. En France, la saison de reproduction dure sept mois. Elle commence en février dans le Midi, s'achève en août dans le Nord et en montagne. Le rut donne lieu à un cérémonial complexe, caractérisé par des appels sonores : la « croule ».

• **Mortalité** : prédation des nids, abandon par dérangements répétés de la couveuse, mortalité juvénile, accidents migratoires (phares, noyades, « tueries » dues à l'épuisement des oiseaux notamment en période de disette hivernale). L'oiseau est capable de soigner ses fractures, au moyen de « plâtres » formés de boue et de menus débris végétaux : la « bécasse chirurgienne ».

• **Alimentation** : matières animales majoritaires, au sein desquelles la première place est détenue de très loin par les vers de terre, et matières végétales minoritaires mais toujours présentes, composées surtout de petites graines. La recherche des animalcules est tellement vitale qu'elle explique à la fois migrations et décantonnements de l'oiseau. Temps de neige : départ immédiat vers le sud. Temps sec : déplacement vers les bas-fonds restés humides. Les exigences alimentaires de la femelle sont supérieures, notamment en larves, à celles du mâle, reproduction oblige.

• **Prélèvement** : le 31 mars 2011, un Prélèvement maximal autorisé (PMA) de 30 bécasses/chasseur/an a été créé, complété par des restrictions diverses prises par les FDC. Il est évident que l'immense majorité des chasseurs n'atteignent pas ce quota, se bornant à chasser quelques oiseaux, un seul ou aucun. Sur chaque bécasse tuée, le chasseur doit poser une languette autocollante et mentionner sa prise dans un « Carnet de prélèvement bécasse national », qu'il présente en cas de contrôle et renvoie à sa FDC en fin de chaque saison. Ce principe ne constitue pas un outil de gestion du gibier, mais un outil de gestion du chasseur, le quota faisant réaliser à l'homme la valeur – et la fragilité – de l'oiseau.

• **Situation et avenir** : stable. Hier chassée par quelques spécialistes – et des braconniers –, la bécasse est devenue l'un des derniers gibiers sauvages des boqueteaux et des bois, faute de lapin, de lièvre, de perdrix rouge et de faisan sauvage. Aussi de nombreux chasseurs se sont-ils reportés sur celle-ci, lui imposant une pression de chasse très forte. D'où l'interdiction de sa commercialisation (ce qui limite un marché parallèle de la bécasse), de la chasse à la croule et à la passée (pratiques meurtrières).
Depuis 2004, les bécassiers d'Europe se sont réunis au sein de la FANBPO (l'un des fondateurs est l'ancien président du CNB, le docteur Jean-Paul Boidot) afin d'organiser la gestion de l'oiseau au fil de son aire de répartition (le Paléarctique occidental). Logique : la gestion des migrateurs doit être pour partie internationale.

En un coup d'œil :

Les 5 turdidés

	Grive draine	Grive litorne	Grive mauvis	Grive musicienne	Merle noir
Poids	100-150 g	90-110 g	60 g	65-75 g	75-120 g
Longueur	26 cm	26 cm	21 cm	20 cm	24 cm
Envergure	45-46 cm	42 cm	34 cm	35 cm	38 cm
Nid	en hauteur (5-9 m)	en hauteur (5-9 m)	souvent au sol	en hauteur (2,5 m)	en hauteur (1-3 m)
Époque de ponte	début avril à mi-juillet	mai à début août	mai à mi-juillet	mars à fin août	mars à fin juillet
Nombre de couvées/an	2-3	2	2	2-3	2-3
Durée de couvaison	12-15 jours	11-14 jours	12-13 jours	12-14 jours	13-14 jours
Époque d'éclosion	mi-avril à fin juillet	mi-mai à mi-août	mi-mai à fin juillet	mi-mars à début septembre	mi-mars à début septembre
Nombre d'œufs/couvée	3-5	4-6	4-6	4-6	3-5

Les grives draine, litorne, mauvis et musicienne

Turdus viscivorus, Turdus pilaris, Turdus iliacus et Turdus philomelos
famille des turdidés
(voir tableau précédent)

Grive draine

Grive litorne

• **Reconnaissance** : quatre espèces de grives fréquentent la France, toutes sont chassables. Pas de différence visible entre les sexes.

• **Confusion éventuelle** : entre elles. À l'exception de l'alouette des champs, de la bécassine des marais et de la bécassine sourde, tous les oiseaux d'une taille inférieure aux grives et au merle noir sont protégés.

• **Répartition** : partout. Prédominance de la moitié nord en été. Prédominance de la moitié sud en hiver. Points forts en saison de chasse : Sud-Ouest, couloir rhodanien, littoral méditerranéen, Corse. Points faibles : Alsace-Moselle, Bretagne, Île-de-France, Centre.

• **Habitat** : haies, bois, grands massifs, parcs, jardins des villes. La draine est la plus forestière.

• **Comportement** : deux populations (comme celles de la bécasse et du pigeon ramier) : celle qui niche en France, très peu migratrice ou même sédentaire ; celle qui niche dans le Nord de l'Europe, très migratrice puisqu'elle hiverne jusqu'en Afrique du Nord. La plus grande migratrice est la plus petite, la mauvis.
Vit en couple à la saison des nids, en petite bande ensuite, en vols parfois immenses et mixtes (plusieurs espèces mêlées, notamment litorne et mauvis) pendant les migrations.

• **Reproduction** : monogames. Seule la mauvis ne niche pas en France, la litorne le faisant de plus en plus, les trois autres partout. Les jeunes conquièrent leur indépendance à l'âge de 1 mois, tandis que leurs parents entreprennent une deuxième ponte, voire une troisième selon les espèces. Grives et merles sont les plus prolifiques des gibiers migrateurs.

• **Mortalité** : prédation des nids, accidents migratoires.

• **Alimentation** : végétale et animale. Prédominance du végétal (fruits, peti-

Grive mauvis

Grive musicienne

baies). Goûts particuliers : gui pour la draine, graines pour la litorne, raisin pour la musicienne.

• **Dégâts** : vignes et vergers. Pouvant être importants localement.

• **Prélèvement** : les grives sont largement chassées au fil de leurs axes de migration (Europe du Sud et Afrique du Nord). À tel point que les passages ont évolué, en France notamment (dont la Corse).

• **Situation et avenir** : difficulté à évaluer les populations hivernantes par ailleurs très fluctuantes. Ceci dit, il ressort que : draine en baisse, litorne en progression, mauvis probablement stable, musicienne en nette progression. Un système de gestion idéalement international, français dans un premier temps, serait le bienvenu. Il pourrait intégrer la mise en place de quotas, lesquels limiteraient les tableaux exagérés. Des départements ont déjà mis en place des PMA de l'ordre d'une quinzaine d'oiseaux/chasseur/jour.

Le merle noir

Turdus merula
famille des turdidés
(voir tableau précédent)

• **Reconnaissance** : la « merlette » est aussi brune que le mâle est noir.

• **Confusion éventuelle** : on compte trois autres espèces de merles qui sont protégées. Merles de roche, bleu et à plastron sont localisés dans le Sud-Est. Ils sont reconnaissables à leurs couleurs caractéristiques.

• **Répartition** : *idem* grives.

• **Habitat** : *idem* grives.

- **Comportement** : *idem* grives. À l'exception des oiseaux stationnés dans nos jardins, le merle migre davantage qu'on ne le croit.

- **Reproduction** : *idem* grives.

- **Mortalité** : *idem* grives.

- **Alimentation** : *idem* grives. Apprécie particulièrement vers et chenilles.

- **Dégâts** : *idem* grives.

- **Prélèvement** : localement, le merle peut être très chassé (Sud-Ouest et Sud-Est).

- **Situation et avenir** : jadis peu chassé à tir, piégé au lacet traditionnel en Corse notamment, le merle est aujourd'hui chassé à tir surtout dans la moitié sud du pays. Et ignoré dans une bonne partie de la moitié nord. Le merle offre un joli tir, d'autant plus que la chasse se déroule au bois et qu'un chien aide à la recherche de l'oiseau tombé.

En un coup d'œil :
Les 5 columbidés

	Pigeon biset	Pigeon colombin	Pigeon ramier	Tourterelle des bois	Tourterelle turque
Appellation mâle, femelle, jeune	pigeon, pigeonne, pigeonneau				
Poids	240-350 g	300 g	500 g	150 g	125-195 g
Longueur	31-34 cm	32-34 cm	40-45 cm	28 cm	30-32 cm
Envergure	63-70 cm	65 cm	73-78 cm	50-52 cm	47-55 cm
Tempérament	sédentaire	sédentaire et migrateur	sédentaire, erratique et migrateur	migratrice	sédentaire
Époque de ponte	avril à octobre	février-mars	mi-février à octobre	mai à août	mars à octobre
Nombre de couvées/an	3-4	2-4	2-8	2-3	3-6
Durée de couvaison	16-19 jours	16-18 jours	17 jours	13-16 jours	14-16 jours
Époque d'éclosion	mi-avril à début novembre	mi-février à mi-avril	fin février à mi-octobre	mi-mai à mi-septembre	mi-mars à fin octobre
Nombre d'œufs/couvée	2 (parfois 1)	2	2	2	2

Pigeon biset

Pigeon colombin

Pigeon ramier

Les pigeons biset, colombin et ramier

Columba livia, Columbaœnas et Columba palumbus
famille des columbidés
(voir tableau précédent)

- **Autre appellation** : pigeon ramier ou palombe.

- **Reconnaissance** : il existe trois espèces de pigeons sauvages en France, toutes chassables. Pas de différence entre les sexes.

- **Confusion éventuelle** : entre le biset et le pigeon domestique. Entre le colombin et le pigeon voyageur. Les seconds descendant des premiers, ils leur ressemblent parfois fortement. Entre le pigeon ramier et le coucou, mais celui-ci quitte la France courant septembre.

- **Répartition** : le biset se cantonne sur quelques falaises de Corse, de Bretagne, de Picardie et du Pas-de-Calais. Ceux qu'on observe à la campagne autour des châteaux ou des clochers en ruines sont sans doute des oiseaux de souche domestique retournés à l'état sauvage. Migrateurs partiels comme bécasse, colombin et ramier voyagent souvent en vols mixtes.

Aires de répartition identiques. Surtout moitié nord en été. Surtout Sud-Ouest en hiver. Surtout le long de deux grandes voies migratoires dans les intervalles : voie dite atlantique, qui joint les Flandres à l'Aquitaine ; voie dite continentale, qui unit les Ardennes et les Vosges aux Pyrénées en contournant le Massif central par le nord et par le sud. Baisse et modification des axes de migration dans le Sud-Ouest.

Points forts en saison de chasse : Aquitaine, Pyrénées occidentales et centrales, Corse. Points faibles : est de la verticale Longwy-Marseille et région Dordogne-Limousin, coincée entre les couloirs de migration.

Colombin et biset se sont tant raréfiés qu'on ne les tire presque plus. Par conséquent, ce qui va suivre ne concerne que le ramier.

Pigeon ramier

• **Habitat**: longtemps inféodé aux seules grandes futaies de chênes et de hêtres, le pigeon ramier s'est fort bien adapté aux plaines céréalières et à l'urbanisation. L'espèce doit être dorénavant considérée comme aussi agricole que forestière, avec préférence marquée pour les bocages.

• **Comportement**: deux grandes catégories. Les ramiers nés en France, pour la plupart sédentaires, mais dont certains deviennent erratiques et dont quelques autres migrent dans la péninsule Ibérique. Les ramiers nés en Europe du Nord et en Europe de l'Est sont pour la plupart des migrateurs et ne font que traverser notre pays.
Cycle annuel pour ces deux catégories: mars: les bandes hivernales se désagrègent peu à peu. Les mâles se mettent en quête d'un territoire qu'ils marquent en roucoulant. Attitudes agressives et combats permettent de repousser les rivaux, parades et vols accompagnés de claquements d'ailes attirent les femelles. Celles-ci cherchent à se faire accepter en adoptant des postures de soumission. Fin avril: couples formés. Ils consolident un vieux nid ou en construisent un nouveau. Sommaire, souvent placé dans un arbre à lierre. Septembre: les oiseaux se regroupent en bandes hiérarchisées de quelques dizaines d'individus qui cherchent leur nourriture en commun et dorment en dortoirs. Octobre-novembre: la proximité du départ incite les migrateurs à se rassembler en troupes plus importantes. Les gros des vols se font de mi-octobre à mi-novembre, de jour, par étapes de 75-100 km parcourues en deux à trois heures. En hiver, erratiques et sédentaires (de plus en plus nombreux grâce au maïs) peuvent se réunir à leur tour en grosses bandes, au gré de leurs besoins en nourriture et en sécurité. Du 20 février au 20 mars, la migration de remontée bat son plein.
Diurne, le ramier se lève et se couche avec le soleil. Ayant passé la nuit dans un arbre, il partage le plus souvent sa journée entre deux repas (après lesquels il boit pour ramollir les graines dans son jabot) séparés par une période de repos branché. À l'époque de la reproduction, il roucoule sur son arbre favori juste avant ses départs et juste après ses retours.

• **Reproduction**: les parents se relaient pour couver. Loin d'être nidifuges comme les poussins nés à terre, les petits vont passer 22 jours au nid. Pendant les trois premiers jours, leurs parents les nourrissent uniquement du « lait de pigeon » que secrètent leurs jabots à cette époque. Possibilité de recoquetages.

• **Mortalité**: les prédateurs d'œufs et d'oisillons (loirs, écureuils et corvidés) sont dangereux en grand nombre. Ceux des adultes (autour des palombes et faucons pèlerins) demeurent rares. Si beaucoup de maladies peuvent attaquer le ramier, aucune ne paraît le détruire dans des proportions graves. Par contre, l'empoisonnement par les produits chimiques agricoles est en hausse constante. Les accidents migratoires et les chasses d'hiver au Portugal et en Espagne font que moins de 60 % des oiseaux ayant franchi les Pyrénées en automne les repassent au printemps.

• **Alimentation** : graines et grains de toutes sortes (glands, faines, semences de conifères, blé, maïs, colza), légumineuses, plantes adventices (« mauvaises » herbes). Importance des graines de lierre de novembre à mai. En quantités variables suivant la saison et le lieu, l'appoint est fourni par de la verdure (herbes, fourrages, feuilles tendres, jeunes pousses, bourgeons). Part des matières animales insignifiante même au jeune âge. Besoins en eau importants : le ramier doit boire au moins deux fois par jour.

• **Prélèvement** : le pigeon ramier fait partie de ces espèces de plus en plus chassées du fait du déclin des petits gibiers traditionnels de plaine. Du coup, il se chasse dorénavant davantage de ramiers que de lapin (x 1,6). Les chasses à tir avec formes et appelants devraient faire l'objet de quotas afin d'éviter des tableaux faramineux. D'ailleurs, des PMA journaliers sont mis en place dans quatre départements du Sud-Ouest et de Picardie.

• **Pourquoi faut-il réguler** : éventuels dégâts pouvant devenir importants dans les cultures (maïs, colza, pois), au printemps et en automne. Surtout les années sans glandées ni fainées.

• **Situation et avenir** : population nicheuse en nette progression, poursuite de la colonisation du Sud-Ouest et du pourtour méditerranéen. Population hivernante en progression. Toutefois, il serait logique de retarder l'ouverture de sa chasse car la reproduction du pigeon ramier se poursuit en septembre. Outre les chasses traditionnelles du Sud-Ouest, certains les chassent à la rencontre, d'autres au pied des dortoirs, d'autres aménagent des caches aux abords des cultures où les oiseaux viennent rechercher des grains, l'hiver venu.

Les tourterelles des bois et turque

Streptopelia turtur* et *Columba decaocto
famille des columbidés
(voir tableau précédent)

• **Reconnaissance** : seules deux espèces de tourterelles vivent en France, les deux sont chassables. La tourterelle des bois est plus fine que la tourterelle turque. Elles arborent des plumages assez différents, lesquels permettent de les identifier. Pas de différence entre les sexes.

• **Confusion éventuelle** : aucune.

• **Répartition** : la tourterelle des bois se rencontre à peu près partout (y compris en Corse). Points forts pour la tourterelle des bois en saison de chasse : le long du littoral atlantique et de la chaîne des Pyrénées. Points faibles : Nord et moitié est, à l'exception du couloir Saône-Rhône. La tourterelle turque est sédentaire bien qu'elle soit classée « gibier de passage » pour des raisons juridiques. Elle a colonisé le pays – y compris la Corse – dans les années 1950 (première observation dans le Nord-Est).

Tourterelle des bois

• **Habitat** : malgré son nom, la tourterelle des bois préfère les bocages, les boqueteaux, les landes, les grands jardins et les parcs. En forêt, ne se rencontre que sur les bordures. Très familière, la tourterelle turque s'installe dans les villages et les villes.

Tourterelle turque

• **Comportement** : *idem* ramier. Migration de descente plus précoce (maximum en août) et migration de remontée plus tardive (surtout en mai). Stationne en France moins de quatre mois.

• **Reproduction** : voir tableau précédent.

• **Mortalité** : par rapport au ramier, la part des empoisonnements serait moindre. Pression des chasses commerciales en Afrique du Nord et en Afrique noire occidentale.

• **Alimentation** : *idem* ramier. Un peu plus d'insectes et autres animalcules.

• **Prélèvement** : la chasse de la tourterelle des bois a été suspendue par le ministère en charge de l'Écologie depuis la saison 2021-2022 (aucun quota n'a été attribué) du fait du mauvais état des populations de l'espèce..

• **Situation et avenir** : les effectifs de la tourterelle des bois sont en baisse du fait de la dégradation de son habitat (disparition des haies et des petits bois). Ceux de la tourterelle turque sont stables après une explosion inexpliquée. La pression de chasse de la tourterelle des bois en Afrique du Nord (à l'instar de la caille des blés) et en Afrique subsaharienne occidentale hypothèque gravement l'avenir de l'espèce. La tourterelle des bois est sur la liste des espèces bénéficiant de la gestion adaptative.

5 LE GIBIER D'EAU

La France, carrefour naturel d'exception

La France bénéficie d'une situation exceptionnelle qui profite aussi bien au gibier d'eau migrateur qu'aux oiseaux migrateurs terrestres vus précédemment :

- grâce à sa façade atlantique de l'Europe, elle est un point de passage obligé pour toutes les populations nichant en Grande-Bretagne, en Islande, en Scandinavie ou dans les Pays baltes et se rendant en Espagne ou en Afrique ;
- sa latitude moyenne lui permet de servir d'étape aux migrateurs et de retenir beaucoup d'hivernants ;
- grâce à sa façade méditerranéenne, elle est une zone d'hivernage pour de nombreuses populations nichant en Europe centrale ou en Sibérie.

2 types de zones humides très variées

Caractérisées par une grande productivité biologique, les zones humides françaises couvrent 2 millions d'hectares répartis en deux ensembles à peu près équivalents :

- les milieux d'eau salée (zones littorales, estuaires, zones interdidales, que couvrent et découvrent les marées, zones lagunaires, étendues d'eau saumâtre séparées complètement ou non de la mer par un cordon littoral) ;
- les milieux d'eau douce (marais, roselières, tourbières, rizières, prairies inondables).

Des milieux en transformation

Pour des raisons économiques (développement de l'agriculture, des transports fluviaux, de l'énergie hydroélectrique) et de sécurité (lutte contre le paludisme et les inondations), la plupart de ces milieux d'eau douce ont été largement modifiés ou entièrement créés par l'homme. Malgré cette artificialisation, la pollution et surtout la destruction (10000 ha disparaissent bon an mal an), la France demeure privilégiée aussi bien en matière de zones humides que comme carrefour stratégique des migrations.
D'évidence, plus les milieux naturels régressent (au niveau de l'aire de répartition, c'est-à-dire dans le Paléarctique occidental), plus les espèces qui y sont inféodées stagnent ou déclinent, ce qui est le cas de la quasi-totalité des gibiers d'eau fréquentant la France. La disparition des aires de nidification est le point le plus crucial. Plus rares sont les espèces à tirer profit de la non-chasse dans d'autres pays d'accueil, du réchauffement climatique, etc. Le chasseur doit avoir conscience de la fragilité et donc de la valeur des choses.

Le canard colvert

Anas platyrhynchos
famille des anatidés

Canard colvert mâle (à gauche) et cane

• **Reconnaissance**: le plus grand des canards de surface chassables. D'origine sauvage, le mâle adulte atteint à peine 1,5 kg. Comme pour les autres canards, on distingue trois plumages: plumage juvénile, qui précède la première mue (de 8-9 semaines au mois de décembre); plumage d'éclipse ou plumage de mue (été); plumage de noce ou plumage habituel du mâle (dès octobre).
En plumage d'éclipse comme en plumage juvénile, le «malard» ressemble à la «cane»: dominante brune largement mouchetée de noir. En plumage de noce: tête et cou vert métallique, auquel l'oiseau doit son nom et que souligne un collier blanc; poitrine marron, ventre blanc, croupion noir se terminant par deux plumes recourbées en crochets vers le haut. Miroir alaire: bleu violet bordé de blanc à l'avant et à l'arrière.

• **Confusion éventuelle**: la cane colvert avec d'autres femelles de canards de surface.

• **Répartition**: partout (y compris la Corse). Des lâchers massifs renforcent les populations. Points forts: littoral de la Manche et de l'Atlantique, Alsace, Sologne, Dombes. Points faibles: sud d'une ligne Arcachon-Lyon, sauf Camargue.

• **Habitat**: prototype du canard dit «de surface» car ne plonge pas pour chercher sa nourriture. S'immerge aux deux tiers pour explorer les fonds de 30 cm maximum. «Barbote» ou «patauge», comme les canards domestiques dont il est l'ancêtre. Tous les plans d'eau lui conviennent pourvu qu'ils soient peu profonds et entourés d'une végétation abondante. S'alimente au sol, parfois très loin de l'eau, dans les chaumes et les pâtures.

• **Comportement**: présent toute l'année. Largement erratique ou sédentaire. Les migrations des colverts nordiques ont lieu en novembre («descente») et en janvier («repasse»). Des coups de froid peuvent amener en décembre-janvier des «boutées» venues surtout de Belgique et des Pays-Bas.
Vit en couple pendant la saison de reproduction, devient grégaire à l'approche de l'automne (sédentaires et migrateurs). Activité nocturne et repos diurne. Quand ils sont nécessaires, les déplacements entre les lieux de gagnage et de repos se font à l'aube et au crépuscule, parfois sur plusieurs dizaines de kilomètres.

Canard colvert mâle (à gauche), femelle et mâle en plumage d'éclipse

• **Reproduction** : les parades nuptiales commencent dès l'automne pour les adultes. Premiers accouplements en janvier. Nid tapissé de plumes, sur le sol (touffe d'herbe, pied d'un arbre creux, autre cavité), parfois perché à faible hauteur (saule têtard) et loin de l'eau.
La cane niche dès février, pondant 8 à 12 œufs qu'elle couve pendant quatre semaines. En cas de destruction, une ponte de remplacement de 5 à 9 œufs a lieu en mai-juin. Période d'éclosion particulièrement longue, pic en mai-juin. À 2 mois, devenus « halbrans », les jeunes effectuent leurs premiers vols et quittent leurs mères. Lorsque chaque femelle conduit cinq canetons jusqu'à ce stade, il s'agit d'une bonne année.

• **Mortalité** : prédateurs d'œufs et de poussins particulièrement nombreux et actifs au marais. Par ordre décroissant d'importance : surmulots, becs droits, chats harets et chiens errants, renards et petits mustélidés (qui détruisent les surmulots...), voire foulques et poules d'eau (chassables), gros brochets et busards (protégés). Froids et pluies prolongés très néfastes à l'époque des nids, surtout des couvées de remplacement. Botulisme, peste du canard et saturnisme (intoxication par les plombs de chasse absorbés en fouillant la vase) affectent l'espèce.

• **Moyens de lutte** : destruction des rats, corneilles et pies. Équipement du marais en paniers de ponte en osier ou en plastique. Basses fourches des arbres, pilotis, radeaux ou îlots artificiels aménagés en conséquence.

• **Alimentation** : deux phases principales. Jusqu'à 3 semaines, les « canetons » ont un régime alimentaire carné (80 %) : larves de moustiques et de libellules, insectes nageurs, petits mollusques, frai, mouches, coléoptères. Appoint fourni par des herbes aquatiques et de la verdure. Après 3 semaines, le régime varie selon les saisons. Printemps : très animal (têtards, limaces, petits poissons). Été : mi-animal, mi-végétal (après la pousse des herbiers). Automne : surtout granivore. Hiver : plantes aquatiques.

• **Repeuplement** : seul canard susceptible d'élevage. Élevage en semi-liberté (à privilégier) sur des étangs clos et aménagés, dans lesquels on laisse les canes couver leurs œufs et élever leurs petits.

• **Prélèvement** : il se chasserait 1,5 million de colverts, soit 100000 de plus que le total des lâchers. La part des oiseaux sauvages est assurément faible.

• **Situation et avenir** : 1,4 million de colverts seraient élevés pour la chasse en France chaque année. Hélas, les résultats de l'élevage peuvent être très médiocres : nette augmentation de poids, perte de sauvagerie et de l'instinct migrateur, multiplication des plumages anormaux. L'espèce « sauvage » est génétiquement polluée et affaiblie par de tels spécimens. Le gibier de repeuplement n'est pas seul en cause, puisqu'une interdiction totale de la chasse peut produire le même effet. N'ayant plus peur de l'homme, le colvert se rapproche des habitations et se croise avec les canards domestiques. On appelle « gros hollandais » les hybrides qui se multiplient aux Pays-Bas. Comme pour le faisan ou la perdrix, l'élevage n'est pas condamnable en soi, à condition que les choses soient faites le plus rigoureusement possible avec une souche d'oiseaux purs.

Canards pilet mâle (à gauche) et femelle

Zoom sur les canards de surface

Les canards de surface – dont le colvert – ont en commun les éléments suivants :
- ils n'exploitent que les zones humides aux eaux peu profondes (dont celles de Corse) ;
- la femelle est plus petite que le mâle. Elle ne porte jamais les couleurs du plumage de noce de celui-ci. Brune mouchetée de noir, sa livrée ressemble par contre à celle de la cane colvert ;
- mâle ou femelle ont sur la partie supérieure de l'aile une tache de couleur appelée « miroir ». Comme cette tache reste à peu près identique sur les différents plumages (juvénile, de noce et d'éclipse), elle est caractéristique de chaque espèce ;
- à la nage, leur silhouette est longue et haute sur l'eau ;
- à l'envol, ils s'arrachent de la surface par un bond vertical ;
- en vol, allure élancée, longiligne, avec un cou fin et tendu.

Le plus gros des canards de surface – le tadorne de Belon – est protégé.

Le canard pilet

Anas acuta
famille des anatidés

Canard pilet mâle

• **Taille** : semblable à celle du colvert sauvage. Silhouette plus effilée.

• **Reconnaissance** : queue d'« hirondelle » (mâle) très longue et très pointue.

• **Miroir** : vert bordé de blanc à l'arrière, de brun à l'avant.

• **Nidification** : presque nulle en France (Picardie), car plus nordique.

• **Migrations** : descente dispersée de septembre à novembre. Remontée en grosses bandes de fin février à mi-mars.

• **Hivernage** : Ouest (baie de l'Aiguillon, golfe du Morbihan, bassin d'Arcachon), un peu dans le Midi (dont la Corse).

• **Situation et avenir** : en baisse.

Le canard chipeau

Anas strepera
famille des anatidés

Canard chipeau mâle

• **Taille** : semblable à celle de la cane colvert, en plus svelte, avec des ailes plus pointues.

• **Reconnaissance** : pattes jaunes (et non rouges comme chez la cane colvert).

• **Miroir** : blanc pur bordé de noir, de rouge brique à l'avant. Très visible au vol.

• **Nidification** : Camargue, Dombes et Champagne-Ardenne.

• **Migrations** : très souvent associé au colvert à la descente. Remontée en mars-avril.

• **Hivernage** : Sud-Est (Camargue), accessoirement Rhin.

• **Situation et avenir** : peu commun. De plus en plus souvent observé. En nette progression en Europe.

Le canard siffleur

Canard siffleur mâle

Anas penelope
famille des anatidés

• **Taille** : plus petite et plus arrondie que celle du colvert.

• **Reconnaissance** : plumage gris et ventre blanc. Bec court et bleu avec onglet noir. Tête rousse à calotte jaunâtre et poitrine rose (mâle). Le mâle siffle souvent et fort, même en vol.

• **Miroir** : vert bordé de noir (mâle). Surmonté d'une large plaque blanche visible au vol.

• **Caractéristiques** : beaucoup plus inféodé aux régions côtières (vasières, prés salés...) que les autres canards de surface. S'alimente non pas en nageant mais en broutant sur pied, car essentiellement herbivore.

• **Nidification** : nulle en France (pays nordiques et Sibérie).

• **Migrations** : pic de la descente en octobre. Remontée en mars-avril.

• **Hivernage** : Camargue, côte atlantique.

• **Situation et avenir** : stable. En progression en Europe. Assez sensible aux dérangements dus aux activités humaines.

Canards siffleurs femelle (à gauche) et mâle

Le canard souchet

Anas clypeata
famille des anatidés

Canard souchet mâle

- **Taille** : entre le colvert et la sarcelle.

- **Reconnaissance** : énorme bec en forme de spatule. Silhouette ramassée. Iris jaune.

- **Miroir** : vert bordé de blanc à l'avant. Moitié antérieure de l'aile bleu pâle.

- **Nidification** : régions marécageuses du Centre, de l'Ouest et du Nord et Dombes. Particulièrement précoce, pic des éclosions deuxième quinzaine de mai.

- **Migrations** : descente dès juillet, pic en octobre-novembre. Pic de la remontée en mars et début avril.

- **Hivernage** : Camargue, Hérault. Un peu dans les marais de l'Ouest, très peu dans ceux de l'intérieur.

- **Situation et avenir** : stable. En baisse en Europe. Particulièrement sensible aux pollutions chimiques et toxiques de l'eau et à la disparition des zones humides.

La sarcelle d'été

Anas querquedula
famille des anatidés

Sarcelle d'été mâle

- **Taille** : à peine plus de la moitié du colvert.

- **Reconnaissance** : sa taille. Sourcil blanc très marqué (mâle en plumage de noce).

- **Miroir** : vert pâle bordé de blanc à l'avant et à l'arrière.

- **Nidification** : partout, en nombre de plus en plus restreint.

- **Migrations** : juillet-août. C'est un canard « frileux », comme le souchet. Puis avril.

• **Hivernage** : nul en France. Se fait en Afrique.

• **Situation et avenir** : en baisse en France et en Europe. Très atteinte par la dégradation de ses zones de nidification (Scandinavie, Russie) et par la désertification de ses zones d'hivernage (Afrique).

La sarcelle d'hiver

Anas crecca
famille des anatidés

Sarcelle d'hiver mâle

• **Taille** : encore plus petite que la précédente.

• **Reconnaissance** : sa taille. Sourcil vert foncé cerné de crème très pâle (mâle en plumage de noce).

• **Miroir** : vert et noir, encadré de deux barres claires à l'avant et à l'arrière.

• **Nidification**: faible. S'étend sur quatre mois en France.

• **Migrations** : régulière de fin août à mi-novembre, pic fin octobre, puis boutées hivernales. Remontée en mars-avril.

• **Hivernage** : Camargue, Ouest. Le plus important de tous après celui du colvert.

• **Situation et avenir** : nombre d'oiseaux hivernant sur la façade atlantique en progression. Stable en Europe. Un des canards les plus chassés en France, également chassé à travers l'Europe. Oiseau particulièrement sensible au dérangement.

Sarcelle d'hiver femelle (à gauche) et mâle

Sarcelle d'été femelle (à gauche) et mâle

Zoom sur les canards plongeurs

Leurs points communs, par opposition aux canards de surface :

- ils plongent pour se nourrir jusqu'à plusieurs mètres de profondeur, pendant 20 à 40 secondes ;
- à la nage, leur silhouette est courte et basse sur l'eau ;
- à l'envol, ils courent sur la surface pour s'en arracher (sauf la nette rousse) ;
- au vol, allure trapue et battements d'ailes très rapides, dont le bruit sifflé s'entend de loin ;
- le miroir de leurs ailes est terne, voire à peu près inexistant.

Les canards plongeurs (ou « fuligules ») peuvent se diviser en deux sous-catégories :

- ceux qu'on rencontre en eau douce comme en eau salée : milouin, morillon, milouinan, nette rousse, voire garrot à œil d'or ;
- ceux qui sont quasi exclusivement marins : eider à duvet, harelde de Miquelon et macreuse brune et macreuse noire.

Le fuligule milouin

Aythya ferina
famille des anatidés

• **Taille** : *idem* siffleur.

• **Reconnaissance** : bec noir-bleu pâle-noir. Yeux rouges (mâle), yeux bruns (femelle). Tête acajou (mâle en plumage de noce).

• **Nidification** : partout dans les zones d'étangs, surtout Dombes et Forez. Pic d'éclosions en juin.

• **Migrations** : pic de la descente en octobre. Pic de la remontée en mars.

Fuligule milouin mâle

• **Hivernage** : partout (dont la Corse), surtout à l'intérieur. Par sexes séparés.

• **Situation et avenir** : le plus abondant des canards plongeurs. Après une phase de nette extension de son aire de nidification vers l'ouest (dont la France) et le sud-ouest de l'Europe, l'espèce subit une légère baisse en Europe occidentale (dont la France).

Le fuligule morillon

Aythya fuligula
famille des anatidés

Fuligule morillon mâle

• **Taille** : un peu inférieure au milouin. Aspect très trapu.

• **Reconnaissance** : huppe tombante derrière la tête, très développée (mâle). Bec bleu pâle. Aile noire avec raie blanche. Yeux jaunes.

• **Nidification** : assez faible. En progression depuis les premiers nids observés en 1962 en Alsace-Lorraine et particulièrement tardive (pic des éclosions fin juin-début juillet).

• **Migrations** : descente en novembre. Surtout par gros coups de froid. Pic de la remontée pendant la première quinzaine de mars.

• **Hivernage** : Rhin et Rhône, lacs Léman et du Bourget, Camargue, Corse.

• **Situation et avenir** : population nicheuse en légère progression. Population hivernante en baisse. L'espèce est dite en phase d'expansion en Europe. Oiseau sociable s'accommodant particulièrement des activités humaines, notamment aux abords des rivières lentes.

Le fuligule milouinan

Aythya marila
famille des anatidés

Fuligule milouinan mâle

• **Taille** : légèrement plus gros que le morillon.

• **Reconnaissance** : bec bleu pâle. Tête, poitrine et cou vert foncé. Dos gris pâle et flancs blancs (mâle). Large bande blanche sur l'aile noire. Yeux jaunes.

• **Nidification** : nulle en France.

• **Migrations** : *idem* milouin.

• **Hivernage** : estuaire de la Vilaine et baies de Seine, de Bourgneuf et des Veys, Corse. Presque uniquement maritime sauf à la saison des nids.

• **Situation et avenir** : peu commun.

La nette rousse

Nette rousse mâle

Netta rufina
famille des anatidés

- **Taille** : *idem* colvert.

- **Reconnaissance** : bec rouge vif du mâle. Yeux et pattes rouges. Grosse tête rousse en plumage de noce.

- **Miroir** : blanc ou gris clair.

- **Nidification** : faible et très localisée (Dombes, Forez, Camargue, Corse).

- **Migrations** : novembre et février. Rarissime à l'ouest de l'axe SaôneRhône.

- **Hivernage** : Camargue.

- **Situation et avenir** : assez rare. Population nicheuse en baisse, voire stable, population hivernante stable, voire en progression. En progression en Europe.

Le garrot à œil d'or

Garrot à œil d'or mâle

Bucephala clangula
famille des anatidés

- **Taille** : *idem* fuligules milouin et milouinan.

- **Reconnaissance** : moitié inférieure de l'aile presque entièrement blanche. Tête verte avec deux taches blanches rondes (mâle), chocolat avec un collier blanc (femelle). Yeux jaunes.

- **Nidification** : nulle en France.

- **Migrations** : se rencontre avec les autres plongeurs, en février-mars.

- **Hivernage** : insignifiant, sauf par grands froids (Golfe du Morbihan, Rhin, lac Léman).

- **Situation et avenir** : rare. Espèce nordique. Stable en Europe.

L'eider à duvet

Eider à duvet mâle

Somateria mollisima
famille des anatidés

• **Taille** : très supérieure à celle du colvert, pèse le double. A la forme d'un obus.

• **Reconnaissance** : plumage mi-blanc, surtout dessus, et mi-noir, surtout dessous (mâle en plumage de noce). Long bec emplumé jusqu'aux narines. Plonge en ouvrant les ailes.

• **Nidification** : insignifiante en France (côtes bretonnes).

• **Migration** : seulement des boutées par coups de froid.

• **Hivernage** : exceptionnel (Cotentin et axe Rhin-Rhône).

• **Situation et avenir** : très rare. Espèce nordique. Après une phase de progression de la population hivernante, baisse de celle-ci.

L'harelde de Miquelon

Harelde de Miquelon mâle

Clangula hyemalis
famille des anatidés

• **Autre appellation** : harelde boréale (nom féminin).

• **Taille** : inférieure à celle du colvert. Silhouette effilée rappelant assez celle du pilet.

• **Reconnaissance** : longue queue noire, très pointue et bifide (mâle). Bec court. Plumage très bariolé, allant du blanc au noir en passant par le gris. Vol alternant montées et descentes, rappelant celui du pic-vert.

• **Nidification** : nulle en France.

• **Migrations** : boutées par coups de froid (mer et même grands lacs).

• **Hivernage** : régulier mais marginal.

• **Situation et avenir** : très rare. Espèce nordique.

Les macreuses brune et noire

Melanitta fusca et Melanitta nigra
famille des anatidés

- **Taille** : *idem* harelde, silhouette plus ramassée.

- **Reconnaissance** : plumage à dominante brune presque noire chez les deux sexes. Macreuse brune : miroir blanc. Macreuse noire : tubercule à la base du bec (mâle).

- **Nidification** : pratiquement nulle en France.

- **Migrations** : début d'automne, puis début mars.

- **Hivernage** : en mer. Macreuse brune : baie de Seine. Macreuse noire : de Dunkerque à la Gironde.

- **Situation et avenir** : stables. La macreuse noire est plus commune que la brune. Particulièrement sensibles aux pollutions par les hydrocarbures (dégazages illicites des pétroliers, marées noires).

Macreuse brune mâle

Macreuse noire mâle

Macreuses noires mâle (au premier plan) et femelle.

Oies cendrées

Zoom sur les oies

Nettement plus grosses que les canards, leur envergure atteint 1,70 m et leur poids dépasse 4 kg. Silhouette analogue, en plus déliée, à celle de l'oie domestique (descendante de l'oie cendrée). Plumage à dominante gris-brun. On évoque les « oies grises » (*Anser*) pour désigner notamment les trois espèces d'oies chassables en France (cendrée, des moissons, rieuse), afin de les distinguer des *Branta*, les bernaches.
Activité diurne et régime alimentaire plus herbivore que granivore. Contrairement aux canards (sauf le siffleur), les oies pâturent davantage dans les prés que dans les champs. Repos nocturne sur de vastes plans d'eau. Vol en formations triangulaires parfois immenses et toujours bruyantes. Autres points communs aux oies :

- distinction de sexes : pas de différence ;
- nidification : nulle en France, sauf quelques oies cendrées ;
- migrations : à partir de septembre. Remontée de la mi-février (oie cendrée) à la mi-avril (oie rieuse). Grosses boutées par coups de froid ;
- hivernage : surtout littoral de la Manche et de l'Atlantique nord. La Camargue en cas de grands froids.

L'oie cendrée

Anser anser
famille des anatidés

• **Taille** : la plus grande avec l'oie des moissons.

• **Reconnaissance** : même cri que l'oie domestique. Tête et cou gris pâle. Tiers antérieur des ailes très pâles. Bec orange. Pattes roses.

• **Situation et avenir** : depuis le début des années 2000, population nicheuse et population hivernante (principalement) en progression. L'oie cendrée fournit 90 % du prélèvement « oies » sur le territoire français.

L'oie des moissons

Anser fabalis
famille des anatidés

• **Taille** : la plus grande avec l'oie cendrée.

• **Reconnaissance** : cris bas et rauques. Tête et cou brun foncé. Plumage plus sombre et plus uniforme que celui de l'oie cendrée. Bec orange et noir.

• **Situation et avenir** : rare. Population hivernante stable, voire en progression. La plus méfiante des oies chassables.

L'oie rieuse

Anser albifrons
famille des anatidés

• **Taille** : plus petite que les précédentes.

• **Reconnaissance** : cris aigus et rapides rappelant vaguement un rire. Bandes noires caractéristiques transversales sur le ventre et les flancs. Bec rose avec un onglet blanc à la base. Pattes orange.

• **Situation et avenir** : très rare. Population hivernante en progression. Petits prélèvements lors des grandes vagues de froid.

L'oie bernache du Canada

Branta canadensis
famille des anatidés

- **Autre appellation** : bernache du Canada.

- **Taille** : la plus grosse des oies chassables.

- **Reconnaissance** : bec, tête, cou et pattes noirs. Tache jugulaire blanche. Corps gris brun.

- **Pourquoi faut-il réguler** : de 2011 à 2016, l'espèce fut classée espèce gibier sur tout le territoire sous certaines conditions. À noter qu'elle fut classée « nuisible » en 2012-2013. S'il est trop tard pour éradiquer cette espèce exotique invasive, il convient de la chasser normalement.

- **Situation et avenir** : en nette progression. Apparition en 1960. Population nicheuse sédentaire en France depuis 1970. Population invasive dans toute l'Europe et la Scandinavie. Cette espèce originaire d'Amérique du Nord est représentée sur le territoire français par deux populations : oiseaux d'ornement lâchés dans des parcs ; oiseaux britanniques et scandinaves – également introduits – poussés par les coups de froid.

Zoom sur les limicoles

Problèmes d'identification en raison : de leur nombre, de leurs ressemblances (sauf courlis, huîtrier-pie, vanneau huppé notamment), des différences parfois grandes entre leurs plumages d'hiver et d'été, de leur propension à se réunir en troupes mixtes, d'un nombre d'espèces protégées peu distinctes des espèces gibier.
Dans la pratique (du moins pour qui ne peut pas les reconnaître à leurs silhouettes ou à leurs cris), la règle est la suivante : ne sont chassables que les limicoles qui paraissent « gros ». Tous ceux qui semblent « petits » sont protégés. À la seule exception des bécassines, dont la plus grosse (la double) est protégée.
Tous ces oiseaux ont en commun de vivre sur le limon (d'où leur nom), les vasières, les bancs de sable humide, d'où ils extraient leur nourriture carnée (vers, larves, mollusques, petits crustacés). Une nourriture que les poussins arrivent à collecter à peine sortis de l'œuf. À l'exception de ceux de l'huîtrier-pie, que leurs parents doivent commencer par alimenter.
La chasse des limicoles représente en moyenne un total de 115000 oiseaux chaque saison (plus ou moins 10 %). Ce prélèvement est considéré comme insignifiant en termes d'effet éventuel sur les populations.

Les courlis cendré et corlieu

Numenius arquata et
Numenius phaecopus
famille des scolopacidés

Toute chasse du courlis cendré est suspendue depuis 2020.

Courlis corlieu

• **Autre appellation** : courlis cendré ou grand courlis.

• **Taille** : le cendré est le plus gros des limicoles (500-1300 g, longueur 50-60 cm, envergure 80-100 cm). Le corlieu est plus petit et deux fois moins gros.

• **Reconnaissance** : leur cri mélancolique (« cour... hui ») leur a valu leur nom. Leurs battements d'ailes font ressembler leur vol à celui des mouettes. Seuls limicoles chassables : au bec incurvé vers le bas.

• **Nidification** : uniquement le cendré qui est moins migrateur que le corlieu. Prairies, landes. Pic des éclosions en mai. Surtout Ried alsacien et Bretagne, Cotentin, couloir rhodanien, Sologne.

• **Migrations** : pic de descente en septembre. Cendré : pic du retour en mars. Corlieu : pic du retour en avril.

• **Hivernage** : surtout littoraux Manche et Atlantique pour le cendré. Insignifiant pour le corlieu.

• **Situation et avenir** : populations nicheuse et hivernante de cendré en légère progression en France, mais en baisse en Europe. Après avoir été limitée en fonction des types de territoire, la chasse du courlis cendré est suspendue sur l'ensemble du territoire national. L'oiseau est sur la liste des espèces bénéficiant de la gestion adaptative. Population nicheuse du corlieu en baisse, population hivernante stable, voire en progression. Cet oiseau ne fait que transiter en France.

Forme de courlis cendré au premier plan

L'huîtrier-pie

Haematopus ostralegus
famille des haematopodidés

• **Autre appellation** : pie de mer.

• **Taille** : second plus gros limicole.

• **Reconnaissance** : bec fort et pattes orange. Silhouette trapue unique qui le distingue des autres limicoles. En bandes parfois considérables.

• **Nidification** : rare, Bretagne et Normandie. Seule espèce gibier à nicher sur le domaine public maritime.

• **Migrations** : pics en septembre et mars-avril.

• **Hivernage** : surtout littoral Manche, îles charentaises et Vendée.

• **Situation et avenir** : populations nicheuse et hivernante en légère progression. En baisse en Europe. Consommateur de coquillages (même s'il ne mange pas d'huîtres !), au point que les mytiliculteurs lui imputent des dégâts dans leurs parcs. Peut faire l'objet de battues administratives, même dans les réserves.

Les barges rousse et à queue noire

Limosa lapponica et Limosa limosa
famille des scolopacidés

Barge rousse

• **Taille** : les plus « gros » limicoles après les courlis et l'huîtrier-pie.

• **Reconnaissance** : long bec droit. Distinction délicate entre les deux espèces. Tandis que la barge rousse est très inféodée au milieu marin, la barge à queue noire se rencontre aussi bien à l'intérieur des terres, où elle niche souvent en compagnie des vanneaux.

• **Nidification** : quelques barges à queue noire (Dombes, Manche, Atlantique). Nulle pour la barge rousse qui se reproduit plus au nord.

• **Migrations** : dès juillet. Retour en mars-avril. La barge rousse est beaucoup plus migratrice.

Barge à queue noire
Sa chasse est suspendue depuis 2008, cela jusqu'à nouvel ordre.

• **Hivernage** : très dispersé sur tout le littoral Manche-Atlantique pour la barge rousse. Très concentré dans les baies du Mont-Saint-Michel et de l'Aiguillon pour la barge à queue noire.

• **Situation et avenir** : populations nicheuse et hivernante de la barge rousse stables. Populations nicheuse et hivernante de la barge à queue noire en légère progression. En baisse en Europe. La chasse de la barge à queue noire, considérée en mauvais état de conservation, est suspendue depuis 2008. La barge à queue noire est sur la liste des espèces bénéficiant de la gestion adaptative.

Le vanneau huppé

Vanellus vanellus
famille des charadriidés

• **Taille** : limicole moyen (400-745 g, longueur 40-45 cm, envergure 80-86 cm).

• **Reconnaissance** : plumage et huppe caractéristiques. Ses ailes très larges et très arrondies lui confèrent un vol ramé ou papillonnant typique. Cri plaintif caractéristique. Forme de grands vols en plaine.

• **Nidification** : les deux tiers nord de la France et un peu en Camargue. Niche dans tous les milieux à végétation nulle ou rase (labours, prairies, semis de maïs), pourvu qu'il y ait de la nourriture carnée (vers de terre, mollusques) et au moins un peu d'eau à proximité. Recoquetages possibles jusqu'à quatre à cinq fois de suite.

• **Migrations** : octobre-novembre, gros du retour en mars. Plus erratique que véritablement migrateur.

• **Hivernage** : partout, sauf en cas de gel.

• **Situation et avenir** : population nicheuse en forte baisse. L'espèce a progressé des années 1950 aux années 1980 grâce à sa faculté d'adaptation à l'agriculture moderne. Actuellement, une baisse du taux de reproduction de l'espèce et le drainage font planer de grosses menaces sur celle-ci.

Les pluviers argenté et doré

Pluvialis squatarola et Pluvialis apricaria
famille des charadriidés

Pluvier argenté

Pluvier doré

• **Taille** : limicoles moyens, de la taille du vanneau huppé. L'argenté est légèrement plus gros que le doré.

• **Reconnaissance** : les plus courts becs des limicoles chassables. Les adjectifs renseignent sur leurs coloris. Proches parents du vanneau. Contrairement à ce dernier ainsi qu'au doré, l'argenté ne s'éloigne presque jamais des côtes.

• **Confusion éventuelle** : avec le pluvier guignard (protégé). Celui-ci est beaucoup plus coloré, plus léger. Rare, de passage jusqu'en octobre, niche rarement.

• **Nidification** : plus nordique.

• **Migrations** : août à novembre pour les deux. Retour en février-mars pour le doré. Retour en avril-mai pour l'argenté. L'argenté est beaucoup plus migrateur que le doré.

• **Hivernage** : assez homogène tout au long de la Manche et de l'Atlantique. Le pluvier doré se mêle aux bandes de vanneaux huppés.

• **Situation et avenir** : population hivernante de doré en probable progression. Population hivernante d'argenté en forte progression. En baisse en Europe.

Les chevaliers aboyeur, arlequin, combattant et gambette

Tringa nebularia, Tringa erythropus, Philomachus pugnax et Tringa totanus
famille des scolopacidés

Chevalier aboyeur

• **Autre appellation** : chevalier combattant ou combattant varié.

• **Taille** : légers limicoles (de 85 à 270 g, longueur de 26 à 31 cm, envergure de 54 à 70 cm). Par ordre décroissant : aboyeur, arlequin, gambette et combattant.

Chevalier arlequin

• **Reconnaissance** : ressemblent aux barges, mais s'en distinguent par un bec moins long et une taille moindre. Combattant : bec le plus court du groupe et robe la plus colorée. Gambette : pattes (gambettes) orange. Ces oiseaux sifflent beaucoup (excepté le combattant). En parade nuptiale, les combattants mâles revêtent d'extravagants plumages à collerettes, tous strictement différents les uns des autres.

Chevalier combattant

• **Confusion éventuelle** : avec quatre autres chevaliers, tous protégés. Guignette (niche en France, plus souvent en eau douce), culblanc (ne fait qu'hiverner, plus souvent en eau douce), sylvain (ne fait que passer), stagnatile (rare). La différence de taille entre les chevaliers chassables et les protégés est du même ordre que celle entre la tourterelle et l'étourneau.

• **Nidification** : aboyeur et arlequin : nulle. Combattant : rare. Gambette : rare, en progression. Les chevaliers nichent plus au nord, pour certains jusqu'aux limites des régions arctiques.

Chevalier gambette

- **Migrations** : selon les espèces, mi-juin à novembre et mars à mai.

- **Hivernage** : aboyeur (faible) : Manche, Atlantique, Corse (surtout Bretagne, Aquitaine). Arlequin (faible, probablement en progression), Manche, Atlantique, Champagne, Brenne, Camargue. Combattant (faible, en baisse) : Manche, Atlantique, anecdotique sud estuaire de la Gironde et côtes méditerranéennes. Gambette (moyen, en progression) : surtout Manche, Bretagne jusqu'à l'estuaire de la Gironde et Camargue. Les chevaliers hivernent principalement en Afrique subsaharienne (jusqu'en zone tropicale).

- **Situation et avenir** : aboyeur : stable. Arlequin : stable. Combattant : stable. Gambette : en légère baisse en Europe. Le gambette est le plus commun des chevaliers chassables de France. Ces espèces peuvent souffrir de l'assèchement de leurs sites d'hivernage africains (delta du Sénégal).

Le bécasseau maubèche

Calidris canutus
famille des scolopacidés

- **Taille** : le plus petit limicole chassable du littoral (47-75 g, longueur 20-21 cm, envergure 40-45 cm), le plus grand des bécasseaux.

- **Reconnaissance** : bec moyen. Vole souvent en troupes compactes parfois mêlées à d'autres bécasseaux. La protection accordée aux autres empêche de le tirer. Inféodé aux vasières et aux plages. Deux sous-espèces fréquentent la France, une nord-américaine (*islandica*) et une sibérienne (*canutus*).

- **Confusion éventuelle** : avec sept bécasseaux protégés. Sanderling, tacheté, minute, violet, variable (deux tiers des limicoles hivernant en France), falcinelle et rousset. Le maubèche est le plus grand de tous.

- **Nidification** : grand migrateur. *Islandica* niche au nord-est du Canada, au Groenland. *Canutus* niche dans les régions polaires.

- **Migrations** : selon les sous-espèces, de fin juillet à fin octobre (*canutus*) ou avril (*islandica*).

- **Hivernage** : nord Bretagne, sud estuaire de la Loire, Charente, estuaire de la Gironde. Depuis les années 1950 pour *Islandica.* Surtout en Afrique, jusqu'en Afrique du Sud.

• **Situation et avenir** : population hivernante en forte progression. En baisse en Europe.

Les bécassines des marais et sourde

Gallinago gallinago et Lymnocryptes minimus
famille des scolopacidés

• **Taille** : la bécassine des marais est à peine plus grosse que le bécasseau maubèche, lequel est plus gros que la sourde.

Bécassine des marais

• **Reconnaissance** : la sourde doit son nom à son extrême répugnance à s'envoler. Trois analogies avec la bécasse : goût pour les vers de terre ; « miroirs », taches excrémentielles blanches trahissant sa présence ; existence de « places » à bécassines aussi typées que les places à bécasses, constituées de prairies à herbe rase inondées sous quelques centimètres d'eau. Souvent, les chasseurs aménagent de telles « platières ».

Bécassine sourde

• **Confusion éventuelle** : avec la bécassine double (protégée). Cette espèce vit beaucoup plus à l'est. Les oiseaux observés en France sont des individus égarés lors de migrations accidentelles. La double, un peu plus grosse que la bécassine des marais, en diffère par un ventre rayé (et non blanc). Surtout, son envol à courte distance est à peu près rectiligne et silencieux.

• **Nidification** : faible et disséminée, deux tiers nord du pays (y compris intérieur). Nulle pour la sourde.

• **Migrations** : dès fin juillet, pic en octobre-novembre. Retour en mars-avril.

• **Hivernage** : littoral.

• **Situation et avenir** : bécassine des marais, population nicheuse en légère baisse en France, en baisse en Europe. Les bécassines sont essentiellement chassées en France, en Espagne et dans les îles britanniques (1 million d'oiseaux, dont moins de un tiers pour la France, tableau français en baisse). Les deux espèces sont menacées par l'évolution de l'agriculture (drainage, déchaumage précoce). L'aménagement des platières par les chasseurs participe à la conservation de ces oiseaux.

Zoom sur les rallidés

Points communs aux trois rallidés chassables : migrateurs partiels très souvent sédentarisés. Pour ces migrateurs, pic des remontées en mars-avril.
Les rallidés fréquentent la plupart des rivières et plans d'eau douce à végétation épaisse (queues d'étang). Excellents coureurs et plongeurs, nagent en hochant fréquemment la tête. Ne peuvent prendre leur essor qu'après de longues courses d'élan et volent d'ailleurs très mal. Pas de différence entre les sexes.

La foulque macroule

Fulica atra
famille des rallidés

• **Autre appellation** : judelle. Improprement appelée macreuse dans le Sud-Est.

• **Taille** : presque de la taille du colvert.

• **Reconnaissance** : teinte entièrement gris-noir. Bec blanc surmonté d'une plaque blanche. Pattes vertes aux doigts lobés. Très grégaire en dehors de la saison des nids.

• **Nidification** : très précoce. Pic des éclosions dernière quinzaine de mai.

• **Hivernage** : gros hivernage en Camargue, dans le Languedoc et dans l'Est.

• **Situation et avenir** : populations nicheuse et hivernante stables. Abondante un peu partout et en toute saison, s'adapte aux activités humaines.

La poule d'eau

Gallinula chloropus
famille des rallidés

• **Autre appellation** : gallinule.

• **Taille** : inférieure de moitié à celle de la foulque.

• **Reconnaissance** : teinte grise et marron avec une bande latérale blanche. Bec à pointe jaune surmonté d'une plaque rouge. Pattes verdâtres. Beaucoup moins grégaire que la foulque macroule. Beaucoup moins secrète que le râle d'eau.

• **Nidification** : période de reproduction longue (4 mois).

• **Situation et avenir** : en progression. Très commune partout, à la saison des nids comme en hiver. La moindre mare avec à proximité un peu de végétation suffit à l'accueillir.

Le râle d'eau

Rallus aquaticus
famille des rallidés

• **Taille** : le plus petit des rallidés chassables, à peine plus gros qu'une caille des blés.

• **Reconnaissance** : teinte rousse ponctuée de noir au-dessus, gris bleuté ailleurs. Long bec rougeâtre caractéristique. Pattes brun rosé. Ne nage ni ne vole presque jamais. Mène une vie cachée dans les roselières. Ses cris nocturnes « de cochon qu'on égorge » constituent son meilleur indice de présence.

• **Confusion éventuelle** : avec la marouette ponctuée, le poussin de Baillon et le râle des genêts (protégés). Ces oiseaux sont plus petits (sauf le râle, au long cou), avec un bec nettement plus court.

• **Situation et avenir** : probablement stable. Moins abondant que les deux autres rallidés, mais présent partout.

Ce que peut faire le sauvaginier

Plusieurs problèmes spécifiques à la chasse au gibier d'eau engagent la responsabilité de chaque sauvaginier :

- la protection des zones humides contre toutes les menaces de destruction et de pollution ;
- la sauvegarde de la tranquillité des zones humides. Le dérangement est un facteur limitant l'occupation de ces secteurs. Particulièrement critique au printemps et en été (nidification, élevage des jeunes, mue des adultes pendant laquelle ils ne peuvent pas voler). Ce point concerne tous les utilisateurs de la nature (promeneurs avec ou sans chien, chasseurs). Savoir que chasser régulièrement de nuit sur un plan d'eau favorable aux canards revient à le rendre inhospitalier et donc « inutile » ;
- la maîtrise à longueur d'année du niveau de l'eau, à la sortie comme à l'entrée ;
- la création ou l'amélioration de sites favorables aux nids, l'entretien de la végétation naturelle près des plans d'eau, l'aménagement des berges. Un point essentiel est l'extrême fidélité des migrateurs à leurs lieux de naissance ;
- le renoncement à élever industriellement le colvert, dont la présence massive suffit à dissuader les espèces sauvages de nicher. Le chasseur doit faire un choix : la qualité et la diversité ou la quantité et l'uniformité ;
- tirer raisonnablement. Ne pas réaliser de tableaux énormes en cas de passages massifs, notamment lors de longues périodes de grands froids. S'imposer une limitation journalière des tableaux ;
- la participation aux recherches, indispensable à la connaissance et à la gestion des espèces (baguage, collecte des ailes de canards et bécassines, comptage des populations hivernales).

6 LE GRAND GIBIER

Zoom sur le grand gibier

Nous regroupons ici les grands gibiers peuplant les territoires de plaine : sanglier, chevreuil et cerf, mais aussi daim et cerf sika. Sangliers, chevreuils et cerfs colonisent les secteurs montagneux. Déprise agricole, déclin de l'élevage ainsi que réchauffement climatique leur facilitent les choses : le milieu se referme, la forêt gagne en altitude, le dérangement ne les affecte pas. Le grand gibier est complété par le « grand gibier de montagne », présenté dans un chapitre spécifique.
Nous croyons souvent que le grand gibier est inféodé à la seule forêt. Erreur. S'il est vrai que la forêt leur sert de refuge diurne, la plupart des grands gibiers en sortent la nuit soit pour se nourrir en plaine, soit pour se déplacer d'un massif à l'autre. De plus, beaucoup préfèrent les bois modestes pourvu qu'ils y trouvent la paix. Enfin, certains ne demandent qu'à vivre à demeure en pleins champs, tels les chevreuils « de plaine ». Au final, le grand gibier a besoin de forêt, de plaine et de lisières.

Bond et ralentissement de la forêt

Loin d'être en régression, la forêt française n'a cessé de regagner du terrain depuis au moins 150 ans. Aujourd'hui, elle couvre 28,6 % du territoire national (contre la moitié vers 1830), soit 16,5 millions d'hectares, 30000 ha ayant été gagnés chaque année jusqu'à la fin des années 1990. Cependant, la reforestation marque le pas depuis sous le coup d'un urbanisme effréné. Bilan : le développement quantitatif de la forêt ces dernières années s'accompagne hélas d'un recul qualitatif.
Ainsi, la forêt française se caractérise par :

- le vieillissement de nombreux taillis qui ne trouvent plus d'acheteurs ou que les propriétaires n'entretiennent pas ;
- la conversion massive en futaie, y compris par enrésinement même s'il ralentit ;
- l'uniformisation des peuplements sur de très grandes parcelles. Avec la plantation des clairières, des fonds de vallées, des zones humides, des champs et des prairies enclavés (peupleraies, par exemple) ;
- l'industrialisation accrue fondée sur une rentabilité la plus immédiate possible (tant en forêt privée qu'en forêt domaniale).

La forêt est-elle si accueillante ?

En France, la forêt est certes vaste, mais de moins en moins hospitalière à la grande faune. Artificialisée, elle est fragilisée face aux maladies et aux aléas climatiques (tempêtes, sécheresse). Enfin, traditionnellement, la culture forestière française est en partie étrangère, voire hostile au chevreuil et au cerf, accusés de tous les maux, contrairement à celle des pays de l'Est. Et certains songent parfois : « Un bon cerf est un cerf mort ».

▶ En un coup d'œil :
Le suidé et les 4 cervidés

	sanglier	chevreuil	cerf	daim	cerf sika
Poids mâle	100-180 kg	18-35 kg	120-250 kg	60-120 kg	50-60 kg
Poids femelle	70-100 kg	16-33 kg	60-150 kg	35-60 kg	28-40 kg
Hauteur au garrot	90 cm	60-80 cm	mâle 1,10-1,40 m, femelle 1-1,20 m	70 à 100 cm	75-85 cm
Longueur	1,50-1,60 m	1-1,20 m	mâle 2-2,30 m, femelle 1,70-1,90 m	1,40-1,60 m	mâle 1,10-1,65 m
Longévité maximale	15 ans	12 ans	20 ans	15 ans	15 ans
Apogée du trophée (à partir de)	6 ans	3 ans	10 ans	9 ans	9 ans
Lieu de repos	bauge, chaudron, souille	couchette	reposée, souille	reposée	reposée
Tempérament	grégaire et solitaire	familial et solitaire	grégaire et solitaire	grégaire et solitaire	grégaire et solitaire
Comportement sexuel	polygame	polygame	polygame	polygame	polygame
Époque de reproduction	septembre à mai, pic novembre à janvier	15 juillet-15 août	15 septembre -15 octobre	10 octobre -10 novembre	mi-septembre à fin novembre
Nombre de portées/an	1-2	1	1	1	1
Durée de gestation	120 jours	280 jours	240 jours	240 jours	240 mois
Époque des naissances	janvier à septembre (pic mars à mai)	début mai au 20 juin (pic début juin)	fin avril à fin juin (pic 15 mai à 5 juin)	mi-juin à mi-juillet	mai à fin août
Nombre de petits/portée	2-8, moyenne 4-5	1-3, moyenne 2	1 (exception 2)	1 (exception 2)	1, voire 2
Maturité sexuelle femelle	8-20 mois (poids minimum 30-35 kg)	14 mois	12 mois	16 mois	14 mois

Le sanglier

Sus scrofa
famille des suidés
(voir tableau ci-contre)

Mâle adulte ou solitaire (et non cochon)

• **Autre appellation** : bête noire. Le sanglier ne devrait pas être appelé « cochon » comme nous l'entendons trop souvent. Il existe toutes sortes de noms pour désigner le suidé sauvage au fil de son existence (voir l'encadré en pages suivantes). De plus, le cochon descend du sanglier et non l'inverse !

Femelle adulte ou laie

• **Reconnaissance** :

- poids :
vidé = 80 % du poids entier (ou 4/5). Autrement dit, poids entier = 125 % du poids vidé. Un animal peut perdre 40 % de son poids entre l'automne et la fin de l'hiver. Par fonte de l'épaisse couche de graisse (le « sain ») qui sert de réserve énergétique en cas de disette. Le poids des femelles adultes est inférieur d'un tiers à celui des mâles. Bien que l'augmentation du poids soit à peu près proportionnelle à l'âge pendant la phase de croissance, il peut exister de grandes variations pondérales entre les individus issus d'un même secteur. La différence de poids est plus encore marquée entre les animaux du Nord-Est et ceux de l'Arc méditerranéen (20 % moins lourds). En France métropolitaine, en territoire libre, il est peu commun qu'un mâle dépasse 150 kg, et qu'une femelle atteigne 100 kg.

- pelage :
à 6 mois, le « marcassin » perd ses rayures horizontales noires et blanches au profit d'une livrée uniformément brunâtre. Il devient alors « bête rousse ». Quatre à cinq mois plus tard, il acquiert son pelage définitif qui lui vaut le nom de « bête noire ». Deux mues par an. À partir de mai-juin, poil court, clair, presque brillant, donnant l'impression que l'animal est maigre. Septembre-octobre : le poil devient long, mat, foncé, recouvrant une épaisse bourre laineuse, donnant l'impression que les animaux sont gras. Ce poil est la « soie ».

- pollution génétique :
le sanglier peut se croiser avec le porc domestique. Des individus peu scrupuleux peuvent avoir recours au service de truies plus prolifiques afin d'« enrichir » leurs enclos de tir. D'où peuvent s'échappent des sujets bâtards (« cochongliers »), lesquels peuvent polluer les animaux des forêts libres. En Corse, l'élevage traditionnel du porc en liberté transforme le sanglier en « cochon sauvage » dans de nombreux secteurs de l'île.

- distinction des sexes :
impossible chez les jeunes, difficile chez les adultes. Quand ils atteignent ou dépassent les 100 kg, ce sont presque à coup sûr des mâles. Les testicules («suites») sont peu visibles. Par contre, les mamelles («allaites») des femelles allaitantes (laies «suitées») sont parfois bien apparentes. Le mâle porte un pinceau de poils sous le ventre, à l'extrémité du fourreau (le «pinceau pénien»). En pelage hivernal, les grands mâles développent une bosse au niveau du garrot, et une autre bosse au niveau de l'arrière-train (milieu des vertèbres lombaires). De plus, souvent, ces grands mâles ont l'armure couverte de boue. Les femelles présentent une silhouette plus « ronde ».
Le mâle peut avoir des canines inférieures («défenses») et des canines supérieures («grès») assez développées pour être visibles de loin («on voit du blanc»). Celles des femelles («crochets» ou «crocs», sur les deux mâchoires) le sont rarement. Les défenses n'apparaissent que sur un tiers de leur longueur, les deux tiers restants étant inclus dans la mâchoire inférieure. Les canines ont une croissance continue. Elles s'aiguisent par frottement les unes contre les autres. La défense porte vers sa pointe, une «table d'affûtage» pouvant atteindre 7 cm de long à partir de 7-8 ans (sujet adulte). Conséquence : courte, la table d'affûtage caractérise un jeune même s'il est gros. Longue, elle désigne un adulte même s'il n'est pas particulièrement gros.

Bête rousse, jeune animal de 6 à 12 mois

Marcassin, jeune animal jusqu'à 6 mois

La tête est appelée «hure», les yeux «mirettes», les oreilles «écoutes».

• **Appellations et catégories d'âge** : traditionnelles, les appellations ne respectent pas systématiquement le cycle de vie du sanglier. Le «grand vieux sanglier» ne devrait pas désigner un sujet de 6 ans. Le sanglier n'achève sa croissance que dans sa sixième année. Un sujet de 6 ans rentre dans l'âge adulte (l'équivalent d'une vingtaine d'années chez l'homme).
Sauf la première année, ces âges sont pratiquement impossibles à évaluer dans la nature. Après la mort, l'examen de la mâchoire inférieure donne des indications précises jusqu'à 2 ans et demi. Au-delà, le degré d'usure de la dernière molaire permet seulement de savoir si l'animal était ou non adolescent.

Appellations traditionnelles du sanglier au fil de sa vie	
Quel âge ?	Quel nom ?
jusqu'à 6 mois	marcassin (en livrée ou rayée, jusqu'à 2-3 mois, jusqu'à 20-25 kg)
de 6 à 12 mois	bête rousse (20-25 à 45 kg)
de 1 à 2 ans, 2e année	bête de compagnie
de 2 à 3 ans, 3e année	ragot/laie ragote
de 3 à 4 ans, 4e année	tiers-an/laie
de 4 à 5 ans, 5e année	quartanier ou quart-an/laie
de 5 à 6 ans, 6e année	vieux sanglier, ou vieux solitaire ou sanglier miré/vieille laie
plus de 6 ans, 7e année et plus	grand vieux sanglier, ou vieux solitaire ou sanglier miré/vieille laie

• **Répartition** : partout. Densité décroissante d'est en ouest.

• **Habitat** : autrefois cantonné dans les grandes forêts, le sanglier s'est adapté à tous les climats et à tous les territoires : montagnes comme marécages, garrigues comme plaines céréalières. Dans ces dernières, il peut séjourner longuement dès que les maïs sont assez hauts. En cas de besoin, il n'hésite pas à se déplacer chaque nuit sur plusieurs kilomètres pour chercher sa nourriture. Néanmoins, ses lieux d'élection demeurent les parties les plus inextricables des grands massifs forestiers et des maquis, où il se sent en sûreté. S'il y trouve, à l'intérieur ou à proximité, de quoi combler à longueur d'année ses besoins en eau et en aliments, il devient pratiquement sédentaire. Constitués de légères excavations parfois garnies de végétaux, les gîtes dans lesquels il se repose pendant le jour s'appellent des « bauges ». La « souille » est l'endroit boueux où il se vautre.

• **Comportement** : la cellule de base est constituée par une laie suitée de sa dernière portée (marcassins ou bêtes rousses, suivant la saison). Presque toujours, deux à trois laies suitées se réunissent pour former une « compagnie », dont la laie la plus âgée ou la plus forte prend la direction. C'est la « laie meneuse », que l'on ne doit jamais tirer. Ces compagnies peuvent contenir aussi des femelles non suitées (généralement des jeunes de la portée précédente) et parfois quelques mâles pas encore pubères au moment du rut. Si bien qu'il arrive que les compagnies comptent ou dépassent 20 têtes. La norme est la séparation laie/jeunes à 8 mois pour les mâles et 1 an pour les femelles. Ces dernières peuvent se regrouper entre elles pour former de nouvelles compagnies qui seront dominées (notamment dans l'accès aux sources de nourriture) par d'autres groupes dont elles sont issues. Quant à leurs frères, ils erreront par petites bandes jusqu'à 18-24 mois. Après, ils deviennent « solitaires », mais ne sont pas pour autant âgés.

• **Reproduction** : lors du rut, le mâle dominant commence par écarter de la compagnie tout rival. Le combat oppose des sujets de force équivalente. Livré à coups de défenses et de grès, ce face-à-face serait meurtrier si le sanglier n'avait au niveau des épaules un cuir épais et résistant, « l'armure ». Toutefois, les combats de rut demeurent peu communs. Le mâle dominant rejette également les bêtes rousses mâles pubères. Bien que se déroulant en période de chasse, principalement de novembre à janvier, le rut est très discret. Élément éventuellement visible dans le sous-bois : de gros flocons de bave déposés par les animaux excités sur les arbustes. Le rut est très court au sein d'une compagnie (3-4 jours maximum), car il y a synchronisation des chaleurs de la laie meneuse avec celles de l'ensemble des autres femelles. Les laies non fécondées reviennent en chaleur 3 semaines plus tard. Le mâle dominant demeure 1 mois au sein de la compagnie. Après 4 mois de gestation, la laie met bas une portée de 4-5 marcassins en moyenne, principalement de mars à mai. La mise-bas a lieu dans une cache faite de végétation, « le chaudron ». Égalité des sexes à la naissance. Lactation 3 mois durant. Un orphelin non sevré peut être adopté par une autre laie de la compagnie, pourvu qu'il trouve une allaite libre. La laie en détient 8 qui produisent. Chaque marcassin tète une seule et même allaite.
Les années où l'alimentation est très riche (fortes glandées, faînées, etc.), le rut se déroule dès septembre et les naissances surviennent dès janvier. Dans ce cas, les laies peuvent revenir en chaleur en mai et avoir une deuxième portée en septembre. En 2 ans, la même laie peut ainsi avoir 3 portées. Le réchauffement climatique amplifie probablement le phénomène. En général, la laie met bas pour la première fois à 2 ans (dès 1 an dans des conditions très favorables). La jeune femelle a moitié moins de marcassins que l'adulte.

• **Mortalité** : le loup est le principal prédateur naturel. Peu de morts accidentelles : noyades, intoxications par des grains empoisonnés destinés aux petits rongeurs, collisions routières. Un fort gel prolongé empêche d'accéder à la nourriture souterraine. Idem d'une épaisse couche neigeuse, qui nuit également aux déplacements des animaux jeunes et affaiblis. Un froid humide prolongé est nocif pour le marcassin. Nombreuses maladies que l'espèce supporte assez bien. Dangers principaux : strongylose pulmonaire, tuberculose bovine, peste porcine classique, peste porcine africaine. Le sanglier est soit vecteur, soit réservoir de maladies communes au bétail domestique et aux sangliers d'élevage.
S'il existe un vaccin contre la peste porcine classique, il n'en existe pas pour la Ppa. Présente de temps à autres dans divers pays d'Europe, et même en France dans les années 1970, la maladie est réapparue en Belgique au printemps 2018, en limite de la frontière française. Les fortes densités de sangliers de la région facilitent la propagation de la maladie. Le virus de la Ppa est particulièrement virulent et résistant (viande, venaison, boue...).

• **Moyens de lutte** : bannir le nourrissage à partir de déchets alimentaires, plus encore à base de viande (risque de contamination), bannir le nourrissage, qui plus est au tas (contamination et surpopulation), respecter un agrainage de dissuasion (lire Aménagements), éviter les lâchers de sangliers même légaux (contamination et pollution génétique), éliminer tout animal anormalement malingre en respectant les mesures de biosécurité près des zones où sévit la Ppa (contamination).

• **Alimentation**: omnivore très opportuniste. Composition: 90% de nourriture végétale, 10% de nourriture animale. Nourriture végétale forestière: fruits durs (surtout glands et faines, châtaignes, cornouilles, noisettes), fruits mous (pommes, poires, merises), racines, rhizomes, tubercules, pousses vertes. Les années de bonne glandée ou fainée (tous les 5 à 7 ans dans le Nord de la France), ces fruits peuvent constituer plus de 50% du menu. Également productions agricoles: maïs, blé, seigle, avoine (en lait), riz, pommes de terre, topinambours, betteraves, pois, haricots, raisins. Les dégâts aux cultures du sanglier sont inversement proportionnels aux ressources alimentaires disponibles au bois. Ils se concentrent à moins de 400 mètres des lisières.
Doté d'exceptionnels moyens de détection olfactive et de fouissage («boutoir» et canines), le sanglier mange à peu près tout ce qui se trouve sur et sous la surface du sol: vers, limaces, escargots, chrysalides, larves, chenilles, insectes, œufs d'oiseaux, nids de mulots, campagnols, lapereaux dans leurs rabouillères, taupes, grenouilles, animaux blessés et charognes, faons et marcassins, que les mères protègent contre l'appétit des mâles.
Ces recherches amènent le sanglier à ouvrir de véritables tranchées, les «boutis». Le travail plus petit se nommant «vermillis». Autre indice de présence: les «laissées». Crottes en forme de boudins, de couleur plus ou moins noire, de 4 à 6 cm de diamètre (adulte). Si le sanglier ne peut se passer d'eau, c'est moins pour boire que pour prendre des bains de boue. Ils lui permettent de se débarrasser des parasites. Et de rabaisser sa température, car il ne transpire pas. Une flaque ou des ornières peuvent suffire, mais il arrive que les animaux creusent de véritables baignoires, les «souilles». À leurs abords, on trouve des arbres à l'écorce tant usée par les frottements d'après souille que l'on observe l'aubier. À moins que la boue recouvre ces mêmes arbres, ce sont les «housures». Malgré tout, le sanglier est très utile à la sylviculture pour ses actions: destruction massive des insectes xylophages, enfouissement des glands et des faines.

• **Dégâts**: deux types: directs, par consommation des céréales et autres plantes cultivées; indirects, par bouleversement du sol, dans les prairies. Seul moyen de protection efficace, la pose de clôtures électriques à deux fils, soit en lisière de forêt, soit autour des parcelles à préserver. Ces clôtures sont contrôlées régulièrement afin qu'elles conservent leur efficacité. On peut compter jusqu'à 80% de réduction des dégâts. Toutefois, en agissant ainsi, on prive les sangliers d'une part importante de leurs ressources alimentaires. Par conséquent, il faut en réduire le nombre.

• **Aménagements**: alors que les populations de sangliers augmentent un peu partout en France, il serait irresponsable de proposer des mesures favorisant l'accroissement de l'espèce ou la constitution de populations excessivement denses. C'est pourquoi nourrissage (interdit et sanctionné par la loi de 2019) et agrainage (défini par le schéma départemental de gestion cynégétique) doivent être distingués. L'agrainage dit de dissuasion a pour but unique d'empêcher les animaux de commettre des dégâts dans les cultures, ainsi que dans les prairies. Cela aux moments critiques : semis, récolte, véraison des vignes, irrigation des cultures maraîchères... L'agrainage se fait par dispersion, en longues traînées de grains de maïs. En fin de journée, et en parallèle des lisières afin que la compagnie tombe sur ces grains alors qu'elle se dirige vers la plaine. L'agrainage devrait être déclaré et contrôlable. Et relever de l'exception dans les zones sensibles (les « points noirs »). Au cœur du territoire, des cultures à gibier (maïs, céréales, pomme de terre, topinambour) peuvent être implantées avec le même objectif. Elles sont complétées par la plantation d'arbres à fruits (pommier, marronnier, châtaignier), lesquels seront appréciés également des chevreuils et des cerfs.

• **Prélèvement**: 809 992 sangliers en France continentale et en Corse en 2019-2020 (record historique, forte hausse des prélèvements depuis 5 saisons). Les marcassins sont parfois protégés par l'arrêté préfectoral, ce qui s'expliquait lorsque l'espèce était rare, ce qui n'est plus le cas de nos jours. Les taux de reproduction et de mortalité étant extrêmement variables et quasi impossibles à mesurer, le taux d'accroissement – qui en résulte – l'est encore plus. Toutefois, en moyenne, on admet qu'une population de sangliers s'accroît de 100 % par an, autrement dit : elle double. Ce chiffre est à considérer avec beaucoup de prudence. Pour le sanglier comme pour le petit gibier, l'année peut être de « très mauvaise » à « très bonne » (60 à 160 %). Quand elle paraît « normale » et qu'on souhaite maintenir l'effectif au même niveau, on devrait en théorie plafonner le prélèvement au nombre d'animaux qu'on estime avoir conservé à la précédente fermeture. En pratique, pour tenir compte des animaux mortellement blessés non retrouvés, accidentés par la route ou capturés par le braconnage, il est prudent de prévoir une marge d'erreur de 20 %. Ce qui veut dire que chaque fois qu'on en a ramassé quatre, on doit considérer qu'on en a tué cinq.
Face au fort développement des populations de sangliers, de leurs dégâts, et au risque accru de peste porcine africaine, il est désormais recommandé d'alléger voire de supprimer les consignes de tir, ainsi que les amendes. Même le non tir des laies suitées est remis en cause. Ce tir n'aurait pas d'effet négatif sur la dynamique des populations. En outre, selon l'arrêté préfectoral (à vérifier), l'espèce pourra être chassable également en mars, et non plus classée nuisible durant ce mois.

• **Pourquoi faut-il réguler**: dégâts aux cultures (90 % des dégâts) et aux prairies (10 %). Les indemnisations versées aux agriculteurs sont exclusivement payées par les chasseurs. Elles représentent, additionnées aux frais de secrétariat, d'expertise, de prévention (pose et entretien des clôtures électriques), 60 millions d'euros par an. Plus des quatre cinquièmes de la facture sont dus au sanglier. Les indemnisations sont fonction du cours des cultures dévastées. Elles culminent dans les deux tiers nord de la France. Jusqu'en 1969, les agriculteurs pouvaient « repousser ou détruire les bêtes fauves qui porteraient dommage à leurs propriétés », en tout temps (de nuit comme de jour), par presque tous les moyens (avec sources lumineuses). C'est le « droit d'affût ». Résultat de cette traque : sangliers, cerfs et chevreuils ont été largement traqués et parfois éradiqués. En contrepartie de la suppression du droit d'affût, les chasseurs ont proposé d'indemniser les dégâts du grand gibier. Pour cela, ils ont créé un fonds spécial d'indemnisation qu'ils financent. En cas de dégâts de grand gibier occasionnés aux cultures agricoles et sur demande des agriculteurs, des experts nommés par les FDC établissent l'ampleur du problème et fixent un montant d'indemnisation selon un barème officiel.

Si le principe de l'indemnisation des dégâts agricoles du grand gibier a «sauvé» ce même grand gibier, il n'en demeure pas moins :

- que certains agriculteurs entretiennent des cultures «de provocation» implantées dans des secteurs jusqu'alors laissés en friche, ou des cultures les plus appétentes (maïs) en lisière de forêt ;
- qu'il est injuste de faire payer aux chasseurs exclusifs de petit gibier et de gibier d'eau des frais qui ne les concernent pas ;
- que le sanglier est responsable de 85 % des dégâts indemnisés, le cerf 11 %, le chevreuil 4 % ;
- que les dégâts de sanglier sont anormalement payés pour partie par les bracelets de cerf et chevreuil, de fait anormalement élevés.

Le pied du grand gibier

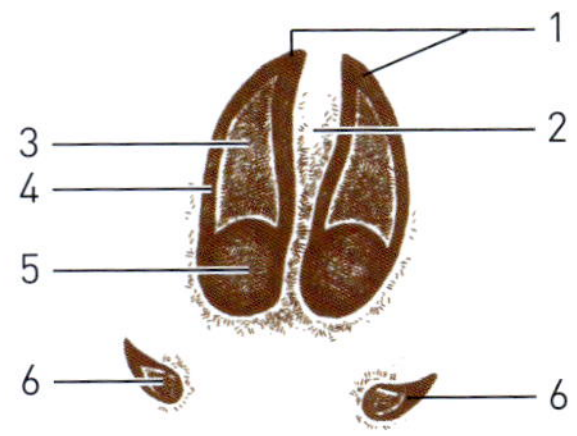

1 pinces
2 filet
3 sole
4 arête ou côté
5 éponge ou talon
6 Gardes du sanglier (s'appellent « os », chez le cerf), correspondent aux doigts arrière atrophiés

Sanglier ou cerf ?

L'empreinte du sanglier est plus ronde dans sa forme générale, ses gardes sont plus visibles, plus longues et positionnées quasi perpendiculairement aux pinces. Les os du cerf, lorsqu'ils apparaissent, sont dans l'alignement des pinces.

- **Situation et avenir** : il se tirait 36 429 sangliers en 1973, 100 000 en 1988, plus de 700 000 en 2017-2018, plus de 800 000 depuis 2019-2020 (801 345 en 2020-2021). Les fiefs du sanglier se multiplient : Nord-Est, Arc méditerranéen, Sologne, massif landais. La gestion des chasseurs n'explique pas seule la bonne santé de l'espèce. 3 autres facteurs – liés entre eux – sont décisifs :

- l'évolution des pratiques agricoles (hyper développement de la culture du maïs depuis la Seconde Guerre mondiale, très grand parcellaire, développement de l'irrigation, d'où des « océans de maïs » jusqu'en Alsace, cultures toujours plus énergétiques) ;
- l'évolution de l'aménagement du territoire (développement de zones non cultivées, non dérangées, non chassées, amplification du phénomène de fermeture du milieu, développement des ronciers, du maquis, de la garrigue, multiplication de zones refuges, véritables micro réserves situées jusqu'en secteur périurbain) ;
- l'évolution climatique (le réchauffement augmente les ressources alimentaires du sanglier, favorise le cycle de reproduction de l'espèce, améliore le taux de survie des animaux jeunes et malingres).

Depuis 2014, le sanglier est le premier grand gibier de France, devant le chevreuil.

Le chevreuil

Capreolus capreolus
famille des cervidés
(voir tableau précédent)

Faon, jeune animal jusqu'à 6 mois

• **Reconnaissance** : le plus petit des grands gibiers. Poil d'été court, d'un roux souvent très vif. Poil d'hiver long et gris foncé. Appelée « miroir » (ou « rose »), la tache postérieure est jaunâtre en été, blanche en hiver. Très visible lorsque l'animal la hérisse. Pas de queue apparente. Certains sujets portent sous le cou une ou deux taches claires, la « serviette ».

• **Distinction des sexes** : voir croquis ci-contre. Le brocard porte des bois ou des velours une longue partie de l'année.

Appellations du chevreuil	
Quel âge ?	Quel nom ?
jeune jusqu'à 5-6 mois	faon
jeune de 5-6 à 12 mois	chevrillard, mâle ou femelle
mâle	brocard
femelle	chevrette

Chevrette (et non chèvre)

Brocard

3 façons de reconnaître une chevrette d'un brocard	
chevrette	brocard
 La brosse vulvaire fait nettement saillie en poil d'hiver	 Le pinceau pénien est visible de profil, d'autant plus en poil d'hiver
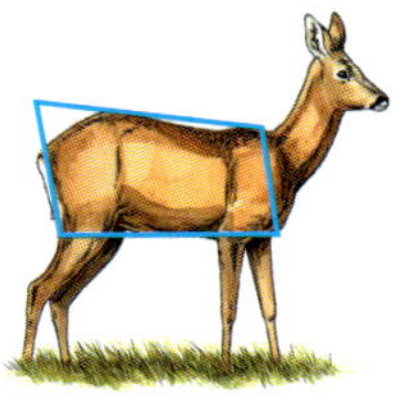 Le corps a une forme trapézoïdale, dont le centre de gravité est situé vers l'arrière	 Le corps a une forme trapézoïdale, dont le centre de gravité est situé vers l'avant
 Le miroir ou la rose – non hérissé – a *grosso modo* la forme d'un cœur	 Le miroir ou la rose – non hérissé – a *grosso modo* la forme d'un haricot ou rein

• **Les bois** : voir le croquis. Caractéristiques des seuls cervidés, ce ne sont pas des cornes (ongles ou sabots) mais des productions osseuses. Le « merrain » (ou la « perche ») peut dépasser 25 cm de long. Forme classique : 6 cors (3 x 2). Absence des andouillers postérieurs : brocard « 4 cors ». Absence des deux andouillers : « daguet ». Les bois de plus de six cors relèvent généralement de l'hors-norme.
Les bois tombent et repoussent chaque année. Les premiers apparaissent dès l'âge de 6 mois, sous forme de « broques » si petites (2-3 cm maximum, quelques millimètres le plus souvent) qu'on ne les distingue pas sous le poil. Les broques tombent trois mois plus tard, en février. La pousse des premiers bois véritables commence aussitôt, à l'abri d'une peau, le « velours ». Lorsque ces bois sont terminés et durcis, le brocard se débarrasse du velours en le

frottant contre de petits troncs ou des branches : il « fraie ». Cette opération se fait à l'âge de 1 an, en mai-juin. Ces premiers bois peuvent être de simples « dagues », parfois sous forme de mini-dagues (daguet « à boutons »), d'autres jeunes brocards portent 4, voire 6 cors. Aucun lien entre l'âge d'un brocard et le nombre de ses cors.
La chute (« mue ») se fait cinq mois plus tard, en novembre. Le cycle recommence, les bois tombant et se refaisant chaque année un peu plus tôt. Les vieux brocards perdent leurs bois dès la mi-octobre, leurs velours dès début mars. À partir de 3 ans, les bois arrivent à leur apogée. Puis ils commencent à « ravaler », à perdre de leur vigueur, à se raccourcir et à s'amincir par le haut.
Les bois du brocard sont exposés à de nombreuses fractures (sous velours surtout, et du pivot osseux) qui produisent des anomalies appelées « têtes bizardes ». Si le pivot est intact, elles disparaîtront à la tête suivante, s'il est atteint, elles se renouvelleront chaque année. Les beaux et grands trophées réguliers de 6 cors ne sont pas si nombreux.

Les bois du brocard

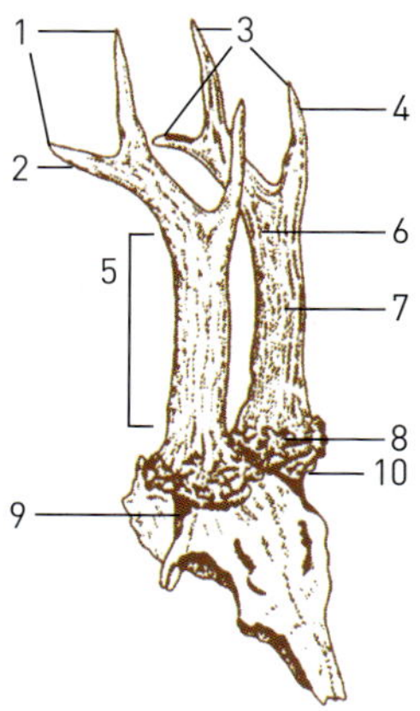

1 fourche sommitale
2 andouiller postérieur
3 cor ou pointe
4 andouiller antérieur
5 merrain ou perche
6 gouttières (sillons longitudinaux plus ou moins marqués)
7 perlure ou grain (relief plus ou moins abondant. Parfois absent, d'où des bois lisses)
8 meule ou couronne (bourrelet perlé plus ou moins développé, d'aspects variés)
9 pivot (socle osseux)
10 pierrures (perlures ornant la meule, plus ou moins abondantes)

- **Répartition** : partout (sauf la Corse).

- **Habitat** : le milieu le plus propice est un paysage varié, riche en couverts bas (taillis) d'assez faible surface entrecoupés de clairières, de cultures et de prés. Les mêmes milieux qui réussissent au faisan. Le chevreuil peut aussi prospérer en montagne (jusqu'à la limite supérieure de la forêt), en plaine cultivée rase, parsemée de rares boqueteaux (« chevreuils de plaine » de Beauce, Brie, Champagne berrichonne, Picardie).

- **Comportement** : solitaire et casanier, un brocard peut passer toute sa vie sur moins de 10 hectares si les circonstances s'y prêtent (nourriture, tranquillité).

Dès qu'ils ont refait leurs têtes (début mars), les adultes délimitent leur territoire par marquage visuel et olfactif : « frottis » aux arbres ; « grattis », grattage du sol avec le sabot ; « régalis », conjugaison des frottis et des grattis. Aucun rival n'y sera plus toléré. La chevrette forme avec son ou ses jeunes un groupe familial qui se cantonne à l'intérieur de zones d'activité pas aussi délimitées, généralement plus étendues que celles du mâle qu'elles peuvent chevaucher.
Très strict jusqu'après le rut, le comportement individualiste et territorial se relâche en automne et en hiver. À cette époque, on peut voir des groupes plus importants composés d'une chevrette, de son ou de ses chevrillards et du brocard le plus proche, qui se tient d'habitude en dernière position. Des mêmes, plus les jeunes de l'année précédente, qui ont réintégré le groupe familial après en avoir été chassés en été (mise bas et rut). De jeunes de 1 et 2 ans à la recherche de territoires (des nomades, en quelque sorte). De troupes parfois nombreuses formées de deux ou plus de ces petits groupes, qui se réunissent en cas de disette alimentaire hivernale pour exploiter en commun les rares places de nourrissage disponibles. Ces associations dites de détresse ne sont pas des hardes structurées comme celles du cerf, mais des groupements de circonstance. Grande importance pour la fixation et la cohésion d'un groupe familial même élargi, de l'animal de tête, qu'on appellera la chevrette « meneuse ».
Activité très fragmentée alternant jour et nuit les phases d'alimentation, de rumination, de repos. Intensité maximale juste après le lever du soleil, et juste à son coucher, moments choisis pour les déplacements les plus longs et les plus risqués. Une troisième sortie se fait souvent en fin de matinée (surtout l'été, « à l'heure de la messe », disent les Alsaciens). Mais on peut voir presque à toute heure des animaux sur pied à l'intérieur des enceintes.
Lorsqu'il est effrayé pour une cause mal ou non identifiée, le chevreuil « aboie » à plusieurs reprises (tel un chien). Petites, noires et brillantes, ses crottes s'appellent des « moquettes ». Le mâle « aboie » particulièrement au printemps lors des marches de patrouille sur son territoire.

- **Reproduction** : le brocard essaie d'attirer puis de retenir tour à tour plusieurs chevrettes sur son territoire. Rut marqué par de très violents combats avec des rivaux et par de longues poursuites de la femelle par le mâle (en rond ou en huit, autour d'un buisson ou d'un autre obstacle, un « rond de sorcières »). Même les vieux brocards, d'ordinaire invisibles, en oublient leur extrême prudence. Les chevrettes peuvent être saillies dès 1 an et mettre bas à 2 ans. Faute de pouvoir se tailler plus tôt un territoire, les brocards ne se reproduisent régulièrement qu'à partir de 3 ans.

La chevrette est soumise au phénomène de la « diapause embryonnaire » (ou « gravité prolongée »). Le développement de l'embryon reste bloqué pendant six mois. Sans cela, les petits naîtraient en janvier et auraient de fortes chances de périr. La durée de la gestation se trouve allongée à dix mois.
Sauf celles de 2 ans (qui n'en ont pas ou un seul), les chevrettes ont deux petits, plus rarement trois. Quasi-égalité des sexes à la naissance, avec des variations relativement importantes d'un territoire et d'une année à l'autre. Mise bas à

même le sol. La chevrette préfère la plaine au bois, notamment les prairies de fauche.
Comme pour le lièvre, il arrive qu'on découvre un nouveau-né que l'on croit abandonné. Il n'en est rien, la chevrette est aux abords, s'alimentant ou vous observant ! Ne vous attardez pas, ne touchez pas le jeune, passez votre chemin. La mère va revenir chercher son petit. Ce tout jeune chevreuil porte le nom de « faon » aussi longtemps qu'il est revêtu de sa « livrée » natale (jusqu'en septembre).

• **Mortalité** : très vulnérables, les faons sont exposés à trois types de danger : les pluies répétées au moment des naissances, qui transpercent leur pelage et les font mourir de froid. Les prédateurs : renards, chiens errants, sangliers, lynx et loups. La fauchaison des fourrages : le réflexe des faons n'étant pas encore de fuir, ceux-ci sont hachés. Fortes pertes juvéniles : 10 à 20 %. Quatre dangers pour les animaux plus âgés : les hivers longs et rigoureux, surtout en petite montagne. Les accidents : collisions routières, noyades dans des canaux ou des rivières endiguées. Les nombreuses maladies : digestives (diarrhées), parasitaires (dues aux œstres et strongles), infectieuses (charbon, salmonelloses, rage). Le braconnage. Pertes annuelles limitées semble-t-il à moins de 10 %.

• **Moyens de lutte** : prévention des promeneurs à l'interdiction de laisser aller des chiens non tenus en laisse en dehors des allées forestières du 15 avril au 30 juin. La veille de leur fauche, parcours à pied des prairies naturelles ou artificielles de bordure (avec accord de l'agriculteur) pour y répandre l'odeur humaine qui peut inciter la chevrette à éloigner ses faons. Mise en place et entretien d'appareillages de prévention contre les accidents sur les routes (réflecteurs), dans les cours d'eau endigués (radeaux, échelles). Lutte anti-braconnage. Administration de médicaments dans les pierres à sel.

• **Alimentation** : quatre parts. Végétaux ligneux : chêne, orme, merisier, charme, sapin, très peu le hêtre. Végétaux semi-ligneux : surtout ronces et lierre, d'un intérêt capital. Végétaux herbacés : recherchés en forêt (uniquement places ensoleillées), dans les prairies et les champs. Autres aliments : fruits durs (glands, faines), champignons.

• **Dégâts** : deux sortes. Les « abroutissements » de bourgeons et de pousses. Dégâts alimentaires que l'on distingue de ceux des rongeurs car la coupure n'est pas nette, le chevreuil devant arracher ce qu'il mange puisqu'il n'a pas d'incisives à la mâchoire supérieure. Les « frottis » sont des marques infligées aux jeunes plants flexibles, entre 20 cm et 1 mètre du sol, par les bois des mâles en trois occasions (chute du velours, marquage territorial, rut). Il s'agit de dégâts comportementaux qu'on identifie à l'absence de traces de dents.
Deux modes de protection : collectif, par engrillagement des parcelles. Individuel, par badigeonnage avec un répulsif, pose d'un corselet de grillage ou d'un piquet muni de pointes acérées autour des plants les plus menacés. En fait, il suffit de maintenir un épais roncier autour des jeunes plants pour aboutir

au même résultat, à moindres dommages pour les animaux et à moindres frais pour les forestiers. Les dégâts aux cultures céréalières (blé, betterave, sucrière) sont insignifiants, même dans le cas où les chevreuils s'y installent à demeure.

• **Aménagements** : deux éléments cruciaux. Les lisières (lié au caractère individualiste de l'espèce) et les places ensoleillées. Les cultures à gibier sont inutiles. En revanche, tout ce qui concourt à développer les ressources en herbe est le bienvenu, à deux conditions : que l'aménagement ne soit pas de forme compacte (un seul brocard pouvant alors s'en réserver l'usage), mais au contraire étiré en longueur (de manière à traverser plusieurs territoires). Et qu'il soit ensoleillé. Le meilleur moyen d'y parvenir est d'en recéper régulièrement les abords. Deux solutions : l'ouverture de prairies permanentes disséminées un peu partout. L'entretien (fauchage, épandage d'azote, de scories) des accotements de routes forestières, des allées, des layons.

• **Prélèvement** : 581 289 chevreuils, pour 699 377 attributions en 2020-2021 (stagnation des prélèvements depuis 5 saisons). L'objectif de la gestion est double. Quantitatif, comme pour le petit gibier, à cette différence près qu'un prélèvement insuffisant peut être presque aussi néfaste qu'un prélèvement excessif. Qualitatif, comme pour le sanglier, en raison de l'intérêt d'avoir – à nombre d'animaux égal – une population bien structurée. Les moyens d'y parvenir sont :

- le maintien de densités raisonnables en fonction de la capitale territoriale (au printemps, après chasse et avant naissances) :
    - 10-20/100 ha en milieu extrêmement favorable. Sol riche. Peuplement forestier fragmenté comportant beaucoup de taillis, de clairières, de lisières ;
    - 5-10/100 ha en milieu de qualité moyenne. Grands massifs feuillus-résineux de plaine ;
    - 3-5/100 ha en milieu pauvre. Futaies résineuses de montagne.

Au-delà de 15, on risque une dégradation des rapports sociaux même si la nourriture est suffisante. Au-dessous de deux, une perte de cohésion entre animaux trop dispersés ;

- le maintien du ratio des sexes. Comme il naît autant de femelles que de mâles, il faut en prélever à peu près autant ;
- le maintien de l'équilibre entre les classes d'âge. Il repose sur trois principes :
    - élimination intensive des jeunes, notamment des chevrillards. Les jumeaux étant la règle, on peut en prélever systématiquement un des deux ;
    - épargne presque absolue des adultes. Donc des chevrettes meneuses et des brocards territoriaux ;
    - récolte des vieux.

Au minimum, on doit répartir les prélèvements de la manière suivante : un tiers de chevrillards, un tiers de chevrettes, un tiers de brocards :

- à l'intérieur de chaque catégorie, tir préférentiel de certains animaux : boiteux et autres blessés, sujets maigres dont on voit les côtes, ceux qui

toussent très fréquemment, animaux qui tardent à perdre leur poil d'hiver, brocards qui tardent à perdre leurs velours, chevrettes non suitées, brocards à tête bizarde (certaines anomalies sont développées par des sujets malades). Attention : l'hyper-sélection par le trophée débouche à terme sur des densités excessives, avec pour conséquence automatique une régression des trophées ;
- la création de Groupements d'intérêt cynégétique (GIC) entre les chasseurs d'un même massif.

Compte tenu des taux de reproduction et de mortalité, une population de chevreuils s'accroît normalement chaque année d'environ 35 % de son effectif au printemps. Quand cet effectif est de 100 et qu'on souhaite le maintenir, on doit donc demander en théorie 35 bracelets. En pratique, il faut tenir compte des animaux mortellement blessés non retrouvés. Jusqu'à plus de 20 % du tableau dans le cas de battues bruyantes avec tir à plombs et sans recherche au sang systématique. Dans cette hypothèse, le nombre des bracelets serait réduit à un maximum de 28 %. Exemple : sur un bon lot de 500 ha bien peuplé et bien chassé, on doit prélever chaque année au moins 16 chevreuils répartis entre 5 chevrettes, 3 chevrillards femelles, 3 chevrillards mâles et 5 brocards – parmi lesquels 2 ou 3 adultes ou vieux. Ce qui est sans commune mesure avec les possibilités actuellement offertes dans la plupart des cas.

Pour bien gérer sa population, il convient de tirer :
- les chevrillards en septembre-octobre-novembre. On ne peut alors les confondre, même à la course avec des adultes ;
- les chevrettes de décembre à la fermeture. Auparavant, on risque de multiplier les orphelins non sevrés ;
- les brocards avant l'ouverture générale (approche et affût) ou le plus tôt possible en saison. Avant qu'ils n'aient perdu leurs bois et qu'ils ressemblent – au saut de l'allée – à des chevrettes.

• **Évaluation de l'âge** : pour les mâles, la taille et la corpulence adultes étant approchées dès 1 an et atteintes à 3, leur observation ne permet d'identifier à coup sûr que les chevrillards. Au-delà, on ne peut plus se fier qu'aux impressions produites par l'apparence physique et la façon d'être de l'animal. C'est évidemment très imprécis, mais tout à fait suffisant dans la pratique, où la question de savoir l'âge exact de tel ou tel individu n'offre aucun intérêt.
Pour les femelles, on observe, à mesure qu'elles prennent de l'âge : l'allongement apparent de la tête ; le rejet vers l'arrière des oreilles au repos ; le décharnement progressif du cou, qui finit par ressembler à une sorte de planche ; son rapprochement de l'horizontale ; la saillie du garrot ; l'alourdissement du ventre. Notons que pour les chevrettes comme pour les brocards, la mue de printemps se fait de plus en plus tard, jusqu'à près d'un mois d'écart entre les jeunes et les vieux en bonne santé.

On contrôle l'âge d'un animal en examinant une demi-mâchoire inférieure :
- la 3e prémolaire a 3 lobes (dent de lait) = chevrillard de moins de 10 mois ;

- la 3e prémolaire a 3 lobes + la 3e molaire juste apparue a 3 lobes = chevrillard de 10 à 12 mois ;
- la 3e prémolaire a 2 lobes (dent définitive) + l'air « neuf » = animal dans sa 1re année, de 1 à 2 ans ;
- les crêtes des dents sont plus ou moins émoussées = animal d'autant plus âgé que les 1re et 2e prémolaires et les molaires paraissent usées ;
- les dents sont tout à fait aplanies = animal mûr à vieux.

• **Situation et avenir** : longtemps le chevreuil fut le premier grand gibier de France, place qu'il laisse désormais au sanglier. La barre des 500000 réalisations a été franchie en 2004-2005. Pourtant, le chevreuil revient de loin. Il fut longtemps surchassé, très braconné, étant doublement fragilisé par sa taille modeste, qui en fait un grand gibier dont on peut s'emparer facilement et discrètement, et par le fait qu'il vive sur un territoire très délimité, de superficie modeste. Dans de nombreux secteurs de plaine et de bocage, il avait disparu jusque dans les années 1970-1980. Son retour est dû à la suppression du droit d'affût des agriculteurs (1969), à l'instauration du plan de chasse national obligatoire (1978) et aux campagnes de lâchers de repeuplement organisées et financées majoritairement par les chasseurs, avec le concours des forestiers d'État. Bien qu'il puisse être l'auteur de dégâts forestiers et parfois agricoles (vignes), le chevreuil demeure un grand gibier essentiel. Il constitue le fonds de chasse de très nombreux territoires, ne gênant « que » les chasseurs de sanglier aux chiens courants ainsi que les veneurs de chevreuil dont les meutes peinent à chasser dans le change.

Le cerf élaphe

Cervus elaphus
famille des cervidés
(voir tableau précédent)

Cerf

• **Autres appellations** : cerf européen, cerf rouge, cerf noble.

• **Reconnaissance** : poil d'été roux, poil d'hiver plus ou moins gris. Le « cimier », tache postérieure plus claire, est beaucoup moins net que chez le chevreuil. Queue de 20 cm, collée au corps mais bien visible. Le mâle arbore au rut et en hiver une crinière sombre, le « fanon », qui s'épaissit avec l'âge.

• **Distinction des sexes** : différences de taille, de silhouette et de physionomie si nettes qu'aucune erreur n'est possible. Sauf entre de petits daguets et de jeunes « biches ». Seul le mâle porte sous le ventre une tache sombre, le « tablier », qui aide à déterminer le sexe même sur des faons en poil d'hiver.Non

Biche

Faon, jeune animal jusqu'à 6 mois

Hère, jeune mâle de 6 mois à 1 an

Daguet, jeune mâle de 1 à 2 ans

seulement le mâle est le seul à porter des bois, mais en outre il les perd hors saison de chasse, ce qui réduit à presque rien les risques de confusion.

• **Les bois** : même nature et mêmes caractéristiques que ceux du brocard, mais structure plus compliquée. Le « merrain » (ou la « perche ») est plus long que celui du brocard et plus épais, puisque des merrains dépassent 1 mètre.

Les bois du cerf tombent et repoussent chaque année sous le velours. Les premiers sont frayés fin septembre-début octobre de la deuxième année. Le cerf, âgé d'1 an, est à sa « première tête ». Comme ces bois sont le plus souvent de simples dagues (dépourvues de meules, de quelques cm à plus de 60 cm), on l'appelle « daguet ». Ces bois tombent début avril de l'année suivante. La pousse des seconds commence aussitôt et s'achève début août. Âgé de 2 ans, le cerf est alors à sa « seconde tête ». Le cycle recommence, les bois tombant et se refaisant chaque année un peu plus tôt jusqu'à l'âge adulte. Les cerfs mûrs perdent leurs bois dès fin janvier pour les plus précoces, et leur velours dès juillet.

Les bois du cerf atteignent leur apogée entre 10 et 13 ans environ, selon les individus. A partir de 14 ans environ, les bois régressent, le cerf « ravale ». Idées fausses : il n'y a strictement aucun lien entre l'âge de l'animal et le nombre de ses cors. Et le bois ne porte pas chaque année un cor de plus.

Les cerfs utilisent leurs ramures pour établir une hiérarchie sociale, au rut bien sûr, mais dès la fin des refaits. Les bois les plus efficaces ne sont pas forcément les plus ramifiés, mais les plus puissants, les plus épais et les plus lourds.

Les bois du cerf

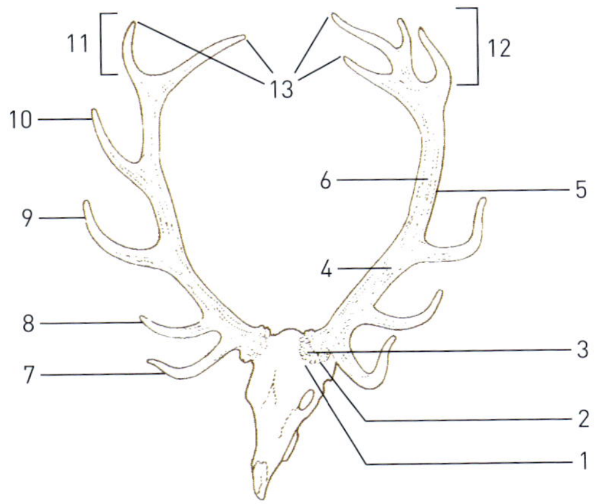

1 pivot (socle osseux)
2 meule ou couronne (bourrelet de cicatrisation perlé. N'apparaît que sur les seconds bois, à 2 ans)
3 pierrures (perlures ornant la meule)
4 perlures ou grain (relief plus ou moins abondant)
5 merrain ou perche (le tronc du bois)
6 gouttières (sillons longitudinaux plus ou moins marqués)
7 andouiller de massacre ou andouiller d'œil ou maître andouiller (apparaît systématiquement)
8 surandouiller (apparaît de façon inconstante)
9 chevillure ou andouiller médian (apparaît quasi systématiquement)
10 trochure (participe de l'empaumure, apparaît de façon inconstante)
11 fourche ou enfourchure
12 empaumure (de formes et d'appellations variées)
13 épois (pointes sommitales). L'ensemble des autres excroissances se nomment pointes ou cors (on évoque, par exemple, un cerf 12 cors).

• **Répartition** : presque toute la France (sauf la Corse).

• **Habitat** : à l'origine, le cerf est un animal de milieux intermédiaires (steppes arborées, landes). Il est aujourd'hui inféodé aux massifs forestiers de plaine et de moyenne montagne. Les meilleurs massifs sont à sol calcaire et peuplement feuillu (surtout de chêne), entourés de champs cultivés, parsemés de vastes clairières herbeuses, riches en eau.

• **Comportement** : les « hardes » sont de trois types principaux : des hardes de biches et de jeunes, conduites par une biche « meneuse » expérimentée, et constituées pour l'essentiel d'une somme de trios, dont chacun constitue ce qu'on appelle une cellule de base. Cette cellule est constituée d'une biche, de son faon de l'année, de sa bichette ou de son daguet de l'année précédente. Ensuite des hardes de très jeunes mâles (2 à 4 ans et d'éventuels daguets

orphelins), vivant à l'écart de celles des biches, mais sans jamais perdre le contact. Enfin, des hardes de mâles subadultes et adultes (5 ans et plus), qui ne se rapprochent des biches qu'au seul moment du rut. L'animal le plus fort et le plus expérimenté s'y tient à la dernière place. Pour leur part, les cerfs adultes à vieux mériteraient autant que les sangliers le nom de solitaires.
Activité surtout nocturne. Les grands déplacements entre remises et gagnages se font au lever et au coucher du jour. Si les animaux ne sortent en plaine qu'à la nuit tombée, c'est pour des raisons de sécurité. Le plus souvent, ils s'y reposent et ruminent sur place entre les repas du soir et du matin.

• **Reproduction** : le mâle cherche à conquérir le territoire des femelles (clairière, pâture, champ) et à le conserver durant un mois. Principales manifestations du rut : marquages olfactifs et visuels par « frottis », parades d'intimidation, combats, duels sonores appelés « brame ». La compétition pour ces « places de brame » n'oppose normalement que des cerfs entrant dans l'âge adulte (7-8 ans et plus). Les jeunes mâles se contentent de tourner autour dans l'espoir de profiter d'un moment d'inattention du « maître de place » pour enlever une biche à la sauvette.
Les biches ont généralement leur premier faon à 3 ans. Appelées « bréhaignes », les vieilles biches stériles sont beaucoup plus rares sur le terrain que dans les livres.

• **Mortalité** : les dangers sont les mêmes que pour le chevreuil mais moins graves, le cerf étant physiquement et psychiquement beaucoup plus solide. Ce qui n'empêche pas l'espèce d'être la proie de grosses meutes de loup. La moyenne des pertes annuelles est de 5 % pour les jeunes de l'année, pas plus de 3 % pour les autres. Le braconnage pour la venaison ou les trophées peut être considérable. Le dérangement des places de brame, à cause des observateurs ou des photographes dits « animaliers », peut troubler sérieusement le déroulement du rut, les animaux devenant très discrets ou changeant de secteur.

• **Moyens de lutte** : interdire aux automobiles (barrières cadenassées) le maximum d'allées et de routes forestières. Recherche des animaux à l'aide de sources lumineuses, même pour seulement les voir, interdite par la loi.

• **Alimentation** : forte proportion des aliments tendres (céréales, tubercules) ou herbacés. Proportion des aliments ligneux ou semi-ligneux moindre (2/3 contre 1/3). Les années à fortes glandées sont favorables au grand cervidé autant qu'au sanglier et qu'au chevreuil.

• **Dégâts** : en plus d'abroutissements et de frottis semblables à ceux du chevreuil, le cerf s'attaque aux arbres d'une autre façon : « l'écorçage », ou consommation de l'écorce des jeunes sujets. On les distingue d'un frottis aux traces laissées par les coups de dents. Protection des cultures : *idem* sanglier. Protection des plantations forestières : *idem* chevreuil.

• **Aménagements**: les cultures à gibier (céréales d'hiver, crucifères) doivent être vastes, réparties sur tout un massif. Le gros de l'effort doit porter sur les prairies permanentes, les recépages de taillis, les vergers, l'important réseau de pierres à sel placées à proximité des souilles de cerf. Affouragement d'appoint réservé aux conditions extrêmes (hiver rigoureux en montagne).

• **Prélèvement**: 69 876 cerfs, pour 102 636 attributions en 2020-2021 (hausse des prélèvements permanente). Trois priorités. Premièrement: maintien de densités raisonnables en fonction de la capacité territoriale: 3-5/100 ha au printemps (après chasse et avant naissances) en milieu favorable, 2/100 ha en milieu pauvre. Une population n'étant pas concevable sans un minimum de 150 têtes au printemps, il lui faut au moins 5000 ha (forêts feuillues de plaine) à 7500 ha (forêts résineuses de montagne). L'espèce étant grégaire, une densité de 3/100 ha ne signifie pas qu'on rencontre trois animaux tous les 2 km. Au contraire, certains secteurs sont beaucoup plus peuplés (cantonnements des hardes de biches), d'autres à peu près vides. Lorsque la capacité d'accueil est dépassée, les premiers animaux qui émigrent sont les cerfs les plus âgés, les reproducteurs naturels. Deuxièmement: maintien de l'égalité des sexes. Troisièmement: maintien de l'équilibre entre les classes d'âge.
Au minimum, on doit répartir les prélèvements ainsi : un tiers de faons, un tiers de biches, un tiers de cerfs. À l'intérieur de ces derniers: un tiers de daguets, un tiers d'autres mâles très jeunes (2-3 ans), un tiers de cerfs les plus âgés possible (pas avant 9-10 ans). Pour maintenir l'égalité des sexes dans une population, il faut utiliser chaque année deux fois plus de bracelets de « non coiffés » (biches et faons) que de « coiffés » (mâles portant des bois).
À l'intérieur de chaque catégorie, on tire de préférence les biches non suitées (à commencer par les bichettes) et celles dont on a déjà prélevé le faon ; les orphelins des deux sexes (faons, bichettes, daguets) systématiquement rejetés par les hardes ; les animaux en mauvaise condition physique (blessés, maigres). La sélection par le trophée ne doit jamais prendre le pas sur la sélection par classe d'âge. Rappelons que l'on ne tire jamais la « biche meneuse ».
La création d'un Groupement d'intérêt cynégétique entre chasseurs d'un massif est encore plus nécessaire que pour le chevreuil, puisque les surfaces en cause sont plus grandes et que la majorité des animaux passent d'un territoire à l'autre.
Une population de cerfs s'accroît chaque année d'environ 25 % de son effectif au printemps. Quand cet effectif est de 100 et qu'on souhaite le maintenir, on doit demander en théorie 25 bracelets. En pratique, comme le cerf porte très bien la balle, il est prudent de baisser ce chiffre de 10 à 20 % suivant les modes de chasse à tir pratiqués. Les différentes catégories d'animaux étant faciles à distinguer les unes des autres, il n'est pas besoin d'établir un calendrier des prélèvements comme pour le chevreuil. Mais il faut être extrêmement prudent dans le tir des biches (autres que bichettes) avant la mi-janvier, en raison du problème des orphelins.

- **Évaluation de l'âge** : nous pouvons considérer 6 grandes catégories de mâles :
- le hère (mâle dans sa 1re année, ayant perdu sa livrée de faon) ;
- le daguet (1 an) ;
- les autres très jeunes cerfs (2-3 ans, ayant dorénavant des bois plus ou moins ramifiés) ;
- les cerfs subadultes (4-6 ans) ;
- les cerfs adultes (8-11 ans), classes à épargner ;
- les cerfs mûrs et vieux (au-delà de 11 ans), qu'on s'efforce de récolter avant qu'ils ne ravalent.

Héritées de l'Ancien Régime, les catégories propres à la vénerie sont :
- 1 an, le daguet ;
- 2 ans, la seconde tête ;
- 3 ans, la troisième tête ;
- 4 ans, la quatrième tête ;
- 5 ans, le dix cors jeunement ;
- 6 ans et plus, le dix cors.

Cette description ne cherche pas à établir d'équivalence entre l'âge et le nombre de cors. Elle ne prétend pas décrire l'ensemble de la vie du cerf, mais seulement sa phase de croissance. Le nom de « dix cors », loin d'être réservé à des animaux adultes ou âgés, désigne bien souvent des sujets subadultes, de jeunes mâles.

On contrôle l'âge d'un animal en examinant une mâchoire inférieure :
- la 3e prémolaire a 3 lobes (dent de lait) = animal de moins de 5-6 mois, faon ;
- la 3e prémolaire a 3 lobes + 1 molaire (dent définitive) = animal de 5-6 à 12 mois, hère et jeune bichette ;
- la 3e prémolaire a 3 lobes et 3 crêtes nettes + 2 molaires = animal dans sa 1re année, de 1 à 2 ans, daguet et bichette ;
- la 3e prémolaire a 2 lobes + 3 molaires + la 3e molaire a 3 lobes = animal de 2 ans et plus ;
- les crêtes des dents sont plus ou moins émoussées = animal d'autant plus âgé que les crêtes de la 1re molaire paraissent usées ;
- les dents sont aplanies = animal mûr à vieux.

- **Situation et avenir** : confiné dans quelques grands massifs forestiers de plaine jusqu'au lendemain de la Seconde Guerre mondiale, le cerf a toujours souffert des temps « troubles », telles l'Occupation puis la Libération. Le droit d'affût accordé aux agriculteurs, jusqu'à ce que la loi du 27 décembre 1968 le supprime en échange de l'indemnisation des dégâts agricoles, fut également préjudiciable au développement de l'espèce. Les chasseurs repeuplèrent les territoires, notamment les veneurs en forêt domaniale dès les années 1950-1960. Suite à la demande des amateurs de la chasse de grand gibier menés par l'Ardennais François Sommer, les premiers plans de tir sont apparus en 1954 (cerf et chevreuil), ont été appliqués en forêt domaniale, puis dans certains départements. Il a fallu attendre la loi du 29 décembre 1978 pour qu'ils deviennent obligatoires pour quatre espèces : cerf, chevreuil, daim et mouflon.

Résultat de la gestion et de l'évolution du milieu, notamment la progression continue de la forêt : l'on a tué 5395 cerfs en 1973-1974 contre dix fois plus de nos jours. Hélas, la loi du 11 septembre 2014 soumet davantage la gestion du cerf – et du chevreuil – aux impératifs économiques forestiers. Aussi nous assistons désormais à un bras de fer entre les forestiers d'État (ONF), les forestiers privés et les chasseurs en matière de gestion des plans de chasse cerf, mais aussi chevreuil. Les forestiers souhaitant faire baisser les populations des cervidés, et donc augmenter leurs plans de chasse, voire les supprimer. Il est à craindre que l'âge d'or du cerf dans nombre de régions françaises ait vécu.

Le cerf de Corse

Le cerf de Corse est précisément un animal corso-sarde. Des études génétiques ont livré récemment le mystère de ses origines. En fait, il s'avère qu'il descend des cerfs de l'est de l'Europe, introduits d'abord en Sardaigne, puis dans la proche Corse. Cela se déroula il y a au moins 3 500 ans, lors des premiers peuplements humains des deux îles.

Toujours est-il que l'animal évolua différemment de l'espèce continentale : plus petit (mâle : 85-110 cm au garrot et 100-130 kg, contre 75-90 cm et 50-85 kg pour la femelle) ; jambes courtes ; robe plus foncée et plus unie ; ramure moins développée (10 à 12 cors maximum) ; brame plus grave.

Jusqu'à la fin du XVIIIe siècle, le cerf de Corse fut assez commun sur l'île. Puis, surchassé et braconné, il disparut de Corse vers 1968 (région de Fium'Orbu). L'espèce ne survécut que dans le sud de la Sardaigne. En 1985, à l'initiative du Parc naturel régional de Corse et avec la coopération des chasseurs, 4 de ces animaux sardes rejoignirent un enclos d'élevage qu'accueillait volontiers la commune de Quenza. 4 autres cerfs les y rejoignaient en 1987, auxquels s'ajoutaient les deux premiers faons nés sur le sol corse. Puis, deux autres enclos furent créés (Casabianda et Ania di Fium'Orbu).

En 1998, un premier lâché de 16 animaux eut lieu (vallée d'Asinau). Jusqu'en 2017, ce sont 320 cerfs qui furent réintroduits dans 5 secteurs (Caccia-Ghjunsani,Venacais, Fium'Orbu, Alta Rocca, Dui Sorru-Dui Sevi). En 2019, la population est estimée à 3 000 animaux (contre 15 000 en Sardaigne). L'espèce est présente sur moins de 10 % du territoire corse, et occupe les étages compris entre 200 à 1 500 mètres d'altitude.

À la demande des chasseurs notamment, le cerf de Corse a été classé espèce protégée en 2019.

Le daim

Daim et daine

Dama dama
famille des cervidés
(voir tableau précédent)

• **Reconnaissance** : courte queue sans cesse en mouvement. Bois palmés. Chaque bois comprend de bas en haut : 1 andouiller de massacre, 1 chevillure, 1 palette plus ou moins festonnée de pointes. Les bois commencent à tomber en avril et se refont jusqu'en août.

• **Répartition** : un millier d'animaux dans le Ried alsacien (forêt primaire le long du Rhin) constituent la seule population notable en territoire ouvert (Bas-Rhin et Haut-Rhin). Seine-et-Marne (200 animaux), Pyrénées-Orientales (100). Répartition très dispersée.

• **Habitat** : boqueteaux et forêts.

• **Comportement** : grégaire. Les mâles adultes font bande à part sauf lors du rut.

• **Reproduction** : rut un mois plus tardif que celui du cerf. Cris brefs, graves, discrets. Combats particulièrement violents.

• **Mortalité** : affections parasitaires et microbiennes comme les autres cervidés. Semble plus résistant.

• **Alimentation** : *idem* cerf élaphe. Prédominance de la part herbacée sur les abroutissements ligneux.

• **Dégâts** : les sylviculteurs français redoutent la dent du daim, ce qui n'est pas le cas dans de nombreux pays d'Europe de l'Est où l'espèce est largement représentée dans les forêts ouvertes.

• **Prélèvement** : 1 401 daims, pour 3 694 attributions en 2020-2021 (légère hausse des prélèvements depuis 4 saisons).

• **Situation et avenir** : malgré des attributions de plans de chasse élevées, le daim poursuit sa progression. L'espèce peuple de nombreux territoires, des sujets s'en échappent régulièrement, sont éventuellement lâchés en cas de surdensité. L'espèce fait désormais partie du patrimoine alsacien. Faut-il l'éradiquer ailleurs ? Le daim était présent dans toute l'Europe avant la dernière glaciation (-60000 à -10000 ans). Les Romains l'y auraient réintroduit vers 150 après Jésus-Christ.

Le cerf sika

Cervus nippon
famille des cervidés
(voir tableau précédent)

• **Reconnaissance** : sorte de cerf tacheté de modèle réduit. Atteignant rarement 60 cm, chaque bois en forme de V comprend, de bas en haut : 1 andouiller de massacre, 1 chevillure, 1 fourche perpendiculaire à l'axe du corps, soit un total de 8 cors.

• **Répartition** : les noyaux de population proviennent de sujets échappés de parcs. Plus importantes populations : Seine-et-Marne (200 animaux environ), Oise, Bouches-du-Rhône. Plus forts tableaux de chasse (décroissant) : Loiret, Yvelines, Haut-Rhin, Oise.

• **Habitat** : surtout aliments herbacés.

• **Comportement** : *idem* cerf élaphe. En plus discret.

• **Reproduction** : *idem* cerf élaphe. Les cris du mâle ressemblent à des sifflements ou à de véritables cris de désespoir.

• **Prélèvement** :120 cerfs sikas, pour 361 attributions en 2020-2021 (reprise d'un fort niveau de prélèvements).

• **Situation et avenir** : le cerf sika semble poursuivre sa progression. Ce qui est regrettable car l'espèce, purement exotique, commet de graves dégâts forestiers. Par ailleurs, elle s'hybride avec le cerf élaphe (cas observés à Chambord en 1967 et dans les Bouches-du-Rhône en 2004). Pour ces raisons, l'espèce doit être éradiquée.
Les cerfs sika de France descendent pour partie de 1 mâle et 3 femelles offerts en 1890 par l'empereur du Japon à Sadi Carnot, président de la République. L'espèce provient d'Extrême-Orient et compte plusieurs sous-espèces (du sud-est de la Chine, de Mandchourie, de Corée et du Japon).

7 LE GIBIER DE MONTAGNE

Visite guidée des 4 étages

La montagne se divise en quatre zones :

- l'étage montagnard : 800 à 1600 mètres. Prairies et forêts feuillues ou mixtes ;
- l'étage subalpin : 1600 à 2400 mètres. Forêts de résineux ;
- l'étage alpin : 2400 à 3000 mètres. Pelouses et formations buissonnantes se raréfiant avec l'altitude ;
- l'étage nival : au-dessus de 3000 mètres. Sans végétation ou presque.

4 familles de gibiers montagnards

Le bestiaire montagnard se répartit en quatre familles, toutes sédentaires :

- les espèces reliques de l'ère glaciaire (lièvre variable et lagopède). Elles nécessitent que l'on aille dans les pays nordiques pour les trouver encore en plaine ;
- les espèces naturellement montagnardes (chamois, isard, mouflon, marmotte, bartavelle) ;
- les espèces de plaine qui ont fui l'emprise de l'homme (grand et petit tétras, gélinotte) ;
- les autres espèces de plaine et de bois, mais seulement dans les étages inférieurs.

Les modes d'adaptation aux grands froids de ces espèces sont aussi originaux que variés : migrations d'altitude, hibernation, enfouissement sous la neige, mue d'hiver en pelage ou en plumage blanc.

Une montagne très fragile

La France est composée de plusieurs massifs montagnards, lesquels accueillent une faune diversifiée. Revers de la médaille, le pays possède également le plus grand domaine skiable du monde (plus de 8000 km de pistes et 352 stations). Les aménagements et les pratiques (ski hors pistes, raquettes) menacent grandement la faune sauvage de montagne en termes de destruction du milieu naturel et de dérangement. Cela est d'autant plus vrai pour les oiseaux au moment où ils sont les plus vulnérables, au cœur de l'hiver. Le développement du tourisme estival en moyenne et haute montagne accentue les menaces.

D'eux-mêmes, les chasseurs se restreignent en mettant au point des plans de chasse de toutes les formes, limitant les quotas et la période de chasse. Hélas, bien souvent cela ne suffit pas à sauvegarder les espèces, lesquelles souffrent beaucoup des activités touristiques citées précédemment, mais aussi de la fermeture du milieu due au déclin de l'activité pastorale et du réchauffement climatique, ainsi que de la mécanisation de la sylviculture.

En un coup d'œil :
Les 5 petits gibiers à plume de montagne

	perdrix bartavelle	gélinottes des bois	lagopède alpin	tétras lyre	grand tétras
Espèce	perdrix bartavelle	gélinottes des bois	lagopède alpin	tétras lyre	grand tétras
Appellation mâle, femelle, jeune	coq, poule, poussin, perdreau (bartavelle)				
Poids	520-770 g	335-480 g	420-540 g	1,1-1,2 kg	2,5-6 kg
Longueur	32-38 cm	35-41 cm	34-36 cm	40-52 cm	60-87 cm
Envergure	46-53 cm	48-54 cm	54-60 cm	65-80 cm	87-125 cm
Répartition	Alpes	Alpes, Jura, Vosges, Ardennes	Alpes, Pyrénées	Alpes	Pyrénées, Massif central, Jura, Vosges
Altitude	700-3000 m	200-1800 m	1800-3650 m	700-2300m	400-2400 m
Lieu de repos	au sol	se perche	au sol	se perche	se perche
Tempérament	grégaire	solitaire ou en couple	grégaire	grégaire	grégaire (hiver et avant reproduction) et solitaire
Comportement sexuel	monogame	monogame	monogame	polygame	polygame
Nid	au sol	au sol	au sol	au sol	au sol
Nombre de couvées/an	1	1	2	1	2
Époque de ponte	fin mars à fin avril	mi-avril à début mai	fin mai	mi-mai à début juillet	mi-mai à mi-juin
Durée de couvaison	24 jours	23-27 jours	21-23 jours	24-27 jours	24-26 jours
Époque d'éclosion	fin juin à début août	fin mai à début juillet	juin-juillet	juin	juin-juillet
Nombre d'œufs/couvée	8-14	7-12	5-9	5-10	6-7

La perdrix bartavelle

Alectoris graeca
famille des phasianidés
(voir tableau précédent)

- **Autre appellation** : perdrix grecque.

- **Reconnaissance** : ressemble à une grosse perdrix rouge. Signes distinctifs : pas de semis de gouttelettes noires sur la poitrine ; collier plus large et plus net ; dos tirant sur le gris ; deux larges barres transversales noires au lieu d'une sur les plumes du flanc. Distinction des sexes très délicate, par examen des ergots (voir la présentation de la perdrix rouge).

- **Confusion éventuelle** : avec la perdrix rouge.

- **Répartition** : Alpes (4000-6000 oiseaux).

- **Habitat** : en été, monte jusqu'à 3000 mètres pour s'installer sur les terrasses, crêtes, pentes herbeuses et au pied des grandes parois. Son goût pour le soleil et la sécheresse fait qu'elle se tient presque toujours dans les adrets. En hiver, la neige l'oblige à descendre dans des zones refuges situées à 700 mètres. En période de reproduction, elle évolue entre 1500 et 2500 mètres.

- **Comportement** : vit en compagnies de 2 à 12 sujets. Cherche sa nourriture à pattes. Vole peu.

- **Reproduction** : les couples se forment fin mars. Vague nid installé au pied d'un rocher, d'un arbre ou d'un arbrisseau. Taux d'accroissement annuel inconnu, mais certainement très faible. Peut s'hybrider avec les perdrix rouge et choukar (lâchées dans les secteurs à bartavelle jusque dans les années 1990), ce qui a entraîné un affaiblissement génétique de l'espèce.

- **Mortalité** : rapaces en été, carnassiers à fourrure en hiver. L'abandon de l'économie agropastorale traditionnelle au profit du tourisme risque d'être fatal à l'espèce, en recul très net même dans les réserves et les parcs.

- **Alimentation** : plantes, recherche de graines jusqu'aux abords des granges en hiver. Son incapacité à s'alimenter sur les arbres, comme le font les tétras, la handicape énormément l'hiver.

• **Prélèvement** : très faible. Chasse autorisée dans quatre départements. Prélèvement très faible dû aux difficultés de sa chasse. Tableau national moyen de 171 oiseaux/saison (1998-2004).

• **Situation et avenir** : jusqu'aux années 1990, l'espèce régressa avant de marquer un retour notamment dans les Alpes du Nord (Haute-Savoie). Subit le dérangement lié aux activités touristiques.

La gélinotte des bois

Bonasa bonasia
famille des tétraonidés
(voir tableau précédent)

• **Reconnaissance** : ressemble à une grosse perdrix. S'en distingue par son plumage brun-rouille tacheté de blanc, une queue grise plus longue barrée d'un large trait noir (2-3 cm) presque à son bout, une petite huppe sur la tête. Bien qu'il s'agisse d'un tétraonidé, ses pattes ne sont que partiellement emplumées. Distinction entre les sexes presque impossible en action de chasse, mais possible en main. Mâle : teintes plus vives, gorge noire bordée de blanc. Femelle : teintes plus ternes, gorge blanchâtre.

• **Confusion éventuelle** : en vol, avec la poule du petit tétras. Mais la queue de cette dernière n'est pas barrée de noir.

• **Répartition** : surtout Alpes et Jura. Ardennes et Vosges. Très rare dans les Pyrénées et le Massif central.

• **Habitat** : forêts mixtes de moyenne montagne les plus diversifiées possible, non seulement en essences (feuillus, résineux), mais aussi en structures (lisières, clairières). Un riche et dense sous-bois de feuillus et d'arbrisseaux paraît être indispensable.

• **Comportement** : territoriale. Très arboricole, se branche pour la nuit en toute saison, mais aussi au milieu du jour en hiver. Les compagnies familiales se dispersent en septembre par émancipation des jeunes, juste avant la réunion des couples.

• **Reproduction** : les couples se forment dès l'automne, époque où l'activité territoriale est intense et où le coq appelle la poule par des sifflements aigus mais légers. Ces mêmes sifflements s'entendent à nouveau de la mi-mars à la fin avril, pendant la parade.

• **Mortalité**: œufs très exposés aux carnassiers à fourrure. Braconnage (au collet) facile à cause de la territorialité de l'oiseau.

• **Alimentation**: beaucoup de jeunes pousses, de feuilles au printemps, de baies, de fruits en été et en automne, de bourgeons, de chatons en hiver.

• **Prélèvement**: très faible du fait du mauvais état de conservation. Chasse autorisée dans quatre départements (Alpes). Tableau national moyen de 48 oiseaux/saison (1998-2004).

• **Situation et avenir**: a pratiquement disparu de tous ses habitats de plaine (exceptées quelques rares forêts de plaine du Nord-Est). Devenue par la force des choses un gibier de montagne qui même là est en voie de régression. Subit le dérangement lié aux activités touristiques. L'industrialisation de la sylviculture menace l'espèce. Les chasseurs doivent proposer des mesures de conservation.

Le lagopède alpin

Lagopus mutus
famille des tétraonidés
(voir tableau précédent)

Lagopède alpin en en phase finale de mue de printemps

• **Reconnaissance**: même taille que la bartavelle, mais poids inférieur d'un tiers. Pieds très emplumés. Le plumage ne cesse de changer de couleur au fil des mois: blanc pur en hiver (novembre à mi-avril), avec un bandeau noir du bec à l'œil chez le coq. Brun foncé en été (première quinzaine de juin à septembre) avec le ventre blanc chez le coq, plus uniformément roussâtre chez la poule. Dans les deux cas, la plus grande partie des ailes reste blanche. Encore plus bigarré de brun et de blanc pendant les mues de printemps et d'automne.

• **Répartition**: Alpes (16000 oiseaux) et Pyrénées (4000 oiseaux). Malgré son nom, l'oiseau vit bien dans les deux massifs.

• **Habitat**: jusqu'à la limite des sommets rocheux et des glaciers en été (3650 mètres), où les oiseaux se tiennent dans les ubacs. Aire de reproduction de 2200 à 2700 mètres. Toute la vie du lagopède se déroule à l'étage alpin.

• **Comportement**: assez semblable à celui de la bartavelle. En hiver, s'abrite en se laissant enfouir sous la neige, mais sans y creuser de galeries comme le petit tétras.

• **Reproduction** : généralement monogame, cas de bigamie. Très discrètes, les parades se font en mai-juin. Nid dans une simple dépression. Taux d'accroissement inconnu, sûrement très faible.

• **Mortalité** : renard en hiver, quand les compagnies se rapprochent de la limite des forêts. Son aptitude à se tenir sur les hauteurs le protège relativement bien des transformations du milieu et de l'invasion touristique.

• **Alimentation** : bourgeons et feuilles d'arbrisseaux rampants, lichens, aliments ligneux (aiguilles, rameaux, écorces, racines).

• **Prélèvement** : très faible. Tableau national moyen des Alpes (6 départements) de 259 oiseaux/saison (1998-2004). Tableau national moyen des Pyrénées (4 départements) de 49 oiseaux/saison (1998-2004).

• **Situation et avenir** : en légère baisse. Subit le dérangement lié aux activités touristiques.

Le tétras lyre

Tetrao tetrix
famille des tétraonidés
(voir tableau précédent)

• **Autres appellations** : petit tétras, petit coq de bruyère.

• **Reconnaissance** : modèle réduit du grand tétras (voir plus loin). La poule est plus petite d'un tiers et arbore un plumage brun-roux entièrement « écaillé » de noir.

Coq de tétras lyre

• **Confusion éventuelle** : entre la poule et la gélinotte.

• **Répartition** : Alpes (16000-20000 oiseaux) et très localement Ardennes. Les Alpes du Nord sont le bastion de l'espèce.

Poule de tétras lyre

• **Habitat** : prairies et landes à aulnes, rhododendrons et arbustes nains, ainsi que lisière supérieure des massifs résineux qu'elle surplombe. Recherchant les sols humides et la fraîcheur, l'oiseau se tient presque toujours dans les ubacs.

• **Comportement** : se perche beaucoup moins souvent que le grand tétras, même pour la nuit, surtout en été et en automne. À partir de fin octobre, se tient au bois et s'y regroupe en bandes comptant jusqu'à plus de 20 individus, le plus souvent du même sexe. En hiver, résiste au froid en passant l'essentiel de son temps à l'abri de tunnels ou « loges » (analogues à des igloos) creusés dans la neige. Sauf en cette même saison, il est aussi bavard que le grand tétras est muet.

• **Reproduction** : rut d'avril à mi-juin, sur des places de chant (« arènes ») souvent situées dans des couloirs d'avalanches. Parades et combats d'autant plus spectaculaires que les coqs peuvent être plusieurs à se disputer la même poule. Nid très sommaire, aménagé de préférence dans une prairie non fauchée. Taux de reproduction toujours très faible.

• **Mortalité** : sylviculture moderne (futaies régulières exploitées en coupes rases, pesticides), ouverture de routes forestières, mammifères carnassiers et sangliers, forte humidité en début de saison, mauvais temps en été. Comme le rut et la nidification se font en milieu ouvert, le tétras lyre est vulnérable aux prédateurs (rapaces) et aux braconniers.

• **Alimentation** : bourgeons et jeunes feuilles de hêtre et de bouleau, bourgeons et feuilles de rhododendron, graines et plantes herbacées, baies et fruits (myrtilles, framboises, sorbes, alises, fraises, faines...), suivant la saison. En hiver, les aliments peuvent se réduire en cas de nécessité aux seules aiguilles de pin et de sapin et aux rameaux de mélèze.

• **Prélèvement** : faible. Chasse des poules et des coqs non maillés (jeune qui n'a pas encore revêtu son plumage d'adulte et qui ressemble à une poule) interdite. Tableau national moyen (7 départements) de 972 oiseaux/saison (1998-2004).

• **Situation et avenir** : en légère baisse dans les Alpes, en voie de disparition dans les Ardennes. La mise en réserve de territoires n'entraîne pas un renouveau de l'espèce, ce qui montre que la pression de chasse actuelle n'est pas excessive. Si son aire de répartition ne paraît guère se rétrécir, sa densité ne cesse d'y fondre. Subit le dérangement lié aux activités touristiques. L'industrialisation de la sylviculture menace l'espèce.

Le grand tétras

Tetrao urogallus
famille des tétraonidés
(voir tableau précédent)

Coq de grand tétras

Poule de grand tétras

• **Autres appellations** : tétras urogalle, grand coq de bruyère.

• **Reconnaissance** : deux sous-espèces, *Tetrao urogallus major* (Vosges et Jura) et *Tetrao urogallus aquitanicus* (Pyrénées). Par définition, *major* est un peu plus gros et son cycle de reproduction est en avance sur celui de *aquitanicus* (davantage en altitude). Dimorphisme sexuel net. Beaucoup plus petite, la poule a un discret plumage tacheté dont la couleur dominante lui vaut le surnom de « rousse ».

• **Répartition** : Pyrénées (4 000 oiseaux), Jura (300 à 400), Vosges (87-106), Cévennes (25-40). Ariège et Hautes-Pyrénées sont les bastions de l'espèce.

• **Habitat** : inféodé aux forêts primaires (non exploitées par l'homme), cet oiseau ne s'accommode que des massifs qui ne s'écartent pas trop de son milieu d'origine. À savoir : grands massifs mixtes (sapins ou pins, hêtres ou bouleaux) d'un seul tenant, traités en futaie jardinée ou en futaie régulière par petites parcelles, offrant à la fois de vieux arbres, des sous-bois luxuriants et des places aussi enherbées qu'ensoleillées. De telles forêts ne se rencontrent plus que sur des terrains de montagne particulièrement pauvres et difficiles d'accès.

• **Comportement** : mal connu, cet oiseau pourtant énorme arrive à passer presque inaperçu 11 mois sur 12. Territorial à longueur d'année (vieux). Se déplace à pattes et se branche pour la nuit.

• **Reproduction** : rut en avril (Vosges, Jura) ou mai (Pyrénées), avec parades nuptiales et appels caractéristiques des mâles sur leurs « places de chant », une heure avant l'aube, le plus souvent sur un arbre, parfois au sol. Chacun s'efforce d'attirer les poules sur son lieu attitré, tout en refoulant les coqs rivaux. Taux de reproduction moyen : cinq poussins par poule à la naissance, qu'un taux de mortalité juvénile extrêmement important aura vite fait de réduire de plus de moitié.

• **Mortalité**: *idem* tétras lyre.

• **Alimentation**: *idem* tétras lyre (sauf bourgeons et feuilles de rhododendron et rameaux de mélèze).

• **Prélèvement**: ces dernières saisons, pour un total d'une quarantaine d'attributions sur l'ensemble des Pyrénées (l'espèce est chassée uniquement sur ce massif), la moitié seulement était réalisée. Jusqu'alors, tantôt les FDC avaient adopté localement un plan de chasse zéro, tantôt les associations environnementalistes avaient attaqué les arrêtés préfectoraux. En 2021-2022, tenant compte de la mauvaise reproduction printanière, les FDC ont décidé d'appliquer un plan de chasse zéro sur l'ensemble du massif pyrénéen. Le grand tétras est sur la liste des espèces bénéficiant de la gestion adaptative.

• **Situation et avenir**: en net déclin. Depuis les années 1960, le nombre de communes accueillant le grand tétras a chuté de moitié. L'espèce a disparu des Alpes au début des années 2000, même si quelques oiseaux, probablement en provenance du Jura, sont observés dans le nord du massif. Le grand tétras est en voie d'extinction dans les Cévennes (malgré une tentative de réintroduction dans les années 1980) et dans les Vosges. L'espèce n'est bien représentée que dans certains secteurs du massif pyrénéen. Le grand tétras souffre du dérangement occasionné par les activités touristiques hivernales et estivales, de la sylviculture ainsi que de la fermeture du milieu.

Le lièvre variable

Lepus timidus varronis
famille des léporidés

Lièvre variable en pelage d'hiver

• **Autres appellations**: blanchon, blanchot.

• **Reconnaissance**: ressemble plus au lapin qu'au lièvre brun tant par sa silhouette que par sa taille. N'atteint que rarement 2 kg. Pas de différence visible entre les sexes. Poil jaune-roux en été, d'un blanc pur en hiver. Seul le bout des oreilles est toujours noir.

• **Confusion éventuelle**: avec le lièvre commun en début de saison de chasse, avant la mue d'automne.

• **Répartition**: Alpes (Hautes-Alpes et Savoie). Dans les Pyrénées-Atlantiques, dans les années 1970, une tentative d'introduction s'est soldée par un échec.

• **Habitat** : de 1300 et 3500 mètres. Hautes pelouses et grands pierriers, avec excursions en forêt pendant l'hiver.
• **Comportement** : solitaire et très discret. Au point qu'on ne le repère pratiquement jamais qu'à ses traces. Se gîte le plus souvent à l'abri d'une grosse pierre en été, sous une basse branche de résineux en hiver.

• **Reproduction** : rut en mars-avril et en juin-juillet. Une, deux voire trois portées de deux à cinq levrauts chacune. Lièvre variable et brun se croisent, mais les levrauts sont stériles.

• **Mortalité** : rapaces nocturnes. Résiste bien aux intempéries.

• **Alimentation** : graminées, légumineuses, bourgeons, feuilles, écorces et racines.

• **Prélèvement** : faible du fait des densités peu importantes de l'espèce et d'un intérêt cynégétique moyen. Le lièvre variable n'est pratiquement tiré qu'à la rencontre par des chasseurs d'oiseaux. Sans beaucoup de défense devant les chiens courants, il est intéressant face au chien d'arrêt. Tableau national moyen (7 départements) de 823 animaux/saison (2003-2005).

• **Situation et avenir** : en baisse. Jusque dans les réserves les plus étendues, sa densité ne devient jamais importante. Subit le dérangement lié aux activités touristiques.

La marmotte des Alpes

Marmota marmota
famille des sciuridés

• **Reconnaissance** : 5-7 kg. Longueur 70 cm, queue comprise.

• **Répartition** : Alpes. Introduction dans les Pyrénées (dès 1948) et dans le Massif central (années 1980).

• **Habitat** : 1400 à 3000 mètres. Éboulis et alpages d'altitude moyenne exposés au midi, à sol meuble et à visibilité bien dégagée.

• **Comportement** : grégaire. Vit en famille en été et en colonie en hiver. Une famille peut compter une dizaine d'individus et une colonie regrouper trois à quatre familles. Le trait de comportement le plus remarquable est l'hibernation, qui dure six à huit mois entre fin septembre et début mai. Précédée par une abondante récolte de foin et déclenchée par une température de 10-11 °C, elle se termine avec l'épuisement des réserves de graisse.

• **Reproduction** : en rut dès le réveil de l'hibernation. Une portée tous les deux ans de trois à quatre « marmottons ».

• **Mortalité** : de mauvaises conditions d'hibernation peuvent décimer les rangs des jeunes. Prédateurs : aigle royal, grand corbeau, renard et chiens errants.

• **Alimentation** : toutes sortes de plantes. Faible apport de nourriture carnée (insectes et vers).

• **Prélèvement** : tableau national moyen (5 départements) de 1124 animaux/saison (1998-2004, données inconnues pour deux départements). Six départements alpins et un département pyrénéen (Pyrénées-Atlantiques) autorisent sa chasse.

• **Situation et avenir** : en nette progression. Les introductions dans les Pyrénées et le Massif central ont été couronnées de succès. Ceci dit, l'espèce semble de moins en moins chassée.

La bande des 4 « fauves »

L'ours brun

Si le cerf est le plus grand mammifère de plaine, il est un autre « géant » en France métropolitaine : l'ours (jusqu'à 250 kg). Dès le Moyen Âge, l'ours ne se rencontre plus dans les forêts de plaine. De la fin du XVIIIe siècle à la veille de la Seconde Guerre mondiale, il disparaît progressivement des massifs montagneux, à l'exception des Pyrénées. En 1940, on y compte 100 à 150 individus. En 1954, 70 individus. En 1961, l'espèce disparaît du Pays basque. En 1995, on compte 6 individus pour l'ensemble des Pyrénées. De 1996 à 2018, 11 ours slovènes y sont réintroduits. 2 femelles l'étant dans les Pyrénées occidentales où ne survivent que 2 mâles, en 2018. La majorité de la population ursine se trouve dans les Pyrénées centro-orientales, essentiellement sur le versant français. Toutefois, on observe le développement d'échanges entre les deux noyaux, depuis 2016. Désormais, on peut dire que l'espèce est présente de la Navarre, à l'ouest, aux Pyrénées-orientales, à l'est. La population d'ours pyrénéens compte un minimum de 70 animaux (22 femelles adultes, 14 mâles adultes, 6 femelles subadultes, 13 mâles subadultes, 8 portées soit 15 oursons) au printemps 2021. Pour être viable, une population d'ours doit compter au moins 50 animaux capables de se reproduire. Pour sa part, l'Espagne abrite 125 ours dans les monts Cantabriques, répartis en 2 noyaux (100 + 25 individus). L'Italie accueille 50 individus dans les Abruzzes (cet ours dit marsicain constitue une sous-espèce). En France, l'avenir de l'espèce demeure incertain.

Le loup gris

À la fin du XVIIIe siècle, la population lupine française est estimée à 15000-20000 individus. Au cours du XIXe siècle, traqué, piégé et empoisonné, le loup disparaît rapidement des provinces françaises, bien que, de temps à autres, quelques animaux soient encore tués durant le XXe siècle. En 1992,des agents de l'ex-ONCFS (OFB) relèvent des empreintes de loups dans le Parc national du Mercantour (Alpes-Maritimes). Ces animaux proviendraient des lointaines Abruzzes italiennes. Depuis 2014, en France, on assiste à un fort développement continu de l'espèce (multiplication des zones de présence permanente et colonisation du territoire national). Les attaques contre les animaux domestiques se multiplient. Le nombre de victimes animales indemnisées (moutons essentiellement) est de 12 000 sujets, en 2017. Pour la période 2013-2017, le budget du Plan Loup a dépassé 100 millions d'euros, dont 87 millions pour les mesures de protection des troupeaux et 14 millions pour l'indemnisation des dommages (ministère de l'Agriculture). À cela s'ajoutent les dépenses des éleveurs liées à la protection de leurs animaux.
En 2015, les premiers tirs de régulation sont effectués par les agents de l'ex-ONCFS. Possibilité qui sera accordée par la suite aux bergers, lieutenants de louveterie et chasseurs. En 2016-2017, on assiste à la nette augmentation de la population de loups en France. En 2018, un quota de tirs légaux de 10 % de la population lupine a permis le prélèvement de 51 animaux. Face à la poursuite du développement de l'espèce, l'arrêté du 26 juillet 2019 réévalue le quota à 17 % avec ajout possible de 2 %, soit une centaine de tirs autorisés. L'espèce subit également collisions routières et braconnage.
Après les Alpes où il s'est solidement implanté, le loup a commencé à coloniser le pourtour méditerranéen, le Massif central, les Pyrénées, les Vosges, le Jura. En outre, l'espèce parcourt également la plaine. En mai 2022, elle est observée pour la première fois en Bretagne, bouclant ainsi le tour des régions françaises. En 2018, une meute de 13 sujets est observée dans la Drôme contre un maximum habituel de 8-10 sujets. Il faut attendre 2020 pour qu'une première meute se constitue hors du massif alpin (Jura). Le seuil de 500 loups a été atteint avec 4 ans d'avance sur les prévisions du Plan national loup. À la fin de l'hiver 2021-2022, le nombre de loups est estimé entre 826 et 1 016 individus, soit un chiffre moyen officiel de 921 animaux. On recense 125 zones de présence permanente, dont 106 sont constituées en meute. Le Muséum national d'histoire naturelle estime qu'une population de 500 loups garantit la pérennité de l'espèce sur le territoire national.
Aux frontières, on compte : 2 500 loups en Espagne, 1 700 en Italie, 470 en Allemagne. La Belgique est fréquentée depuis 2016. Le développement du loup – espèce particulièrement opportuniste – est désormais assuré en France.

Le lynx boréal

Jusqu'au XVIe siècle, le lynx boréal se rencontre jusque dans les forêts du Bassin parisien. Ensuite, il est progressivement éradiqué de toutes les forêts de plaine du royaume et trouve refuge en montagne. Le XIXe siècle marque sa disparition des Vosges, du Massif central et du Jura. Il disparaît des Alpes en 1940 et des Pyrénées en 1950. À partir de 1974, des animaux issus de lâchers en Suisse recolonisent le territoire français (Jura et Alpes). En 1983 débute une série de lâchers dans les Vosges. Le lynx est bien de retour, même s'il souffre des accidents de la route et du braconnage (tir, piège et empoisonnement). Aucune mesure de régulation ne concerne cette espèce des plus discrètes. La population totale française est estimée à 150 animaux, dans le Jura (fief principal), les Vosges et marginalement dans les Alpes. Depuis 2018, l'espèce est observée dans les forêts de plaine : Aube, Côte-d'Or, Marne, Haute-Marne, Haute-Saône notamment.

Le chacal doré

Depuis une cinquantaine d'années et à partir des Balkans où il vit naturellement, le chacal doré colonise l'Europe. En 2017, venu de Suisse où l'espèce avait été localisée, le premier chacal doré est observé en Haute-Savoie. Puis dans les Bouches-du-Rhône en 2020, et à la toute fin de cette même année dans les Deux-Sèvres. L'animal – que l'on peut confondre avec un renard – fait ainsi preuve de spectaculaires qualités colonisatrices.

Questions en suspens

La réapparition, naturelle ou voulue, de carnassiers de grande taille n'est pas sans conséquence. La prédation de ces animaux sur des espèces domestiques - principalement sur les moutons - a des répercussions très graves sur la sauvegarde de la vie rurale, en particulier sur les bergers, et, par effet ricochet, sur les paysages (fermeture du milieu, reforestation). Leur prédation sur la faune sauvage (chevreuil, mouflon, cerf…) est d'autant plus mal tolérée que le chasseur a introduit et soigneusement géré les espèces gibiers. Et l'on s'interroge : quelle place accepte-t-on de redonner à un certain sauvage ? Aux dépens de quoi ? De qui ? Sachant que ni le loup ni l'ours ne sont menacés en Europe.

▸ En un coup d'œil :
Les 3 grands gibiers de montagne

	chamois	isard	mouflon
Appellation mâle, femelle, jeune	bouc, chèvre, chevreau ou cabri (1re année), éterlou et éterle (mâle et femelle, 2e année)		bélier, brebis, agneau
Poids mâle	35-50 kg	25-40 kg	40-60 kg
Poids femelle	25-38 kg	20-32 kg	30-50 kg
Hauteur au garrot	75-80 cm	70-75 cm	65-85 cm
Longueur	1,20-1,35 m	1-1,10 m	1,20-1,40 cm
Longévité maximale	22 ans	22 ans	15 ans
Apogée du trophée (mâle, à partir de)	10 ans	10 ans	8 ans
Répartition	Alpes, Massif central, Jura, Vosges	Pyrénées	Alpes, Pyrénées, Massif central, Arc méditerranéen et localement
Altitude	800-3 000 m	800-3 000 m	jusqu'à 2 900 m
Tempérament	grégaire	grégaire	grégaire
Comportement sexuel	polygame	polygame	polygame
Époque de reproduction	mi-octobre à fin décembre	mi-octobre à fin décembre	octobre à décembre
Nombre de portées/an	1	1	1
Durée de gestation	160-170 jours	160-170 jours	148-159 jours
Époque des naissances	mai-juin	mai-juin	mi-mars à mi-mai
Pic des naissances	mi-mai à début juin	mi-mai à début juin	fin mars à fin avril
Nombre de petits/ portée	1 (exception 2)	1 (exception 2)	1 (exception 2)
Maturité sexuelle femelle	18 mois	18 mois	18 mois

Le chamois et l'isard

Rupicapra rupicapra rupicapra
et Rupicapra pyreneica pyreneica
famille des bovidés
(voir tableau précédent)

• **Reconnaissance** : poil d'été court et gris-beige devenant épais et noirâtre en hiver. Échine soulignée par une épaisse bande sombre, plus épaisse en hiver, plus apparente en été, nommée curieusement la « barbe ».

Mâle chamois ou bouc, en pelage d'hiver

• **Distinction des sexes** : délicate. Mâles et femelles portent des cornes assez semblables. Si leur courbure est souvent plus accentuée chez les premiers, ce critère est loin d'être absolu. La meilleure méthode consiste à repérer soit le pinceau pénien, soit les mamelles. La silhouette fournit des renseignements très sûrs. « Bouc » : plus massif, cou plus large que long, profil en triangle. « Chèvre » : plus déliée, cou plus long que large, profil presque en rectangle. En poil d'été, les mâles sont généralement plus clairs que les femelles. En poil d'hiver, ils sont plus noirs.

Femelle isard ou chèvre, en pelage d'été

Les cornes du chamois et de l'isard

Évolution des cornes au fil des âges, dessin de la hampe et du crochet.

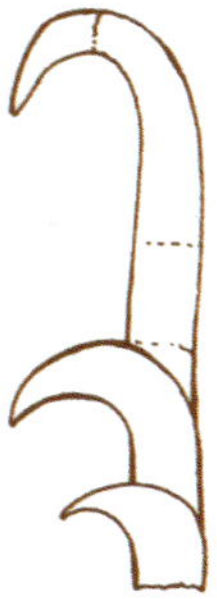

Lecture des anneaux de croissance.

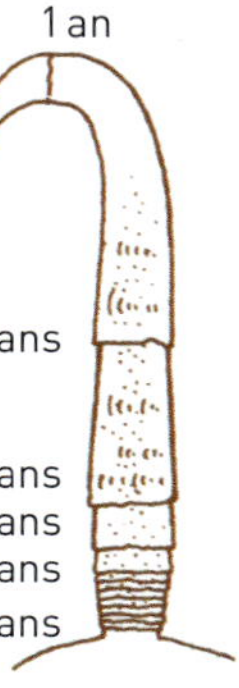

• **Les cornes**: poussent de façon continue, ne tombent jamais. Ce sont des productions cutanées se développant comme des étuis autour des pivots. Deux parties: une « hampe » à peu près droite, perpendiculaire au crâne; et un « crochet » terminal tourné vers l'arrière. Bien que continue, pousse des cornes très ralentie en hiver. Il en résulte la formation d'« anneaux de croissance » qui donnent l'âge exact de l'animal. L'allongement des étuis, très fort les cinq premières années, devient millimétrique dès la sixième. Chez les vieux, on observe un rétrécissement à la base.

• **Évaluation de l'âge**: les évolutions de la silhouette, du cou et du port de tête sont très difficiles à cerner chez le chamois et l'isard. L'épaisseur du poil d'hiver masque les différences dans un même aspect trapu. De plus, le relief permet rarement l'observation d'un sujet en posture horizontale. Deux possibilités malgré tout. L'examen du comportement, de la taille et des cornes, grâce auquel on identifie à coup sûr au moins chevreaux, éterlous et éterles. Et l'examen de la bande faciale en poil d'hiver: très noire et très nette jusqu'à 6-7 ans; de plus en plus grise et de moins en moins tranchée ensuite; entièrement effacée ou presque à 12 ans et plus.

• **Répartition**: Alpes (92000), Jura (3700). Introduction: Vosges (800), Massif central (1 000). Isard: seules Pyrénées (23800).

• **Habitat**: limite entre étages alpin et subalpin, c'est-à-dire entre pelouses et forêt, qui s'établit à 2300-3000 mètres selon les montagnes.

• **Comportement**: en dehors du rut, on observe des hardes de chèvres et de jeunes composées des chevreaux de l'année, éterlous (mâles) et éterles (femelles) de 1 an, conduites par une chèvre d'expérience. Ces hardes regroupent en été plusieurs dizaines d'animaux. Également des hardes de mâles aux effectifs beaucoup plus restreints, dispersées un peu partout et assez bien cantonnées. Enfin, de vieux boucs solitaires devenus territoriaux.

• **Reproduction**: marquée par une grande agitation des mâles. Hérissements de crinières, grattages du sol, chevrotements, combats, poursuites. Pas de livrée natale particulière.

• **Mortalité**: le loup et l'aigle royal. Souvent véhiculées par des troupeaux domestiques en transhumance, des maladies peuvent causer des ravages: kérato-conjonctivite, pestivirose (isard) et gale.

• **Alimentation**: herbivore au sens strict (légumineuses et graminées). Ne consomme d'aliments ligneux qu'en cas de nécessité absolue: disette hivernale, surpopulation. Alors, tout lui devient bon: bourgeons, lierre, lichens, aiguilles de conifères, écorces. Pas de besoins particuliers en eau.

• **Aménagements** : l'affouragement hivernal est déconseillé, car en faussant le jeu de la sélection naturelle et en favorisant la concentration des hardes, il multiplie les risques d'épidémies. Raffole des pierres à sel.

• **Prélèvement** : 10 214 chamois, pour 16 020 attributions en 2020-2021 (chute après une stagnation de 9 saisons). Et 2 534 isards, pour 3 544 attributions en 2020-2021 (tendance à la baisse depuis 4 saisons). La gestion doit viser à établir puis à maintenir les trois équilibres fondamentaux :

- avec le territoire. Pas plus de 4-5 têtes/100 ha au printemps à l'étage montagnard, ni de 5-10 au-dessus (en supposant qu'on n'y trouve pas de cervidés ou de mouflons) ;
- entre les sexes. 1 femelle/1 mâle. Plus les chèvres l'emportent en nombre, plus le rut s'allonge et plus les boucs abordent l'hiver en état de moindre résistance ;
- entre les classes d'âge :
    - en effectuant les deux tiers des tirs sur les animaux les plus jeunes possible et identifiables à coup sûr en tant que tels : chevreaux, éterlous, éterles ;
    - en effectuant le dernier tiers des tirs sur les animaux les plus âgés possible, c'est-à-dire d'au moins 9 ans dans les populations bien structurées ;
    - en épargnant systématiquement les subadultes et les adultes, à la seule exception d'un impératif sanitaire. À l'intérieur de ce cadre général, le tir doit viser en priorité :
    - les chevreaux orphelins, trop maigres ou en retard de mue en automne ;
    - les animaux suspects de maladie (maigreur, poil fripé, retard de mue surtout au printemps, diarrhée, boiterie, autres difficultés de déplacements) ;
    - les femelles bréhaignes, repérables en été à l'absence de chevreaux et au fait qu'elles se tiennent à l'écart des hardes.

Les prélèvements possibles sont très variables en fonction du territoire (altitude) et de l'année (conditions climatiques), le taux d'accroissement est de toute manière particulièrement faible : en moyenne, 15 % de l'effectif au printemps, avant les naissances. D'où, compte tenu d'une provision pour blessés à mort non retrouvés, un taux de prélèvement d'environ 12 %. D'ordinaire chassé à l'approche, le chamois peut être chassé en battue mais sans chien (Ain, Alpes-Maritimes) ou en battue avec chien (Haute-Savoie, Territoire de Belfort, Vosges).

• **Situation et avenir** : comme l'ensemble du grand gibier, chamois et isards ont longtemps souffert d'une certaine législation très peu protectrice. Et les chasseurs ne se restreignaient guère. Puis la prise de conscience s'est faite. 1956 : le chamois est introduit dans les Vosges. 1978 : le chamois est introduit dans le Massif central (Cantal). 1987 : la sous-espèce de chamois de Chartreuse (*Rupicapra rupicapra cartusiana*) fait l'objet d'un plan de restauration.

Par la suite, cette sous-espèce a été rattachée à l'espèce chamois des Alpes. 1989, enfin : le plan de chasse chamois et isard est rendu obligatoire (jusqu'alors volontaire, surtout appliqué hors Alpes). Depuis, ces espèces se sont développées. Mais il apparaît que les tableaux de chasse stagnent : depuis 1994-1995 pour l'isard; depuis 2004-2005 pour le chamois. Ces stagnations laissent à penser que l'isard occupe l'ensemble des secteurs qui lui sont favorables au fil de la chaîne pyrénéenne. Il en est de même pour le chamois, de façon moins nette. Le chamois pourrait se développer dans d'autres secteurs d'Alsace, de Provence (Var), du Massif central et du Jura. Il est à noter que les épizooties, transmises par le bétail, affectent les « antilopes des montagnes » (la pestivirose chez l'isard, par exemple).

Le mouflon méditerranéen

Béliers de mouflon méditerranéen. Dorénavant on évoque le mouflon de Corse pour le seul animal peuplant l'Île de Beauté

Ovis gmelini musimon x ovos sp.
famille des bovidés
(voir tableau précédent)

• **Autre appellation** : l'expression mouflon de Corse est désormais réservée au seul mouflon de l'Île de Beauté.

• **Reconnaissance** : pelage d'été presque uniformément cannelle ou roussâtre. Pelage d'hiver marron foncé mettant en valeur le blanc de la tête, des pattes, du ventre, de la région caudale. Et parfois celui de la « selle », nom donné à la tache que certains mâles portent sur les flancs.

• **Distinction des sexes** : facile. Les « brebis » ont des cornes – quand elles en ont – très courtes et à peine recourbées.

• **Les cornes** : même nature que celles du chamois, mais aspect très différent. Elles peuvent finir par dessiner un cercle presque complet de plus de 80 cm de long. Certaines sont très ouvertes, très fermées ou asymétriques, d'autres tendent à rentrer dans le corps du « bélier » ou à s'enrouler en spirales comme des cornes de mérinos. De loin, leur développement (position de la pointe par rapport à la nuque puis à l'œil) permet d'évaluer la classe d'âge. Le décompte des anneaux de croissance donne l'âge exact.

Le cycle des cornes du mouflon méditerranéen

Estimer l'âge des mouflons mâles

• **Évaluation de l'âge** : chez le mâle, observer le développement des cornes, qui atteignent le demi-cercle à 4 ans. Pour la femelle, observer la tête : triangulaire jusqu'à 2 ans, elle devient ovoïde puis franchement ellipsoïde au-delà de 6 ans.

• **Répartition** : un vaste arc méditerranéen, des Pyrénées au Massif central (jusqu'au Puy-de-Dôme) et aux Alpes. Quelques introductions locales : Dordogne, Oise, Somme, Ardennes. L'Île de Beauté accueille un animal considéré désormais comme distinct, le mouflon de Corse (voir ci-après).

• **Habitat** : identique à celui des îles originelles.

• **Comportement** : très sociable, surtout en hiver, où il se réunit à plus basse altitude en groupes mixtes, parfois plusieurs dizaines de têtes guidées par une femelle. Mars-avril : les mâles adultes s'en séparent, remontent dans leurs cantonnements d'été, le reste des hardes éclate en petits groupes familiaux. Fin septembre-début octobre : rassemblements à l'approche du rut.

• **Reproduction** : parades de séduction des brebis et de dissuasion des autres béliers (coups de patte, bourrades) s'achevant parfois en duels frontaux très violents.

• **Mortalité** : faible. Mêmes maladies que le mouton. Craint les chiens. Difficultés d'adaptation dans les territoires fréquentés par les chiens des bergers et les chiens courants des chasseurs de sangliers. Le loup est son principal prédateur naturel.

• **Alimentation** : herbivore aux facultés d'adaptation remarquables. Elles lui permettent de subsister dans les pires conditions. Préférence pour les aliments herbacés, faculté d'ingérer à peu près tout : feuilles de cytise, d'arbousier, ronces, faines, châtaignes, mousses, lichens, champignons, fougères.

• **Aménagements** : la création de prairies permanentes en milieu boisé accroît la capacité d'accueil. Installation de pierres à sel, création de points d'eau dans les endroits non ou peu fréquentés par les troupeaux domestiques.

• **Prélèvement** : 2 432 mouflons, pour 3 677 attributions en 2020-2021 (nette tendance à la baisse depuis 2011-2012, qui s'accélère depuis 2018-2019). Équilibre agro-sylvo-cynégétique : 5-8 têtes/100 ha au printemps en milieu favorable. Équilibre des sexes : la longévité des femelles étant supérieure à celle des mâles (14-15 ans contre 10-13 ans), le rapport naturel est de 1/1,2, autrement dit 6 brebis/5 béliers. Équilibre des tranches d'âge, qu'on obtient en répartissant les tirs de la manière suivante : un tiers sur les agneaux, un tiers sur les autres jeunes (1 et 2 ans), un tiers sur les vieux (8 ans et +). Règle commune au grand gibier : épargne presque systématique des subadultes, des adultes. À l'intérieur de ces catégories, prélèvement prioritaire : des agneaux orphelins, trop maigres, en retard de mue en automne ; des animaux blessés, boiteux ou suspects de maladie ; de ceux au pelage atypique ; des béliers à cornes rentrantes ; des brebis stériles (rare).
Comme pour le chamois, on observe de grosses variations de dynamique des populations selon le territoire et l'année. Le taux d'accroissement est double : en moyenne, 30 % de l'effectif au printemps, avant les naissances ; d'où un taux de prélèvement de l'ordre de 25 %. D'ordinaire chassé à l'approche, le mouflon peut être chassé en battue mais sans chien (Alpes-Maritimes, Cantal) ou en battue avec chien (Ardennes, Aveyron, Dordogne, Gard, Hérault, Pyrénées-Orientales, Savoie, Somme, Tarn, Vosges).

• **Situation et avenir** : le mouflon est l'unique espèce disparue du sol français depuis des milliers d'années qui ait été réintroduite. Son histoire moderne y est très récente. En 1949, dans le Sud-Est, des lâchers devaient permettre de constituer des populations, susceptibles de sauver le mouflon de Corse alors en voie de disparition. À partir de ces animaux, des lâchers ont été opérés sur plusieurs sites continentaux, donnant naissance à plus de 70 populations actuelles. 1967 : le premier mouflon est chassé dans le Vercors (Drôme). 1979 : le plan de chasse mouflon est rendu obligatoire. En 2005, la population française totale est estimée à 14 560 sujets. Dans les Alpes notamment, l'espèce paie un lourd tribut au loup. Et dans de nombreux secteurs, la progression du mouflon est ralentie par la fermeture naturelle du milieu. Le mouflon de Corse proprement dit (*Ovis gmelini musimon* variété *corsicana*) est accueilli au sein de deux populations séparées des massifs du Cinto (400 sujets) et de Bavella (200 sujets). Il partage sa « niche » avec les mouflons de Sardaigne et de Chypre et constitue avec ceux-ci les populations les plus pures. Comparé aux mouflons méditerranéens qui descendent de ces derniers pour partie, et pour autre partie de mouflons aux origines imprécises, dont celles de moutons. Trois origines possibles au mouflon de Corse :

1. les moutons introduits au Néolithique et ayant recouvré la liberté (marronnage) ;
2. les mouflons d'Asie mineure domestiqués et introduits dans les îles méditerranéennes au VIIe et au VIe millénaires avant notre ère ;
3. les colonisations naturelles de mouflons ayant rejoint l'île avant la dérive de la plaque corso-sarde ou lors d'épisodes d'assèchement de la Méditerranée.

En Corse, la chasse du mouflon, fermée depuis 1953 (plan de chasse zéro), est désormais interdite. L'animal ayant été classé protégé à la demande des 2 FDC insulaires (arrêté du 1er mars 2019). Dans l'Ile de Beauté, les faibles capacités de colonisation propres à la sous-espèce engendreraient un développement très lent des populations.

Le bouquetin des Alpes

Protégé en France actuellement, le bouquetin des Alpes se porte très bien tandis que le bouquetin des Pyrénées fait l'objet de lâchers de peuplement.

Au XIXe siècle, après avoir frôlé la disparition, le bouquetin des Alpes est sauvé par le roi Victor-Emmanuel II d'Italie, fervent chasseur. À partir des réserves créées par le monarque (notamment celle du Grand Paradis), cette sous-espèce se multiplie. Les sujets italiens viennent renforcer les derniers noyaux français existants. Depuis, l'espèce ne cesse de prospérer pour atteindre aujourd'hui en France plus de 10 000 individus, répartis sur une trentaine de populations. Le bouquetin devrait poursuivre son expansion car il n'occupe pas encore l'ensemble des territoires susceptibles de l'accueillir en France. Le massif alpin, sur les différents pays qu'il couvre, abrite 60 000 à 70 000 sujets.

Bouquetin et chèvre domestique sont amenés à se reproduire et offrir des produits hybrides. Le bouquetin peut constituer un réservoir de maladies initialement transmises par le bétail. Ainsi, parce qu'atteints de brucellose, 303 bouquetins du massif du Bargy (Haute-Savoie) sont détruits par l'administration, en 2013 et 2015. L'objectif est l'éradication de cette population afin qu'elle ne contamine pas le cheptel bovin destiné à la fabrication du reblochon. La chasse du bouquetin des Alpes devrait logiquement et raisonnablement être envisagée, comme cela se pratique en Suisse et en Autriche.

Le bouquetin ibérique

La véritable sous-espèce pyrénéenne du bouquetin disparaît du versant français vers 1910-1920, et du versant espagnol en 2000. Toutefois, l'Espagne abrite une vingtaine de colonies de 4 autres sous-espèces de *capra*. Plusieurs de celles-ci font l'objet de chasses à l'approche très prisées des chasseurs, notamment étrangers.

Depuis 2014, 150 bouquetins en provenance du parc national de la Sierra de Guadarrama (nord de Madrid) ont été lâchés en Ariège, dans les Hautes-Pyrénées et les Pyrénées-atlantiques. En 2021, la population française de bouquetins ibériques – et non pyrénéens – est estimée à 280 animaux.

6
L'ORGANISATION DE LA CHASSE

1 L'ÉCHELON NATIONAL

A LE MINISTRE

Le ministère de tutelle de la Chasse est celui de l'Écologie. Le ministère de l'Agriculture intervient également dans les dossiers chasse, notamment en matière de dégâts agricoles et forestiers et de risques sanitaires. Le ministère de l'Intérieur intervient en matière d'armes et de munitions de chasse.
Outre ses services propres sur lesquels il s'appuie, le ministre consulte régulièrement le Conseil national de la chasse et de la faune sauvage (où siègent nombre de représentants de la chasse).

B L'OFFICE FRANÇAIS DE LA BIODIVERSITÉ (OFB)

Statut

L'OFB est un établissement public créé par la loi du 24 juillet 2019, et placé sous la double tutelle des ministères de l'Écologie et de l'Agriculture. Il est implanté dans tous les départements métropolitains et d'outre-mer. L'OFB est né de la fusion de l'ONCFS et de l'Agence française pour la biodiversité, laquelle avait regroupé diverses structures en charge de l'environnement ainsi que l'Office national de l'eau et des milieux aquatiques (qui avait notamment en charge la pêche).

OFB
OFFICE FRANÇAIS
DE LA BIODIVERSITÉ

Missions

En matière de chasse notamment, l'OFB gère pour l'Etat tout ce qui relève du régalien. Ses missions sont les suivantes :
- l'organisation de l'examen du permis de chasser ;
- la délivrance du permis de chasser ;
- la cogestion du fichier national du permis de chasser ;
- la connaissance des espèces et de leurs milieux ;
- l'évaluation de l'état de la faune sauvage ;
- la mise en place de la gestion adaptative ;
- la gestion des risques sanitaires liés à la faune sauvage ;
- la lutte contre les espèces exotiques envahissantes ;
- la lutte contre les pressions qui s'exercent sur la biodiversité ;
- la police de la chasse.

Moyens

- un total de 2 800 personnes (inspecteurs de l'environnement, techniciens, chercheurs, ouvriers, personnels administratifs, etc.) ;
- dont 1 750 inspecteurs de l'environnement et 25 inspecteurs du permis de chasser ;

- un conseil d'administration de 43 membres, dont 3 représentants des chasseurs ;
- 1 directeur général, 1 directeur général adjoint, 3 directeurs délégués, 13 directions régionales, des services départementaux ;
- un budget de 433 millions d'euros alimenté par l'Etat (notamment via les agences de l'eau) et les redevances cynégétiques (52 millions d'euros en 2019).

C LES ASSOCIATIONS

Depuis plus d'un siècle, de nombreuses associations spécialisées ont été créées par les chasseurs et les piégeurs afin d'organiser et défendre leur pratique. La France est l'un des rares pays à détenir un tel réseau associatif dense et actif. Ces associations sont souvent à la pointe en terme de connaissances et de gestion des espèces. Parmi celles-ci nous comptons notamment : l'Association nationale des chasseurs de grand gibier, la Société de vènerie, le Club national des bécassiers, la Fédération française des chasseurs à l'arc, la Fédération des associations de chasseurs aux chiens courants, l'Union nationale des associations de piégeurs agréés de France, etc. Certains de leurs responsables siègent au Conseil national de la chasse et de la faune sauvage.

D LA FÉDÉRATION NATIONALE DES CHASSEURS (FNC)

La FNC a pour missions :
- la promotion et la défense de la chasse au niveau national ;
- la représentation des FDC et des FRC au niveau national ;
- la coordination des actions des FDC et des FRC ;
- le développement d'une expertise juridique, législative, vétérinaire, scientifique, ainsi qu'en matière de dégâts de gibier, de communication ;
- la participation à la mise en place de la gestion adaptative ;
- le développement d'une politique environnementale via l'éco-contribution (fonds annuel de 15 millions d'euros) ;
- la définition du contenu de la formation sécurité obligatoire ;
- la cogestion du fichier national du permis de chasser.

2 L'ÉCHELON RÉGIONAL

Suite à la création des 13 grandes régions métropolitaines et des 5 régions ultramarines (qui sont également des départements), 13 Fédérations régionales des chasseurs (FRC) ont été créées en 2017. La FRC a pour missions, développées par la loi de 2019 :
- la promotion et la défense de la chasse au niveau régional ;
- la représentation des ch asseurs au niveau régional, notamment auprès du préfet de région et du Conseil régional ;
- la mutualisation des actions et de certains moyens des FDC ;
- la coordination des actions des FDC en liaison avec la FNC ;
- la réalisation de mesures environnementales via l'éco-contribution ;
- la gestion de réserves naturelles par convention avec l'OFB ;
- la création de cabinets d'études environnementales ;
- le développement d'une filière de la venaison.

3 L'ÉCHELON DÉPARTEMENTAL

A LE PRÉFET

Représentant de l'État dans le département, et notamment du ministre de tutelle de la Chasse, le préfet intervient à plus d'un titre :

- il contrôle le respect des lois et de la réglementation nationales ;
- sur proposition de la Direction départementale des territoires, après avis de la FDC, il fixe les dates d'ouverture et de fermeture générales, ou particulières à certaines espèces, à l'intérieur des fourchettes arrêtées par le ministre ;
- il décide de la suspension provisoire de la chasse pendant une période de dix jours renouvelables en cas de calamité naturelle (incendie, inondation, gel prolongé…) ;
- il valide et est chargé de veiller à la bonne application du Schéma départemental de gestion cynégétique ;
- il contrôle l'organisation et le fonctionnement de la chasse dans son département ;
- il intervient dans la gestion des plans de chasse en cas de défaillance grave de leur gestion, et d'une augmentation importante des dégâts qui résulte de prélèvements insuffisants ;
- il ordonne l'organisation des battues administratives ;
- il assure le contrôle financier de la FDC ;
- il assure la tutelle des ACCA et des AICA.

B LA FÉDÉRATION DÉPARTEMENTALE DES CHASSEURS (FDC)

Statut

La FDC est l'instance officielle de la chasse au niveau départemental, les chasseurs et territoires ont obligation d'y adhérer. Elle défend les intérêts de la chasse, des chasseurs, de la faune sauvage, dont les espèces gibiers, et les territoires naturels. Chaque département compte une FDC, adhérant obligatoirement à la FNC.

Dans l'esprit de mutualiser les moyens des FDC, une première Fédération interdépartementale des chasseurs (FIC) a été créée en 2013. La Fédération interdépartementale des chasseurs d'Ile-de-France (FICIF) regroupe ainsi les FDC des Yvelines, de l'Essonne, du Val-d'Oise, des Hauts-de-Seine, de la Seine-Saint-Denis, du Val-de-Marne et de Paris. Elle rassemble près de 21 000 chasseurs et se hisse parmi les 5 plus grandes FDC de France. Alors que le nombre de chasseurs ne cesse de baisser, on peut penser que des FIC sont appelées à se développer dans les secteurs où existent des FDC à petits effectifs.

Missions

1. Gestion des espèces et des territoires, actions de protection de la nature, actions d'intérêt général :
   - rédaction et mis en place du schéma départemental des gestion cynégétique ;
   - gestion des prélèvements, notamment dans le cadre de la gestion adaptative ;
   - gestion des plans de chasse grand gibier. Les demandes étant instruites par le président de la FDC, après avis de la commission départementale compétente en matière de chasse et de faune sauvage ;
   - participation aux décisions en matière d'aménagement et de mise en valeur des espaces naturels (biocorridors, Natura 2000) ;
   - aide à la gestion des territoires de chasse et à leur mise en valeur (jachères en faveur de la faune sauvage) ;
   - gestion des ACCA, AICA et GIC ;
   - mise en place de mesures environnementales via l'éco-contribution ;
   - création et gestion de réserves (où la chasse est interdite) ;
   - subvention des aménagements sur les territoires ;
   - prévention des incendies ;
   - actions devant les tribunaux en cas d'atteintes à l'environnement ;
   - participation à des études scientifiques, recensement et collecte s'observations et de données ;
   - prévention, expertise et lutte contre les dégâts de gibier ;
   - gestion de la cotisation à l'hectare ;

- surveillance sanitaire de la faune sauvage ;
- lutte contre les épizooties (Peste porcine africaine) ;
- police d'environnement de proximité grâce aux agents de développement des FDC ;
- validation du permis de chasser ;
- délivrance des autorisations de chasser accompagné ;
- animation d'une commission sur la sécurité ;
- lutte contre l'engrillagement et les risques sanitaires via le plan de gestion annuel des territoires clos (hors chasses commerciales) et son contrôle ;
- lutte contre les lâchers de sangliers en territoire libre ou clos (hors chasses commerciales closes) ;
- lutte contre le braconnage grâce aux agents de développement des FDC et aux gardes particuliers.

2. Formation et information :
    - formation et organisation de l'examen du permis de chasser ;
    - formation sécurité pour tous les chasseurs ;
    - formation pour obtenir l'autorisation de chasser accompagné ;
    - formation sécurité pour tous les accompagnateurs ou parrains des bénéficiaires de l'autorisation de chasser accompagné ;
    - formation pour chasser à l'arc ;
    - formations en matière de chasse, piégeage, gestion et connaissance des gibiers ;
    - actions pédagogiques sur la connaissance des espèces sauvages et des espaces naturels dans les écoles et universités ;
    - conférences, films, expositions (trophées), salons et fêtes.
3. Représentation et consultation :
    - la FDC promeut et défend de la chasse au niveau départemental ;
    - la FDC représente les chasseurs au niveau départemental, notamment auprès du préfet et du Conseil général ;
    - participant à des missions d'intérêt général, la FDC est consultée par : le préfet, la Direction départementale des territoires, l'ONF, l'OFB, la Direction régionale de l'environnement, la Chambre d'agriculture, le Conseil général, etc.

Moyens

L'ensemble des 94 FDC et FIDC de France emploie près de 1 400 personnes. Chaque FDC comprend :

- un président élu pour 6 ans par le conseil d'administration de la FDC. Il est le représentant légal de la FDC en toutes circonstances, le conseiller privilégié des autorités administratives. Il joue un rôle important dans les commissions départementales du plan de chasse, la désignation des lieutenants de louveterie, la décision de battues administratives, la mise place des ACCA, etc. ;
- un bureau, élu au scrutin secret par le conseil d'administration, comprenant un président, un ou deux vice-présidents (aux pouvoirs renforcés), un secrétaire, un trésorier et un trésorier adjoint ;
- le conseil d'administration de 9 à 16 membres, élus pour 6 ans en assemblée

générale, à bulletin secret, et au scrutin de liste (le panachage de liste est interdit). Les administrateurs doivent représenter les divers secteurs géographiques, types de chasse et formes d'organisation du département ;
- un directeur du personnel administratif ;
- des agents de fédération, auxquels toute société de chasse communale ou privée peut demander d'assurer une surveillance de son territoire moyennant une redevance ;
- dans nombre de FDC, un ou plusieurs techniciens spécialisés dans l'aménagement et la gestion des territoires, auxquels toute société de chasse peut demander conseil et même assistance (implantation de bandes-abris et postes d'agrainage, organisation de battues de comptage, analyse des tableaux de chasse, etc.).

Le Schéma départemental de gestion cynégétique

Créé par la loi chasse de 2000, le Schéma départemental de gestion cynégétique est mis en place dans chaque département. Établi pour une période de cinq ans renouvelable, il est élaboré par la FDC en prenant en compte le « document départemental de gestion de l'espace agricole et forestier ». Il est approuvé par le préfet, après avis de la Commission départementale de la chasse et de la faune sauvage.

Il comprend notamment :
- les plans de chasse et les plans de gestion ;
- les mesures liées à la sécurité des chasseurs et des non-chasseurs ;
- les actions en vue d'améliorer la pratique de la chasse : plans de gestion cynégétique approuvés, prélèvement maximal autorisé (PMA), régulation des prédateurs, lâchers de gibier, recherche au sang, réglementation de l'agrainage, etc. ;
- la protection des habitats.

Il est opposable aux chasseurs du département ; ceux-ci sont tenus de le respecter, sous peine de poursuites.

4 L'ÉCHELON LOCAL

A LE MAIRE

Le maire est, sur le territoire de sa commune, officier de police judiciaire. Il a le pouvoir d'édicter des règlements de police par arrêtés, notamment en matière de chasse, tels que :
- mettre en demeure les propriétaires de détruire les animaux nuisibles sur leur fond, faute de quoi il organisera une battue collective sous l'autorité d'un lieutenant de louveterie ;
- réglementer l'usage des armes à feu sur le territoire de la commune ;
- limiter la circulation des véhicules à moteur dans les espaces naturels.

B LES CHASSES PRIVÉES

Il s'agit :

- de détenteurs individuels du droit de chasse qui opèrent seuls, ou en famille, ou en recevant des invités ;
- de sociétés de chasse privées, créées par un détenteur d'un droit de chasse pour donner un cadre juridique à ses rapports avec des sociétaires payants, les actionnaires.

C LES SOCIÉTÉS DE CHASSE COMMUNALES

Elles permettent de réunir tout ou partie des terres d'une même commune afin que chaque sociétaire puisse chasser sur ce territoire mis en commun.

D LES ASSOCIATIONS COMMUNALES DE CHASSE AGRÉÉES (ACCA)

Leur création

Créées en 1964 par le sénateur socialiste Fernand Verdeille, les 10 100 ACCA de France (soient plus de 300 000 chasseurs) ont pour but de :

- lutter contre le morcellement des territoires de chasse ;
- constituer de grands territoires de chasse et de gestion ;
- favoriser l'accès aux territoires de chasse au plus grand nombre ;
- mieux gérer le gibier ;
- mieux réguler les animaux nuisibles ;
- constituer des réserves (soit 10 100 réserves) ;
- élaborer des plans de gestion cynégétique approuvés par le préfet.

La liste des départements où peuvent être créées des ACCA est arrêtée par le ministre chargé de la chasse, sur proposition des préfets après avis des conseils généraux, des chambres d'agriculture, des centres régionaux du Centre national de la propriété forestière et des FDC. La liste des communes où peuvent être créées des ACCA est arrêtée par le préfet. La principale condition est que l'association justifie l'accord amiable d'au moins 60 % des propriétaires représentant au moins 60 % de la superficie du territoire de la commune.
Les ACCA sont des associations de type loi 1901. Agrément leur est donné par le préfet. La gestion des ACCA est déléguée à la FDC, mais le préfet en garde la tutelle et peut reprendre la main en cas d'atteinte aux propriétés, aux récoltes ou aux libertés publiques ou de manquement grave aux dispositions du schéma départemental de gestion cynégétique. Il ne peut y avoir qu'une ACCA par commune. Dorénavant, des Associations intercommunales de chasse agréées (AICA) peuvent rassembler deux ACCA ou davantage : principe permettant de mutualiser les moyens et de faire face au nombre de chasseurs en baisse, notamment dans certains secteurs ruraux et de moyenne montagne.

L'adhésion

Pour pouvoir adhérer à l'ACCA, le chasseur doit remplir l'une des conditions suivantes :

- habiter la commune ou y avoir une résidence secondaire ;
- avoir apporté des terres à l'ACCA (valable pour ses parents directs) ;
- accueillir des chasseurs non résidents, dits étrangers.

L'opposition

Dans deux cas, les propriétaires et détenteurs du droit de chasse peuvent refuser que leurs territoires soient inclus dans l'ACCA :

- s'ils se réservent le droit de chasse sur un territoire d'un seul tenant et d'une superficie minimum de 20 hectares. Moins pour la chasse du gibier d'eau, plus en montagne au-dessus de la forêt, et variables selon les réglementations locales ;
- si les propriétaires, au nom de convictions personnelles, sont opposés à la pratique de la chasse. Ceux-ci s'engagent à interdire, y compris pour eux-mêmes, l'exercice de la chasse sur leurs territoires, abandonnant toute réclamation en termes de dégâts dus au gibier. Le propriétaire ayant formé opposition est tenu de procéder à la signalisation de son terrain matérialisant l'interdiction de chasser ; de procéder ou de faire procéder à la destruction des animaux nuisibles et à la régulation des espèces présentes sur son fond responsables de dégâts.

E LES GROUPEMENTS D'INTÉRÊT CYNÉGÉTIQUE (GIC)

Associations volontaires de détenteurs de droits de chasse voisins, individuels ou collectifs, d'une ou de plusieurs communes, qui continuent à chasser chacun chez soi mais s'engagent à observer des règles identiques à l'égard d'une ou de plusieurs espèces. Par exemple :

- interdiction de la chasse de tel gibier pendant x années ;
- aménagement des territoires et agrainage ;
- repeuplement ;
- adoption d'un plan de chasse, même pour le petit gibier ou le sanglier ;
- réalisation d'un plan de gestion cynégétique approuvé par le préfet.

Apparus dans les années 1970, les GIC concernent aujourd'hui des dizaines de milliers de chasseurs et des millions d'hectares. Le GIC séduit par un mélange de respect des droits individuels (de propriété et de chasse) et de volonté collective de progrès (chasse raisonnable et gestion accrue). Il est aujourd'hui tout destiné à la promotion de la chasse du petit gibier.

F LES ASSOCIATIONS DE CHASSE MARITIME (ACM)

Depuis 1975, le droit de chasse sur le Domaine public maritime (DPM) est loué par l'État – propriétaire – à des associations créées à cet effet dans le but de mettre fin à l'anarchie.
En dehors de nombreuses zones mises en réserve, l'État a découpé le littoral en une soixantaine de lots formant des unités homogènes (estuaire ou baie). Afin de s'organiser, les chasseurs du DPM se sont réunis au sein d'une quarantaine d'associations. Chacune de ces associations :

- a adopté des statuts types arrêtés par le ministre, ainsi qu'un règlement intérieur ;
- est affiliée à la FDC correspondant à la situation de la totalité ou de la plus vaste surface du lot ;
- s'est engagée à respecter un cahier des charges fixant les conditions d'exploitation de chaque lot.

Moyennant quoi, l'État a consenti à chaque association une location amiable d'un ou de plusieurs lots, à des prix avantageux, ce qui permet l'exercice d'une chasse populaire.
Ces associations sont ouvertes à tous les titulaires d'un permis de chasser visé et validé (ou d'une autorisation assimilée en faveur des marins-pêcheurs). Pour chasser sur le DPM, il suffit de prendre une « carte de chasse » annuelle au siège de l'ACM, dans les bureaux de tabac ou chez les armuriers habilités. Ceux qui veulent pratiquer l'affût à la hutte ou au gabion doivent s'acquitter d'une cotisation complémentaire.
Le seul point faible de l'ACM est la non-limitation du nombre d'adhérents, qui peut engendrer des pressions de chasse excessives.

G L'ALSACE ET LA MOSELLE

Depuis 1881, le Bas-Rhin, le Haut-Rhin et la Moselle sont régis par un système dit de « chasse louée institutionnalisée » qui les rattache davantage à l'Europe centrale qu'aux pays latins et même qu'au reste de la France.
Le principe essentiel est que si le droit de chasse appartient aux propriétaires du sol, l'administration en est déléguée à la commune. Cette dernière peut alors découper l'ensemble de son territoire en lots homogènes d'au moins 200 ha chacun et en louer pour neuf ans les droits de chasse par adjudication publique au plus offrant. Le produit de ces locations revient aux propriétaires. Réunis en assemblée, ceux-ci décident ou bien de le partager au prorata de leurs apports respectifs, ou bien de l'abandonner à la commune pour le financement de travaux d'intérêt collectif ou pour le paiement de cotisations parafiscales agricoles.
Jusqu'à récemment, ce régime satisfaisait le plus grand nombre. Or, de plus en plus, l'adjudication au plus offrant pénalise les chasseurs ruraux par rapport aux chasseurs citadins (parfois de métropoles éloignées, Lyon, Paris, Marseille,

parfois suisses, allemands ou luxembourgeois), aux moyens financiers nettement supérieurs. Aussi une évolution inspirée par le régime des ACCA – qui confère une priorité de droit aux chasseurs du cru – est nécessaire.

5 LE CONTRÔLE

A QUI PEUT VERBALISER ?

Sont habilités à constater les infractions à la législation sur la chasse : agents assermentésde l'OFB (inspecteurs de l'environnement) ; agents de développement des FDC ; maires et adjoints ; commissaires de police ; gendarmes ; gardes champêtres ; ingénieurs et agents assermentés de l'ONF ; agents assermentés de l'Agence française de la biodiversité ; lieutenants de louveterie ; gardes particuliers.
Ces agents verbalisateurs partagent tous les obligations des agents chargés de la police de la chasse. Aussi doivent-ils être commissionnés (c'est-à-dire chargés d'une mission) par le ministre de tutelle ou leur employeur et assermentés par le juge d'instance. Tous doivent pouvoir présenter leur commission.

B LES POUVOIRS DES AGENTS ASSERMENTÉS

Les infractions à la législation sur la chasse se constatent de trois manières principales :

- procès-verbal, en cas d'infraction constatée de visu par l'agent ;
- rapport, en cas de témoignage ou de dénonciation ;
- interpellation et contrôle (pratiqués par certains agents verbalisateurs, dont ceux de l'OFB).

La police de l'environnement, créée par la loi de 2019, donne aux inspecteurs de l'environnement : l'accès aux fichiers des antécédents judiciaires ; le droit de réquisitionner dans les mêmes conditions prévues pour les officiers de police judiciaire ; la possibilité de recevoir du juge d'instruction des commissions rogatoires ; le droit de détruire les animaux susceptibles d'occasionner des dégâts.

C LES AGENTS TECHNIQUES DE L'ENVIRONNEMENT (OFB)

Statut

La loi de 2019 a créé une nouvelle police de l'environnement, fusion des polices de l'ex ONCFS et de l'ex AFB (elle-même principalement police de l'ex ONEMA), respectivement 1 100 et 650 agents. Ces 1 750 inspecteurs de l'environnement sont répartis entre les services départementaux de l'OFB et les brigades mobiles d'intervention de l'OFB.

Missions

La prévention des infractions, l'information des usagers de la nature, la recherche et la constatation des infractions, la répression du braconnage constituent les différents volets de ce que l'on désigne désormais sous le terme de police de l'environnement.
Leur commissionnement au titre des Eaux et Forêts et leur assermentation leur permettent de rechercher et de constater, sur l'ensemble du territoire, les infractions portant atteinte aux propriétés rurales et forestières, en matière de chasse et de faune sauvage, de protection de la nature, de parcs et réserves, de pêche, de forêts et de protection des sites.
Ils assurent des missions de police – prioritaires –, dont des missions de lutte contre le braconnage. Et également des missions techniques.

Moyens

- la direction de la police de l'OFB conçoit les lignes directrices des missions de police des agents et en contrôle la bonne exécution ;
- 15 délégations régionales assurent la mise en application de ces directives ;
- 100 agents sont affectés dans les brigades mobiles d'intervention. Les BMI (une par région) viennent en renfort des services départementaux pour certaines grandes opérations et participent à des opérations d'envergure nationale pilotées par la direction de la police ;
- 1 300 agents environ sont affectés aux services départementaux ;
- une brigade mobile Cites-Capture est sous tutelle directe de la direction de la police.

D LES AGENTS DE DÉVELOPPEMENT DES FDC

Lorsqu'une FDC en a le désir et les moyens, elle peut entretenir sa propre garderie. Ces agents sont chargés d'assurer le gardiennage privé des seuls adhérents territoriaux de la FDC. Ils assurent également un certain nombre de tâches techniques (comptages, prévention des dégâts, etc.). En outre, la loi de 2019 donne un rôle de police de proximité en matière d'environnement aux agents de développement des FDC. Désormais, ils peuvent également rechercher et constater les infractions relatives : au schéma départemental de gestion cynégétique, au plan de chasse, au permis de chasser.

E LES GARDES PARTICULIERS

Statut

Engagés par un employeur (président d'association, de société ou simple particulier), ils doivent être commissionnés par ce dernier ; agréés par le préfet ou le sous-préfet ; assermentés par le juge d'instance. Certains sont salariés (à plein-temps ou à temps partiel), la plupart sont bénévoles. Tous ont le droit dans l'exercice de leurs fonctions de porter toute l'année un fusil de chasse destiné à la destruction des animaux nuisibles.

Missions

Strictement limitées au territoire pour lequel le garde est commissionné, les missions sont de deux ordres :

- mission de police : constatation par procès-verbal des infractions à la police de la chasse ;
- missions cynégétiques : destruction des nuisibles, aménagements, élevage et repeuplement, chenil, organisation des battues...

Bien qu'indépendants des FDC, les gardes particuliers peuvent collaborer avec les gendarmes et autres agents verbalisateurs. Notamment parce que les gardes particuliers n'ont pas le droit d'effectuer certaines interventions : recherche de gibier à domicile, chez les aubergistes, les marchands de comestibles et dans les lieux ouverts au public.

F LES LIEUTENANTS DE LOUVETERIE

Statut

Créé par Charlemagne afin de protéger les paysans contre les loups (les plus anciennes traces écrites consacrées aux *lupardi* remontent à 813), le corps des lieutenants de louveterie a été adapté aux temps modernes par une loi de 1971. Ses 1 200 membres sont regroupés au sein de l'Association des lieutenants de louveterie de France. Ils sont nommés et commissionnés par le préfet, sur proposition du DDT et après avis du président de la FDC, pour une durée de six ans renouvelable. Leurs fonctions sont honorifiques, strictement bénévoles.

Missions

Ils ont pour missions, sur un territoire donné qui ne saurait être supérieur à l'arrondissement et pour lequel ils sont assermentés par le juge d'instance :

- conseil de l'administration en matière de destruction des nuisibles et d'indemnisation des dégâts de gibier ;
- organisation des battues de destruction ordonnées par le préfet ;
- tir de nuit des renards et sangliers ;
- entretien à leurs frais d'une meute de chiens courants réservée au sanglier ou au renard, ou au moins de chiens de déterrage ;
- répression du braconnage.

7 LA LÉGISLATION

1 GÉNÉRALITÉS

A HISTORIQUE

La France gallo-romaine

Deux notions de base du droit cynégétique actuel remontent aux Romains :

- le gibier n'appartient à personne (il est *res nullius*) ;
- le droit de chasse appartient au propriétaire du sol.

L'Ancien Régime

Le droit de chasse est réservé au « prince » (le roi) ou à ses vassaux, pour deux raisons :

- le prince est, en théorie, le seul propriétaire du sol ;
- la chasse est considérée comme un entraînement à la guerre et doit être l'apanage des chefs.

Fondée par Charlemagne, la louveterie se poursuit sous la Révolution. Les louvetiers – bien qu'aristocrates –, sont parfois épargnés par la population rurale au nom de la lutte contre les « bêtes fauves ».

La Révolution de 1789

Dans le cadre de l'abolition des privilèges de la noblesse, le droit de chasse est rendu aux propriétaires effectifs du sol. Les abus deviennent tellement graves qu'une loi répressive est adoptée dès 1790. Trois de ses points fondamentaux sont toujours d'actualité :

- définition de l'infraction de chasse sur autrui ;
- fixation d'une période de fermeture, décidée pour la protection des récoltes ;
- reconnaissance du droit de destruction du gibier et des « bêtes fauves » dans les récoltes.

La loi de 1844

Véritable point de départ de notre législation, elle introduit des innovations capitales :

- en s'intéressant pour la première fois à la protection du gibier (interdiction de la chasse de nuit, des appeaux et des drogues, etc.) ;
- en diversifiant les droits en fonction des catégories de gibiers (migrateurs et sédentaires) ;
- en distinguant chasse et destruction ;
- en créant le permis de chasse, à partir d'un permis de port d'armes conçu en 1810 au titre de la sécurité publique ;
- en dressant un catalogue des infractions et des sanctions. Par la suite, de nombreux textes législatifs vont adapter cette loi à l'évolution des besoins :
- renforcement de la protection du gibier ;
- durcissement de la répression ;
- introduction de mesures en faveur de la gestion des territoires (capture d'animaux vivants dans un but de repeuplement).

Jusqu'à la Seconde Guerre mondiale

La chasse continue de se structurer sous l'influence de plusieurs facteurs :
- 1881 : une loi particulière sur la chasse est mise en place dans le Bas-Rhin, le Haut-Rhin et la Moselle, départements occupés par l'Allemagne depuis 1870. C'est l'origine du droit dit local ;
- depuis le début du XXe siècle, la démocratisation de la chasse et le développement du braconnage engendrent la création de sociétés de chasse, puis celle des premiers groupements de chasseurs – premières fédérations du genre – ayant pour but principal de payer des gardes particuliers grâce aux cotisations ;
- 1924 : la loi confères aux gardes particuliers des prérogatives analogues à celles des gardes forestiers ;
- 1934 : les fédérations de chasseurs sont reconnues par l'Etat ;
- 1941 : la loi unifie et organise au niveau national les fédérations départementales des chasseurs. Elles sont chargées de réprimées le braconnage, et sont financées par une part du prix du permis. La même loi crée le Conseil supérieur de la chasse, ancêtre de l'ONC (qui deviendra ONCFS, lequel deviendra OFB).

Les années 1960 et 1970

Depuis la deuxième moitié du XXe siècle, avec un point d'orgue au cours des années 1970, un important travail législatif tente de faire face à l'évolution de plus en plus rapide des événements :

- la démocratisation de la chasse, entraînant une forte augmentation du nombre de chasseurs ;
- la modification du régime successoral, causant un émiettement de la propriété foncière ;
- le progrès de la recherche scientifique, débouchant sur une remise en cause des idées reçues et l'apparition d'idées nouvelles, comme les notions d'aménagement des territoires et de gestion rationnelle des populations.

Aussi, nous observons plusieurs évolutions et lois majeures, notamment la notion de la dimension européenne :
- 1963 : apparition du principe du plan de chasse et indemnisation des dégâts de grand gibier ;
- 1964 : loi Verdeille créant les ACCA ;
- 1971 : premier ministère de la Protection de la nature et de l'Environnement, créé par Georges Pompidou, président de la République et chasseur ;
- 1972 : création de l'Office national de la chasse, l'un des ancêtres de l'OFB ;
- 1975 : le permis de chasser devient un document permanent tel que le permis de conduire ;
- 1976 : loi sur la protection de la nature prévoyant des infractions autres celles de chasse et de pêche. Mise en place de l'examen du permis de chasser ;
- 1979 : directive européenne sur la conservation des oiseaux, introduisant une dimension internationale, tout du moins européenne.

Notons que c'est au cours de cette décennie qu'est né le principe du Groupement d'intérêt cynégétique (GIC).

La loi de 2000

Après 25 ans de silence législatif, et sous la pression de l'Union européenne, la France se voit dans l'obligation d'adapter sa législation cynégétique en rédigeant une nouvelle loi chasse (26 juillet 2000), laquelle comprend :

- la remise en cause partielle de la loi Verdeille sur les ACCA en créant la reconnaissance du droit de non-chasse ;
- la légalisation de la chasse du gibier d'eau à la passée ;
- la limitation de la période de chasse aux oiseaux migrateurs ;
- la création du schéma départemental de gestion cynégétique ;
- la création de la Fédération nationale des chasseurs (FNC) en remplacement de l'Union nationale des fédérations départementales des chasseurs (autrefois Union nationale des présidents de fédérations départementales des chasseurs) ;
- l'adhésion obligatoire des FDC à la nouvelle FNC ;
- la mise sous tutelle des FDC par les préfets ;
- la transformation de l'ONC en Office national de la chasse et de la faune sauvage (ONCFS), lequel voit ses fonctions élargies.

La loi de 2019

Au fil de ce manuel, nous détaillons régulièrement la loi du 24 juillet 2019. Cette « réforme de la chasse » :

- crée l'Office français de la biodiversité ;
- développe et donne davantage de moyens à la police de l'environnement (qui inclut la chasse et la pêche) au sein de l'OFB ;
- organise davantage l'administratif concernant le permis de chasse : rétention du permis, création d'un fichier national ;
- développe les missions des fédérations des chasseurs (FDC, FRC et FNC) : plans de chasse, Acca, éco-contribution, réserves naturelles, formation à la sécurité, police de proximité de l'environnement, chasse accompagnée ;
- encadre et contrôle certaines pratiques de chasse liées au sanglier : engrillagement, lâchers, chasses commerciales, nourrissage agrainage, contribution à l'hectare ;
- met en place la gestion adaptative.

B LES DOCUMENTS (CODE DE L'ENVIRONNEMENT, CHAPITRE « PROTECTION DE LA NATURE »)

Où prendre connaissance des documents organisant la chasse ?

- niveau territorial : règlement intérieur et de chasse de l'association ou de la société. Dans les chasses privées, souvent des règles non écrites sont rappelées par l'invitant lors du départ = siège de la société ;
- niveau communal : arrêtés municipaux éventuellement pris par le maire = mairie ;

- niveau départemental : Schéma départemental de gestion cynégétique, arrêté d'ouverture et de clôture de la chasse (toujours affiché en mairie) et autres arrêtés préfectoraux = préfecture, sous-préfecture, DDT, mairie et FDC ;
- niveau national : lois, décrets et arrêtés régissant la police de la chasse, mais aussi règles de jurisprudence établies par les tribunaux = Code de l'environnement, chapitre « protection de la nature ».

En outre, il vous est possible de contacter le service juridique de l'OFB.

2 TOUT SUR LE PERMIS ET LES VALIDATIONS

Concernant la chasse accompagnée, lire le chapitre 2 : *L'examen du permis de chasser et autres formations*. Concernant l'assurance, lire le chapitre 3 : *Les règles de sécurité*.

A OBLIGATIONS LÉGALES

Pour être en règle avec la loi, tout chasseur doit détenir et être en mesure de présenter lors d'un contrôle effectué par les agents compétents :

- un permis de chasser ;
- une attestation de participation à une session de formation à la chasse à l'arc (si l'individu est chasseur à l'arc) ;
- une validation correspondant au lieu et à la saison de chasse en cours ;
- une attestation d'assurance « responsabilité civile chasse » correspondant à la saison de chasse en cours ;
- un droit de chasse ou le droit de chasser sur le territoire.

B LE DROIT DE CHASSE ET LE DROIT DE CHASSER

Pour pouvoir chasser

Il faut non seulement un permis visé et validé, mais aussi le droit de chasse ou le droit de chasser sur un territoire.

Le droit de chasse peut appartenir :

- au propriétaire ;
- au locataire de chasse.

Le droit de chasser peut être dévolu :

- à des sociétaires ;
- à des invités ;
- à des preneurs de licences ;
- au fermier ou au métayer.

Le propriétaire

Le gibier n'appartient à personne, mais le propriétaire du sol a le droit de s'emparer des espèces chassables qui se trouvent chez lui. C'est ce qu'on appelle le « droit de chasse », attribut du droit de propriété. Ce droit vaut normalement pour les territoires de toutes natures et de toutes surfaces. Il existe deux exceptions : l'Alsace-Moselle et les communes organisées en ACCA.
Le droit de chasse s'accompagne de la responsabilité de la gestion cynégétique du territoire, le propriétaire pouvant l'exercer comme il l'entend :

- soit lui-même (seul ou avec des invités) ;
- soit en en faisant apport à une société de chasse ;
- soit en le louant.

Le locataire

Le droit de chasse peut se louer de quatre manières :

- la « location verbale ». Formule la plus simple tant que les deux parties s'entendent bien, mais ses inconvénients sont graves en cas de litige. Les tribunaux considèrent alors qu'elle vaut pour un an et qu'elle se renouvelle par tacite reconduction ;
- le « bail sous seing privé ». Le bailleur et le locataire écrivent et signent, sur papier timbré en trois exemplaires, les conditions de leur accord : description de la chose louée, durée de la location, loyer annuel, clauses particulières (nombre de chasseurs autorisés, parcelles mises en réserve...) ;
- l'« acte authentique ». Même chose que dans le cas précédent, mais la signature se fait devant un notaire ;
- l'« adjudication ». Le bailleur établit un cahier des charges, fixe une mise à prix et met le droit de chasse aux enchères ; le plus offrant est déclaré adjudicataire. Cette méthode est employée pour des territoires dont le droit de chasse appartient à certaines communes (Alsace-Moselle ou forêts communales), à des établissements publics et surtout à l'État (domaine public fluvial et forêts domaniales). Pour certaines des forêts domaniales, l'adjudication est remplacée – comme pour le domaine public maritime – par des locations amiables aux ACCA. Cela permet à des chasseurs locaux sans grands moyens financiers d'avoir accès à des forêts situées sur leurs communes.

Quel que soit le mode de location :

- la location doit être enregistrée (ce qui permet d'en prouver l'existence à l'égard des tiers) et donne lieu au paiement à l'État d'une taxe sur le montant du loyer ;
- le propriétaire peut conserver une partie de son droit de chasse. Ainsi, par exemple, l'ONF se réserve le tir des biches dans des massifs domaniaux où le cerf est chassé à courre ;
- le locataire doit user de la chasse en « bon père de famille », c'est-à-dire :
    - entretenir et prendre pour sa conservation les mêmes précautions qu'un propriétaire (mais ceci n'implique pas qu'il doive laisser en fin de

bail autant de gibier qu'il en a trouvé au début) ;
- détruire les nuisibles si son bail lui en reconnaît expressément le droit (et du même coup le devoir).

En cas d'abus de jouissance, les sanctions peuvent être :
- la résiliation du bail ;
- des dommages et intérêts.

Le sociétaire

Dans presque tous les cas, le propriétaire ou le locataire d'un droit de chasse sur un territoire suffisamment grand crée une association ou une société plus ou moins informelle, où l'on peut entrer moyennant le paiement d'une cotisation. On en devient « actionnaire » et on acquiert le droit de chasser sur ce territoire. Par ailleurs, les propriétaires ou les locataires des droits de chasse sur des territoires trop petits se regroupent souvent pour en former un seul grand, notamment dans le cadre de sociétés communales. Chacun d'eux acquiert le droit de chasser sur l'ensemble des territoires mis en commun. Même chose pour les ACCA.

Qu'elles soient communales ou privées, de telles associations ou sociétés de chasse se donnent des statuts et un règlement intérieur que doivent respecter tous les sociétaires. En pratique, l'établissement et le respect de ces règlements intérieurs sont d'un intérêt capital pour la préservation de la faune et la qualité de la chasse. Ce qui fait que dans 99 % des cas, les chasseurs n'ont que le gibier qu'ils méritent. Les infractions font l'objet des sanctions prévues par le règlement intérieur : de l'amende à l'exclusion en passant par la suspension.

L'invité

Un propriétaire, un locataire ou un sociétaire peut recevoir un invité. Celui-ci acquiert le droit de chasser sur le territoire pendant la durée de l'invitation. Tenant ce droit de son invitant, l'invité a les mêmes devoirs que lui, notamment en matière de sécurité.

Le détenteur d'une licence

Pour certaines forêts domaniales, certaines portions du domaine public fluvial, l'État délivre des licences individuelles ou collectives, annuelles ou à la journée. En droit, elles sont assimilées à des autorisations de chasser payantes.

Le fermier ou le métayer

Il a automatiquement le droit de chasser sur toutes les terres figurant sur son bail, quelles qu'en soient la taille et la nature. Ce droit :
- ne vaut que pour le preneur, qui ne peut le louer ou en faire bénéficier un membre de sa famille ou un tiers ;
- ne s'étend pas au gibier d'élevage, c'est-à-dire aux espèces dont la plupart des sujets font l'objet de mesures de protection, de nourrissage et d'aide à la reproduction ;

- s'accompagne de l'obligation de respecter les règles de protection du gibier (limitation des jours de chasse, fermetures anticipées, nombre et sexe des pièces à tirer, réserves, etc.) établies par le détenteur du droit de chasse.

C TITRE PERMANENT DU PERMIS DE CHASSER

Depuis 1975, le permis de chasser constitue un document permanent, au même titre que le permis de conduire. On évoque un document « viager », c'est-à-dire valable à vie. Il est établi désormais sur un document sécurisé comportant un numéro unique. Autrefois délivré par le préfet du département de domiciliation du demandeur, le permis de chasser est désormais délivré par le directeur général de l'OFB.
Actuellement, il existe deux types valables de titres permanents :

- le document sécurisé (format carte bancaire) délivré par le seul OFB ;
- le document papier vert délivré autrefois par le préfet.

Les anciens permis, dits « blancs », ne peuvent plus être validés et doivent être remplacés par le nouveau document sécurisé. Si vous n'êtes pas encore chasseur et ne possédez donc pas encore de permis de chasser, vous devez passer et réussir l'examen national du permis de chasser avant de pouvoir vous faire délivrer ce fameux permis.
À noter que parmi les autres missions confiées par la loi à l'OFB pour le compte de l'État figurent également et notamment :

- l'organisation de l'examen du permis de chasser ;
- la délivrance du permis de chasser et la délivrance du duplicata.

D NE PEUVENT OBTENIR LA DÉLIVRANCE DU PERMIS DE CHASSER

- les personnes âgées de moins de 16 ans ;
- les majeurs en tutelle, à moins qu'ils ne soient autorisés à chasser par le juge des tutelles ;
- ceux qui, par suite d'une condamnation, sont privés du droit de port d'armes ;
- ceux qui n'ont pas exécuté les condamnations prononcées contre eux pour une infraction à la police de la chasse ;
- tout condamné en état d'interdiction de séjour ;
- ceux qui n'ont pu produire le certificat médical demandé ;
- les personnes ayant fait opposition à la pratique de la chasse sur leurs biens ;
- les personnes privées du droit de conserver ou d'obtenir un permis de chasser ;
- ceux qui sont inscrits au fichier national automatisé nominatif des personnes interdites d'acquisition et de détention d'armes.

Toute personne demandant la délivrance d'un permis de chasser doit déclarer qu'elle n'est pas dans l'un des cas d'incapacité ou d'interdiction prévus ci-dessus. En cas de fausse déclaration, le permis de chasser est nul de plein droit, il devra être restitué à l'OFB.

E CAS PARTICULIERS : NON-RÉSIDENTS FRANÇAIS ET ÉTRANGERS, ÉTRANGERS RÉSIDENTS ET AUTRES

Les non-résidents, français ou étrangers, titulaires d'un permis de chasser étranger ou de toute autre pièce administrative en tenant lieu

Les personnes, de nationalité française ou étrangère, qui ne résident pas en France peuvent obtenir la validation du permis de chasser qui leur a été délivré à l'étranger (ou de la pièce administrative en tenant lieu) dans les mêmes conditions que celles applicables aux permis de chasser délivrés en France. Ils n'ont pas à passer l'examen du permis de chasser français, mais doivent souscrire une assurance responsabilité civile chasse.

Les étrangers résidents en France

Pour déterminer la qualité de résident ou de non-résident d'une personne physique, il convient de se référer notamment à la notion de domicile fiscal. Selon le Code général des impôts, une personne est considérée comme ayant son domicile fiscal en France lorsqu'elle se trouve dans l'une des situations suivantes :

- elle a son foyer en France ;
- elle a son lieu de séjour principal en France ;
- elle exerce son activité professionnelle en France ;
- elle a le centre de ses intérêts économiques en France.

Un seul de ces critères suffit pour qu'une personne soit considérée comme étant résidente fiscale en France. À partir du moment où une personne étrangère est résidente française, elle doit obtenir un permis de chasser français, délivré à l'issue de l'examen.

Les marins-pêcheurs professionnels et conchyliculteurs assimilés administrativement aux dits marins-pêcheurs

Pour la pratique de la chasse maritime, ils sont dispensés de la validation de leur permis de chasser, sous réserve d'être en possession d'une autorisation délivrée gratuitement par l'autorité administrative, sur présentation d'une attestation d'assurance conforme.

F REFUS DE DÉLIVRANCE ET RETRAIT DU PERMIS DE CHASSER

Peut se voir refuser la délivrance du permis de chasser et peut se voir retirer le permis de chasser :

- tout individu qui, par une condamnation judiciaire, a été privé de l'un ou de plusieurs des droits énumérés dans le Code pénal ;
- tout condamné à un emprisonnement de plus de six mois pour rébellion ou violence envers les agents de l'autorité publique ;

- tout condamné pour délit d'association illicite, de fabrication, débit, distribution de poudre, armes ou autres munitions de guerre, de menaces écrites ou de menaces verbales avec ordre ou sous condition, d'entraves à la circulation des grains, de dévastation d'arbres ou de récoltes sur pied, de plants venus naturellement ou faits de main d'homme ;
- tout individu ayant été condamné pour vol, escroquerie ou abus de confiance.

En outre, depuis la loi de 2019, en action de chasse ou de destruction, la rétention à titre provisoire immédiate du permis de chasser est possible en cas :
- d'accident ayant entraîné la mort d'une personne ou involontairement causé une atteinte grave à l'intégrité physique d'une personne ;
- d'incident matériel grave ayant pu mettre en danger la vie d'autrui.

Dans les 72 heures de la rétention du permis, le directeur général de l'OFB peut prononcer la suspension du permis, pour une durée maximale de 6 mois. durée portée à 1 an en cas d'accident mortel involontaire ou d'atteinte involontaire à l'intégrité de la personne ayant entraîné une incapacité totale de travail pendant plus de 3 mois.

G PERMIS DE CHASSER ET AUTORISATION DE CHASSER ACCOMPAGNÉ : RÉTENTION, RÉCUPÉRATION, SUSPENSION

Rétention

Selon la loi de 2019, la décision de rétention du permis de chasser ou de l'autorisation de chasser accompagné (Aca) donne lieu à l'établissement d'un avis de rétention, dont un exemplaire est immédiatement remis au chasseur ou à l'accompagnateur du titulaire de Aca. Cet avis de rétention indique à la personne sanctionnée à quel service elle doit s'adresser pour se voir restituer son permis de chasser ou son Aca.

Récupération

À la fin de cette période de rétention, la personne sanctionnée peut venir récupérer son permis de chasser ou son Aca dans les bureaux du service désigné dans l'avis de rétention dans les 12 heures suivant l'expiration de ce délai. À défaut, son permis de chasser ou son Aca lui sera envoyé par lettre recommandée avec demande d'avis de réception.

Suspension

À la fin de cette période de rétention, la personne sanctionnée peut venir récupérer son permis de chasser ou son Aca dans les bureaux du service désigné dans l'avis de rétention dans les 12 heures suivant l'expiration de ce délai. À défaut, son permis de chasser ou son Aca lui sera envoyé par lettre recommandée avec demande d'avis de réception.

Cette décision est également communiquée au président de la FDC ayant validé le permis suspendu, et est transmise sans délai en copie au procureur de la République dans le ressort duquel l'infraction a été commise.

En retour, le procureur de la République communique sans délai au directeur général de l'OFB toute décision judiciaire exécutoire ou définitive prononcée pour une infraction punie par le présent code de la peine complémentaire de suspension du permis de chasser ou pour l'une des infractions d'atteinte involontaire à la vie ou à l'intégrité physique ou psychique de la personne commise à l'occasion de la pratique de la chasse.
Durant ce temps, le permis de chasser suspendu est conservé par l'OFB pendant la durée prévue par la décision de son directeur général.

H PERTE OU DESTRUCTION DU PERMIS DE CHASSER

Permis de chasser perdu, détruit ou détérioré ayant été délivré par une préfecture ou une sous-préfecture

Il faut préalablement obtenir une attestation de délivrance du permis de chasser auprès de la préfecture ou la sous-préfecture qui vous a délivré votre permis initial. Elle peut être demandée à la préfecture ou la sous-préfecture par courrier libre en précisant vos nom, prénoms, date et lieu de naissance ainsi que, si possible, les numéro et date de délivrance du permis de chasser initial perdu, détruit ou détérioré.
À réception de cette attestation, la demande de duplicata du permis de chasser devra être adressée à l'OFB au moyen du formulaire administratif « déclaration de perte et demande de duplicata d'un permis de chasser perdu, détruit ou détérioré » que l'on se procurera auprès des services de l'OFB ou sur le site www.ofb.gouv.fr, rubrique « délivrance du permis de chasser». Pièces à joindre :

- la photocopie d'une pièce d'identité (carte nationale ou passeport) ;
- le cas échéant, la photocopie du permis détérioré, dont le duplicata est demandé ;
- l'original de l'attestation de délivrance initiale du permis de chasser, établie par la préfecture ou la sous-préfecture ayant délivré le permis de chasser initial. Elle doit porter la mention de son signataire et le cachet du service de délivrance ;
- deux photographies d'identité récentes datant de moins de 6 mois et normalisées ;
- si le demandeur de la délivrance est mineur ou majeur en tutelle, l'autorisation de son représentant légal ;
- la déclaration sur l'honneur signée par le demandeur au verso de la demande, relative aux causes d'incapacité ou d'interdiction pouvant faire obstacle à la délivrance du permis de chasser ;
- un chèque bancaire ou postal ou un mandat postal libellé à l'ordre de l'agent comptable de l'OFB. On vérifiera le montant auprès des services de l'OFB ou sur le site www.ofb.gouv.fr, rubrique « délivrance du permis de chasser ».

Permis de chasser perdu, détruit ou détérioré ayant été délivré par l'OFB

La demande de duplicata du permis de chasser sera adressée directement à l'OFB au moyen du formulaire administratif « déclaration de perte et demande de duplicata d'un permis de chasser perdu, détruit ou détérioré » que l'on se procurera auprès des services de l'OFB ou sur le site www.ofb.gouv.fr, rubrique « délivrance du permis de chasser ». Pièces à joindre :

- la photocopie d'une pièce d'identité (carte nationale ou passeport) ;
- le cas échéant, le permis détérioré, dont le duplicata est demandé ;
- deux photographies d'identité datant de moins de 6 mois, identiques et normalisées (format 35 x 45 mm) ;
- si le demandeur de la délivrance est mineur ou majeur en tutelle, l'autorisation de son représentant légal ;
- la déclaration sur l'honneur signée par le demandeur au verso de la demande, relative aux causes d'incapacité ou d'interdiction pouvant faire obstacle à la délivrance du permis de chasser ;
- un chèque bancaire ou postal ou d'un mandat postal libellé à l'ordre de l'agent comptable de l'OFB. On vérifiera le montant auprès des services de l'OFB ou sur le site www.ofb.gouv.fr, rubrique « délivrance du permis de chasser ».

I VALIDATION DU PERMIS DE CHASSER

La validation annuelle ou temporaire du permis de chasser permet la pratique de la chasse sur un territoire donné, pendant une période donnée. Cette validation est obligatoire pour pouvoir chasser. Elle se fait par le biais d'un « guichet unique » mis en place dans les FDC en 2003, afin de supprimer les démarches administratives multiples et fastidieuses de jadis.
Depuis les années 2010, il est possible d'éditer à domicile son titre de validation. Pour réaliser une e-validation, il suffit de se connecter sur le site Internet de sa FDC (si celle-ci est opérationnelle en la matière), de compléter la commande de validation en ligne, de régler par carte bancaire grâce à un système de paiement sécurisé et de lancer l'édition une fois les contrôles réglementaires effectués. Ce système permet d'obtenir une validation au dernier moment, donc de répondre à une invitation de chasse de dernière minute ou de pallier un oubli la veille de l'ouverture !

Chaque saison, vous allez choisir votre validation selon deux critères :

- le secteur géographique sur lequel vous souhaitez chasser (un ou plusieurs départements, ou encore l'ensemble du territoire national) ;
- la période durant laquelle vous chasserez (l'ensemble de la saison de chasse ou bien lors de périodes de chasse plus courtes, proposées par la réglementation), dans le respect des dates d'ouverture bien sûr.

Pour être valable, votre permis de chasser doit être validé pour le lieu et la période en cours et, le cas échéant, après paiement des participations et cotisations fédérales afférant à la chasse du grand gibier.
Le guichet unique, mis en place dans toutes les FDC, permet de regrouper l'ensemble des formalités de la validation à l'occasion d'une seule démarche. Le titulaire du permis de chasser présente un dossier à la FDC de son choix. Ce dossier contient :

- une demande de validation dûment remplie et signée. Ce formulaire administratif de « demande de validation du permis de chasser » est généralement adressé par la FDC à laquelle le chasseur adhère déjà, sinon il faut en faire la demande ;
- le règlement financier (un seul, qui totalise les redevances cynégétiques et cotisations fédérales) ;
- une déclaration sur l'honneur :
    - attestant qu'il est assuré ;
    - attestant qu'il ne se trouve pas dans l'un des cas d'interdiction prévus dans le Code de l'environnement (lire point J) ;
- les majeurs en tutelle doivent en outre joindre une autorisation du juge des tutelles, et les mineurs non émancipés de plus de 16 ans l'autorisation de leur père, mère ou tuteur.

Le chasseur reçoit un document de validation sécurisé et numéroté sur lequel sont portées toutes les indications relatives à la validation choisie et autres cotisations.
À noter que certaines FDC proposent de remplir et de payer (système sécurisé) les redevances et cotisations par Internet. Simple et rapide.
Rappel : en action de chasse, le chasseur doit être porteur de ce document de validation, avec son permis de chasser et l'attestation d'assurance chasse en cours de validité.

J TYPES DE VALIDATION ET CONTRIBUTIONS GRAND GIBIER

La validation peut être départementale ou nationale

La validation départementale

Elle est valable dans le seul département concerné. Ainsi que sur les territoires de chasse d'un seul tenant situés à cheval sur plusieurs départements, et détenus par un seul et même détenteur.

La validation nationale

Elle est valable sur l'ensemble du territoire national, outre-mer compris (Guadeloupe, Martinique, Réunion, Saint-Pierre-et-Miquelon). Dans le cadre de la réforme de la chasse, afin de faciliter les déplacements de chasseur (dans le cadre du tourisme rural et de la lutte contre les surdensités de sanglier), le montant du permis national a été divisé par deux en 2019.

La validation peut être annuelle ou temporaire

La validation annuelle

Elle est valable du 1er juillet au 30 juin de l'année suivante. Elle peut être demandée à tout moment de la saison de chasse.

Les validations temporaires

Le permis de chasser peut être validé pour une durée de neuf jours consécutifs, mais une seule fois par saison de chasse. Le permis de chasser peut également être validé pour une durée de trois jours consécutifs, avec la possibilité de le faire trois fois au total au cours de la saison de chasse (soit un total de neuf jours). Attention : les validations de neuf et trois jours ne sont pas cumulables.
Remarque : la validation temporaire s'accompagne du versement de la cotisation fédérale correspondante, équivalant à la moitié d'une cotisation annuelle.

Les extensions et compléments de validation

- une validation annuelle départementale obtenue pour un département peut être complétée pour d'autres départements ;
- une validation annuelle départementale peut être transformée en validation annuelle nationale ;
- une validation temporaire départementale peut être transformée en validation annuelle départementale ;
- une validation temporaire départementale peut être transformée en validation annuelle nationale ;
- une validation temporaire nationale peut être transformée en validation annuelle nationale.

Les cotisations grand gibier

Pour une validation départementale

La FDC peut exiger le paiement d'une contribution grand gibier. Elle a la forme d'un timbre départemental grand gibier ou espèce (sanglier). Le montant de la contribution varie selon les FDC. Dans les 3 départements soumis au droit local (Bas-Rhin, Haut-Rhin et Moselle), une contribution sanglier est obligatoire.

Pour une validation nationale

Depuis 2019, le permis national permet de chasser l'ensemble des espèces chassables (dont toutes les espèces de grand gibier) sur l'ensemble du territoire national. Même dans ce cadre, dans les 3 départements soumis au droit local (Bas-Rhin, Haut-Rhin et Moselle), la contribution sanglier demeure obligatoire.

Le montant des redevances

Chaque année, le montant des redevances cynégétiques est actualisé et publié au Journal officiel. Lorsqu'un chasseur valide pour la première fois son permis de chasser, lors de la saison cynégétique qui suit l'obtention du titre permanent dudit permis, le montant de ces redevances est diminué de moitié. On prendra connaissance des montants notamment sur le site www.ofb.gouv.fr, rubrique « validation du permis de chasser ».

K NE PEUVENT OBTENIR LA VALIDATION DU PERMIS DE CHASSER

- les mineurs non émancipés âgés de plus de 16 ans, à moins que la validation ne soit demandée par leur père, mère ou tuteur ;
- les majeurs en tutelle – à moins qu'ils ne soient autorisés à chasser par le juge des tutelles – qui, par suite d'une condamnation, sont privés du droit de port d'armes ;
- ceux qui n'ont pas exécuté les condamnations prononcées contre eux pour une infraction à la police de la chasse ;
- tout condamné en état d'interdiction de séjour ;
- les personnes atteintes d'une affection médicale ou d'une infirmité dont la liste est fixée par décret en Conseil d'État, rendant dangereuse la pratique de la chasse ;
- les personnes ayant fait opposition à la pratique de la chasse sur leurs biens ;
- les personnes privées du droit de conserver ou d'obtenir un permis de chasser ;
- ceux qui sont inscrits au fichier national automatisé nominatif des personnes interdites d'acquisition et de détention d'armes.

L PEUT SE VOIR REFUSER LA DÉLIVRANCE ET PEUT SE VOIR RETIRER LA VALIDATION DU PERMIS DE CHASSER

- tout individu qui, par une condamnation judiciaire, a été privé de l'un ou de plusieurs des droits énumérés dans le Code pénal ;
- tout condamné à un emprisonnement de plus de six mois pour rébellion ou violence envers les agents de l'autorité publique ;
- tout condamné pour délit d'association illicite, de fabrication, débit, distribution de poudre, armes ou autres munitions de guerre, de menaces écrites ou de menaces verbales avec ordre ou sous condition, d'entraves à la circulation des grains, de dévastation d'arbres ou de récoltes sur pied, de plants venus naturellement ou faits de main d'homme ;
- tout individu ayant été condamné pour vol, escroquerie ou abus de confiance.

M PERTE OU DESTRUCTION DE LA VALIDATION DU PERMIS DE CHASSER

S'adresser à la FDC qui a effectué la validation initiale. Les FDC ayant mis en place le guichet unique sont habilitées à délivrer les duplicata du titre de validation. Un nouveau document de validation portant la mention « duplicata » sera établi par la FDC.

N CONTACTS DE L'OFB

Toutes les demandes écrites concernant l'OFB sont à adresser à :

Office français de la biodiversité
BP 20
78 612 Le Perray-en-Yvelines Cedex
www.ofb.gouv.fr

Les différents formulaires administratifs évoqués (type CERFA) sont téléchargeables sur le site de l'OFB. Les montants financiers des différentes redevances ainsi que les articles législatifs sont mentionnés et réactualisés sur le même site.

O CONTACTS DES FDC ET DE LA FNC

Vous trouverez les contacts de l'ensemble des FDC sur le site de la FNC, rubrique « annuaire », sous-rubrique « carte des fédérations départementales ».

Fédération nationale des chasseurs
13 rue du Général Leclerc
92136 Issy-les-Moulineaux
Tél. : 01 41 09 65 10
Fax. : 01 41 09 65 20
contact@chasseurdefrance.com
www.chasseurdefrance.com

3 OÙ CHASSER ? OÙ NE PAS CHASSER ?

A DROIT ET INTERDICTIONS

Rappel : on peut chasser là où l'on possède un droit de chasse ou un droit de chasser. Toutefois, les choses sont en réalité plus complexes, le principe souffre d'exceptions concernant :

- des territoires au statut particulier ;
- des territoires où la chasse est interdite ;
- des restrictions au droit de chasse sur les territoires autorisés.

B LES FORÊTS DOMANIALES

Forêts appartenant à l'État, soumises au régime forestier et gérées par l'Office national des forêts (ONF). Elles couvrent 1 800 000 ha, soit 13 % de la forêt française. La chasse dans les forêts d'État n'est libre nulle part, car celles-ci sont :

- adjugées pour une période de trois ans renouvelable (la moitié de la forêt domaniale) ;
- louées à l'amiable ou « amodiées » à des ACCA ;
- exploitées par licences collectives annuelles à des équipes de chasseurs ;
- exploitées par licences individuelles annuelles ;
- exploitées par licences dirigées, c'est-à-dire à la journée ;
- mises en réserve pour une partie moindre.

C LE DOMAINE PUBLIC MARITIME

Il comprend : la mer dans la limite des eaux territoriales, jusqu'à 22 km (12 milles marins) au large des côtes ; le rivage de la mer, la partie que la mer couvre et découvre entre ses eaux les plus hautes et les plus basses ; les lais et relais de la mer, ou terrains que la mer a cessé de couvrir soit parce qu'elle recule, soit parce qu'on les a protégés par des digues ; les ports, havres et rades ; les étangs et plans d'eau salée en communication directe avec la mer (milieux dits « lacunaires ») ; la partie des fleuves, rivières et canaux affluant à la mer située en aval de la limite de salure des eaux (du point jusqu'où remontent les plus grandes marées). L'ensemble couvre 5 500 km de côtes réparties en quatre zones : le littoral de la Manche, le littoral atlantique, le littoral méditerranéen et la Corse.
Sur ces 5 500 km : environ 900 km sont mis en réserve ; plus de 3 000 km sont loués aux associations de chasse maritime, dans lesquelles opèrent près de 50 000 chasseurs ; le reste est plus ou moins urbanisé et soustrait à la chasse. Aussi, la chasse sur le domaine public maritime n'est libre nulle part. À noter que les gabions ont été recensés et leur nombre plafonné au chiffre existant à l'origine.

La chasse est prohibée : au-dedans des jetées des ports ; à moins de 300 mètres des établissements de pêche maritime, des installations fixes situées en mer (phares, balises) et du point de mouillage des navires ; dans les réserves ; aux chasseurs qui n'ont pas adhéré à l'association de chasse maritime de l'endroit où ils chassent.
L'implantation d'un réseau assez dense et homogène de réserves constitue sans doute l'acquis le plus important de l'organisation de la chasse sur le domaine public maritime et la meilleure garantie de son avenir. Il offre au gibier d'eau comme aux espèces protégées les vastes surfaces d'hivernage et d'escale nécessaires au maintien et au renouvellement de leurs effectifs. Ce qui ne veut pas dire que ce réseau est encore suffisant, notamment à cause des dérangements excessifs auxquels les oiseaux sont trop souvent soumis du fait de l'homme (tourisme, camping et pêche sauvages, chasse photographique anarchique...).

D LE DOMAINE PUBLIC FLUVIAL

Ce domaine comprend tout fleuve, rivière ou canal figurant sur la nomenclature des voies « flottables ou navigables ». La limite étant le lit du fleuve coulant à pleines eaux avant de déborder. Il faut y ajouter des cours d'eau qui ne sont plus navigables ou flottables et qui n'appartiennent pas au domaine privé, ainsi que des réservoirs et autres plans d'eau douce.
Extrêmement varié, le domaine public fluvial couvre environ 12 800 km de cours d'eau et 45 700 ha de plans d'eau. Sur cet ensemble, 2 500 km et environ 20 000 ha ont été mis en réserve. C'est d'autant plus important que les fleuves et les larges rivières jouent un rôle de refuge capital lorsque les zones d'étangs sont gelées. Le reste est découpé en 14 500 lots de chasse adjugés par enchères publiques au plus offrant. Exceptions : amodiations à des ACCA ou à des chasses privées riveraines (pour éviter d'y introduire des enclaves) et de rares licences individuelles. Aussi, la chasse sur le domaine public fluvial n'est libre nulle part.

Sur le domaine public fluvial, il est interdit de :
- circuler en attitude de chasse sur les chemins de halage (si bien qu'en de nombreux endroits, on ne peut pratiquement chasser qu'en bateau) ;
- se tenir dans une propriété riveraine sans l'autorisation du détenteur de son droit de chasse ;
- chasser dans les réserves ;
- tirer le gibier sédentaire, à l'exception des nuisibles.

Rendue très délicate par des problèmes de pénétration dans les territoires de bois et de plaine qui les bordent, la chasse sur le domaine public fluvial n'est pas encore organisée de façon satisfaisante. Depuis 1993, il est créé dans chaque département concerné une commission départementale de la chasse du gibier d'eau sur le domaine public fluvial. Elle est consultée par le préfet sur les demandes de participation à l'adjudication publique en vue d'obtenir la location d'un ou de plusieurs lots déterminés.

E LES ENCLOS

Il s'agit de territoires :

- attenants à une habitation ;
- entourés par une clôture continue et constante (permanente donc) faisant obstacle à toute communication avec les territoires voisins et empêchant complètement le passage du gibier à poil et de l'homme. Il est admis qu'une telle clôture doit être haute d'au moins 2 mètres et enterrée d'environ 40 centimètres.

À condition d'être porteur d'un permis de chasser en règle (donc d'avoir au moins 16 ans), on peut y chasser le gibier à poil sans aucune restriction de temps :

- n'importe quel jour de l'année ;
- même la nuit ;
- même par temps de neige ou de calamités.

En revanche, la chasse du gibier à plume reste soumise aux règles générales. Par ailleurs, depuis la loi de 2019, hormis les chasses commerciales avec habitation attenante (et sous conditions), les lâchers de sangliers sont interdits dans les enclos que l'espèce soit classée gibier ou susceptible d'occasionner des dégâts. La multiplication des enclos pose d'épineux problèmes :

- risque d'extension du privilège à certains gibiers à plume susceptibles d'élevage (faisan, perdrix et colvert) ;
- difficulté du contrôle et de la répression les agents verbalisateurs ne pouvant pénétrer dans les enclos que sur commission rogatoire d'un magistrat ;
- risque de pollution génétique due à la présence d'animaux aux origines génétiques douteuses.

F LES RÉSERVES

Le principe des réserves est d'interdire d'y chasser. Leur raison d'être est de protéger le gibier sédentaire et/ou le gibier d'eau migrateur. On peut y détruire les nuisibles comme partout ailleurs, y compris au moyen de battues administratives.
En fonction de leur statut juridique et de leur gestion, on distingue six catégories de réserves :

- la réserve simple. Tout détenteur d'un droit de chasse peut en créer une sur son territoire sans aucune formalité particulière. Il est en droit de poursuivre et de faire condamner toute personne surprise en train d'y chasser ;
- la réserve agréée de l'ACCA ou AICA. Elle est établie obligatoirement sur au moins 10 % de son territoire. L'association n'est pas obligée d'en signaler les limites par des panneaux, mais presque toutes le font. Ces limites doivent être publiées à la mairie ;

- la réserve approuvée. Tout détenteur d'un droit de chasse peut en créer une sur son territoire. La réserve doit être signalée par des plaques tricolores. Les réserves des forêts domaniales, du domaine public fluvial et du domaine public maritime sont des réserves approuvées. On appelle « réserves de l'OFB » celles qui sont directement gérées par cet établissement (près de 20 000 ha) ;
- la réserve nationale. Réserve approuvée d'un intérêt tout particulier. Créée par décret ministériel, elle est gérée en tout ou en partie par l'OFB. Les réserves nationales de chasse jouent un rôle éminent dans le renouveau actuel des espèces de grand gibier ;
- la réserve naturelle. Elle permet d'assurer la protection – même contre le gré des propriétaires – de richesses de toutes sortes. Chaque réserve naturelle fait l'objet de dispositions particulières en fonction de sa raison d'être et la chasse y est rarement interdite ;
- les parcs. Le parc national est une importante fraction de territoire mise à l'abri des interventions humaines. La chasse y reste autorisée en tout ou en partie, généralement interdite en zone centrale (sauf dans celui des Cévennes).

Les réserves concernent près de 2,5 millions d'hectares, soit environ 6 % du domaine chassable français. Les réserves des ACCA et des AICA représentent à elles seules plus de la moitié de ce total. Mais les résultats ne sont pas toujours à la hauteur des espérances dans certains cas. La pauvreté du territoire fait alors qu'on n'enregistre aucune renaissance notable de la faune. Dans d'autres, au contraire, celle-ci devient si abondante qu'elle ravage la flore et finit par payer un lourd tribut à des épizooties. Telles que la kérato-conjonctivite de l'isard, la brucellose du bouquetin, la tuberculose du blaireau, du sanglier et du cerf, les pestes porcines classique et africaine du sanglier, etc. La mise en réserve n'est pas une solution miracle et ne saurait être un but en soi, mais un moyen de protection et de gestion parmi d'autres, à manier avec prudence et à étudier au cas par cas.

G LES INTERDICTIONS DE CHASSE

Il existe d'autres endroits dans lesquels la chasse est interdite, pour des raisons de sécurité évidentes :
- à l'intérieur des villes et des villages ;
- sur les routes et les chemins publics ;
- sur les chemins privés et les chemins de halage, sauf autorisation du propriétaire ;
- sur les voies ferrées et leurs dépendances ;
- dans les vignes non vendangées ainsi que sur les terres préparées, ensemencées ou couvertes de récoltes, sauf autorisation du propriétaire. Un terrain est « préparé » lorsqu'il est fumé, labouré ou hersé. Il est « ensemencé » lorsque la graine y a été déposée. Les prairies naturelles sont considérées comme des terrains ensemencés en tout temps.

H LES INTERDICTIONS DE TIR ET DE DROIT DE SUITE

En théorie, l'ouverture générale ne concerne entièrement que le petit gibier sédentaire et les « nuisibles ». Malgré son nom, il ne faut pas s'imaginer qu'elle autorise à tirer Le droit de chasse ou de chasser ne concerne pas que le sol, mais tout l'espace à la verticale de ses limites. Par conséquent, les règles relatives au tir sont les mêmes pour le gibier à plume que pour le gibier à poil :

- si le gibier se trouve sur la propriété voisine, il est interdit de le tirer même quand on l'a levé sur son propre terrain de chasse ou quand on peut espérer qu'il va y tomber. On commet alors « l'infraction de chasse sur autrui » ;
- si le gibier a été tiré sur son propre terrain de chasse mais va tomber sur la propriété voisine, il est permis d'aller l'y ramasser, à condition d'abandonner ou de désarmer son fusil. La règle est qu'on ne doit pas avoir besoin de tirer de nouveau sur lui pour l'achever. Le « droit de suite » reconnu aux chasseurs à courre est une interprétation de ce texte, mais il ne peut valoir qu'à trois conditions :
    - qu'il s'agisse bien de chiens courants ;
    - que l'animal de chasse ait été lancé sur un territoire pour lequel le maître d'équipage détient le droit de chasse ou un droit de chasser ;
    - que celui-ci ait tout essayé pour « rompre » ses chiens (les arrêter) à leur arrivée sur le terrain d'autrui.

Enfin, pour des raisons de sécurité publique, il est interdit de tirer à moins de 150 mètres en direction des habitations, stades, routes...

4 QUAND CHASSER ?

A OUVERTURE ET FERMETURE GÉNÉRALES

Elles concernent la chasse à tir (dont à l'arc) et la chasse au vol. La date d'ouverture dite générale est variable selon de grands secteurs géographiques :

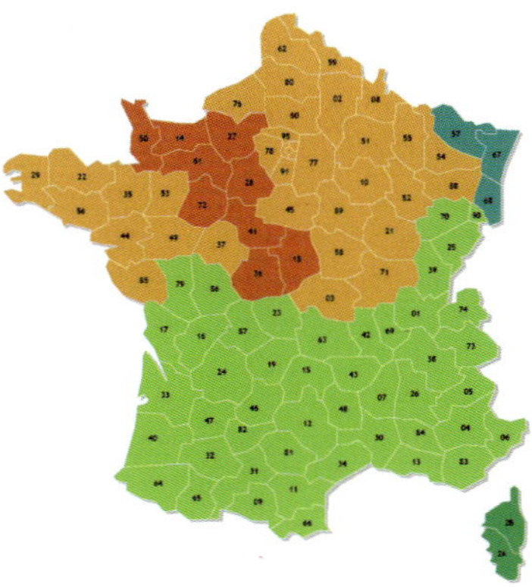

- le 23 août pour le Bas-Rhin, le Haut-Rhin et la Moselle ;
- le 1er dimanche de septembre pour la Corse ;
- le 2e dimanche de septembre pour la moitié sud ;
- le 3e dimanche de septembre pour la majorité des départements de la moitié nord ;
- le 4e dimanche de septembre pour une dizaine de départements du Centre, des Pays de la Loire et de Normandie (les trois derniers secteurs varient selon les saisons).

La date de clôture générale ou « fermeture » est fixée au plus tard, pour toute la France, au dernier jour de février. En pratique, la fermeture intervient à des dates plus précoces, dès l'automne pour les petits gibiers de plaine sédentaires, dès fin janvier pour le gibier d'eau. Le calendrier cynégétique est très complexe, néanmoins le chasseur le connaîtra en consultant l'arrêté préfectoral qui en regroupe la totalité des détails. Il vérifiera ainsi les précisions en termes de dates, de lieux et de modes de chasse. La totalité des arrêtés préfectoraux est consultable sur le site ofb.gouv.fr (« chasser dans les règles », puis « dates d'ouverture de la chasse »). Concernant précisément les oiseaux de passage et le gibier d'eau, les dates d'ouverture de la chasse sont définies par l'arrêté ministériel du 24 mars 2006 et les dates de fermeture de la chasse sont définies par l'arrêté ministériel du 19 janvier 2009 (voir le site legifrance.gouv.fr).

B OUVERTURES ET FERMETURES SPÉCIFIQUES

Le but est d'adapter au plus près la période de chasse au cycle de vie (nidification, élevage, reproduction) et de migration des gibiers, afin de conserver un bon état des populations. Autrement dit, le chasseur doit pouvoir chasser quand les espèces sont là, mais doit cesser de chasser quand elles sont en période « cruciale ». Oiseaux (essentiellement migrateurs), petits mammifères et petits gibiers de montagne sont concernés car ils constituent autant d'espèces malmenées par l'agriculture et l'aménagement du territoire (urbanisme, routes, voies de chemin de fer, pistes de ski...).

Ainsi des ouvertures de la chasse de certaines espèces sont plus précoces que l'ouverture générale, et des fermetures sont plus précoces que la fermeture générale. Afin d'affiner la gestion et d'adapter la diversité des modes de chasse au calendrier des espèces, de multiples restrictions et limitations « enrichissent » le calendrier du chasseur. Restrictions et limitations concernent la période, le mode de chasse et le lieu.

Mais encore, le tir d'été (dès le 1er juin) du chevreuil et du sanglier – et du renard par la même occasion – ne peut être qu'individuel, pratiqué à l'approche et l'affût. Ce même tir d'été du sanglier devra se faire dans les cultures afin de les rendre inhospitalières, en vue de participer à la lutte contre les dégâts agricoles. La vénerie, pour sa part, détient un calendrier long (du 15 septembre au 31 mars) pour deux raisons majeures : sa pression de chasse est des plus faibles, et les meutes nécessitent particulièrement une longue période de chasse pour que les chiens d'ordre soient bien « créancés », tout cela en tenant compte de qualités de voie aléatoires et très variables.

L'Alsace (Bas-Rhin et Haut-Rhin) et la Moselle bénéficient d'un calendrier cynégétique particulier, hérité du droit allemand. Il offre des dates d'ouverture nettement précoces (à partir de la mi-avril), et une date de fermeture principale qui a lieu également plus tôt (1er février).

Principales dates d'ouverture et de fermeture de la chasse

(Ces dates sont les plus « larges » prévues par la loi. Toutes les FDC ne les appliquent pas de la même façon et bien souvent apportent des limitations de temps, de territoires et de moyens. Rappel : se reporter à l'arrêté préfectoral.)

Grand gibier	Ouverture	Fermeture
Sanglier (chasses silencieuses, avec autorisation préfectorale)	1er juin	août-septembre
Sanglier (battues dans les cultures)	juillet-août	ouverture générale
Sanglier (tous modes de chasse à tir)	août-septembre	31 mars
Chevreuil mâle, daim (chasses silencieuses, avec autorisation préfectorale)	1er juin	ouverture générale
Cerf mâle (chasses silencieuses, avec autorisation préfectorale)	1er septembre	de l'ouverture générale à mi-octobre
Cerf sika, mouflon (chasses silencieuses, avec autorisation préfectorale)	1er septembre	ouverture générale
Cerf, cerf sika, chamois, chevreuil, daim, isard, mouflon (tous modes de chasse à tir)	ouverture générale	fermeture générale

Petit gibier à plume	Ouverture	Fermeture
Caille des blés	dernier samedi d'août	20 février
Tourterelle des bois	chasse suspendue sur l'ensemble du territoire métropolitain	
Alouette des champs	ouverture générale	31 janvier
Faisans, perdrix grise et rouge	ouverture générale	variable jusqu'à la fermeture générale
Pigeon biset, pigeon colombin, pigeon ramier	ouverture générale	10 février
Grive draine*, grive litorne*, grive mauvis*, grive musicienne*, merle noir*	ouverture générale	10 février
Bécasse des bois, tourterelle turque	ouverture générale	20 février
Pigeon ramier** (à poste fixe matérialisé de main d'homme)	ouverture générale	20 février
Corbeau freux, corneille noire, étourneau sansonnet, geai des chênes, pie bavarde	ouverture générale	fermeture générale

* Plus d'une quinzaine de départements du Sud-Est ferment la chasse des turdidés le 20 février. ** Une douzaine de départements du Sud-Ouest autorisent la chasse au posé dans les arbres à l'aide d'appelants vivants et/ou artificiels jusqu'à cette date.

Petit gibier à poil	Ouverture	Fermeture
Lapin, lièvre	de l'ouverture générale à octobre	de octobre à la fermeture générale
Belette, blaireau, chien viverrin, fouine, hermine, martre, putois, rat musqué, ragondin, raton laveur, vison d'Amérique	ouverture générale	fermeture générale
Renard (dans le cadre des chasses silencieuses, avec autorisation préfectorale)	1er juin	ouverture générale
Renard (tous modes de chasse à tir)	ouverture générale	fermeture générale

Gibier d'eau dans les marais intérieurs (hors domaine public maritime)	Ouverture	Fermeture
Foulque macroule, poule d'eau, râle d'eau	15 septembre	31 janvier
Canard colvert, canard pilet, canard siffleur, canard souchet, garrot à œil d'or, sarcelle d'été, sarcelle d'hiver	1er jour de la 3e décade d'août	31 janvier
Canard chipeau, fuligule milouin, fuligule morillon, nette rousse	15 septembre	31 janvier
Eider à duvet, fuligule milouinan, harelde de Miquelon, macreuse brune, macreuse noire	1er jour de la 3e décade d'août	10 février
Oie des moissons, oie cendrée, oie rieuse, oie bernache du Canada	1er jour de la 3e décade d'août	31 janvier
Bécassine des marais*, bécassine sourde*	1er samedi d'août	31 janvier
Barge à queue noire	chasse suspendue sur l'ensemble du territoire métropolitain	
Courlis cendré	chasse suspendue sur l'ensemble du territoire métropolitain	
Barge rousse, bécasseau maubèche, chevalier aboyeur, chevalier arlequin, chevalier combattant, chevalier gambette, courlis corlieu, huîtrier-pie, pluvier argenté, pluvier doré	1er jour de la 3e décade d'août	31 janvier
Vanneau huppé	ouverture générale	31 janvier

* Jusqu'au 1er jour de la 3e décade d'août, la chasse de ces oiseaux est autorisée sur les seules prairies humides et les zones de marais non asséchées spécifiquement aménagées pour la chasse de ces espèces, par la réalisation de platières et la mise en eau, entre 10 et 17 heures.

Gibier d'eau sur le domaine public maritime	Ouverture	Fermeture
Foulque macroule, poule d'eau, râle d'eau, canard chipeau, canard colvert, canard pilet, canard siffleur, canard souchet, fuligule milouin, fuligule morillon, garrot à œil d'or, nette rousse, sarcelle d'été, sarcelle d'hiver, oie des moissons, oie cendrée, oie rieuse, oie bernache du Canada, bécassine des marais, bécassine sourde, barge rousse, bécasseau maubèche, chevalier aboyeur, chevalier arlequin, chevalier combattant, chevalier gambette, courlis cendré, courlis corlieu, huîtrier-pie, pluvier argenté, pluvier doré	1er samedi d'août	31 janvier
Eider à duvet*, fuligule milouinan*, harelde de Miquelon*, macreuse brune*, macreuse noire*	1er samedi d'août	10 février
Barge à queue noire	chasse suspendue sur l'ensemble du territoire français	
Vanneau huppé	ouverture générale	31 janvier

Petit gibier de montagne	Ouverture	Fermeture
Grand tétras	plan de chasse zéro appliqué volontairement par les FDC sur l'ensemble du territoire métropolitain	
Petit tétras	3e dimanche de septembre	11 novembre
Gélinotte des bois, lagopède alpin, perdrix bartavelle, lièvre variable, marmotte	ouverture générale	11 novembre

Vénerie sur et sous terre et chasse au vol	Ouverture	Fermeture
Vénerie	15 septembre	31 mars
Vénerie sous terre	15 septembre	15 janvier
Vénerie sous terre du blaireau (période complémentaire éventuelle, lutte contre les dégâts agricoles)	15 mai	ouverture générale
Chasse au vol	ouverture générale	fermeture générale

* Du 1er au 10 février, la chasse de ces canards ne peut se pratiquer qu'en mer, dans la limite de la mer territoriale.

C LES JOURS ET CONDITIONS PARTICULIÈRES

Le jour de non-chasse

Pendant la période d'ouverture générale, de nombreux arrêtés préfectoraux interdisent la chasse un ou deux jours par semaine. Ceux-ci ne peuvent jamais être des jours fériés. En revanche, beaucoup de sociétés n'autorisent la chasse qu'un ou deux jours par semaine, voire moins. Notons encore que toute forme de chasse est souvent interdite en forêt domaniale le dimanche, et souvent limitée à la vénerie le samedi dans les forêts de plaine.
Il n'existe pas de jour de non-chasse imposé par la loi. Ce qui est logique et raisonnable, car au nom de quoi pourrait-on interdire la chasse tel ou tel jour ? Si c'est la sécurité, le problème demeure chaque jour ! De plus, peut-on interdire la chasse sur des territoires privés ? En revanche, il est indispensable que les chasseurs réfléchissent à la notion de partage du territoire, ce qu'ils font d'ailleurs déjà, comme nous l'avons constaté ci-avant. La pratique cynégétique doit évidemment tenir compte de l'évolution des choses.

La nuit

La loi autorise la chasse du gibier d'eau la nuit à partir de postes fixes tels que hutteaux, huttes, tonnes et gabions existant au 1er janvier 2000 dans les départements où cette pratique est traditionnelle. Ces départements sont : l'Aisne, les Ardennes, l'Aube, l'Aude, les Bouches-du-Rhône, le Calvados, la Charente-Maritime, les Côtes-d'Armor, l'Eure, le Finistère, la Haute-Garonne, la Gironde, l'Hérault, l'Ille-et-Vilaine, les Landes, la Manche, la Marne, la Meuse, le Nord, l'Oise, l'Orne, le Pas-de-Calais, les Hautes-Pyrénées, les Pyrénées-Atlantiques, la Seine-Maritime, la Seine-et-Marne et la Somme.

Le matin et le soir

L'arrêté d'ouverture du plus grand nombre de départements limite non seulement les jours, mais aussi les heures de chasse. Par exemple : de 8 heures à 19 heures en début de saison, moins ensuite. Raison : empêcher les chasses à l'affût à l'aube et au crépuscule, particulièrement meurtrières pour le petit gibier.
Échappent à ces restrictions : la vénerie, la régulation des petits prédateurs, l'approche et l'affût des grands animaux soumis au plan de chasse et la chasse de certains migrateurs.
Pour permettre, dans des conditions strictement contrôlées et de manière sélective, la chasse de certains oiseaux de passage, le ministre donne le droit de chasser le gibier d'eau à la passée, à partir de deux heures avant le lever du soleil et jusqu'à deux heures après son coucher, heures légales.

La mi-journée

De nombreuses sociétés communales appliquent une pause de 12 à 14 heures dans un double but : laisser au gibier un peu de répit et interdire à des acharnés d'opérer seuls (voire de braconner) pendant que la plupart se restaurent.

Par temps de neige

Par principe, la chasse par temps de neige est interdite en tout lieu. Toutefois, la règle multiplie les exceptions (variables selon les FDC) : la chasse du grand gibier, la chasse à tir du gibier d'eau (uniquement au-dessus de l'eau), du renard, du lapin et du pigeon ramier, la vénerie, le déterrage. Ces exceptions reposent sur la lutte contre les dégâts, la prédation et les spécificités (vénerie). Les chasseurs de gibier d'eau, notamment, devront se restreindre en cas de période neigeuse et de froid prolongée, au risque que des « hécatombes » soient perpétrées.
On considère qu'il y a temps de neige lorsque la terre en est généralement couverte, sans qu'il soit fait exception pour les endroits où elle a fondu. Ceci dans un but de protection du gibier qui se réfugie dans de tels lieux, mieux exposés et offrant encore de la nourriture.

Les calamités

En cas d'incendie, d'inondation, de gel prolongé ou de toute autre calamité, le préfet peut suspendre la chasse, de tout gibier ou de certaines espèces, sur tout ou partie du département, pendant une période de dix jours renouvelable.

5 LIMITATIONS DES TABLEAUX DE CHASSE

A LE PRINCIPE DU PLAN DE CHASSE

Le plan de chasse (alors « plan de tir ») est apparu pour la première fois en France en 1954. Il fut mis en œuvre par une poignée de chasseurs de grand gibier menés par l'industriel, résistant et mécène François Sommer. À l'origine, le principe du plan de chasse était de cadrer la chasse du grand gibier, lequel souffrait d'une pression cynégétique anarchique et excessive. Il devint obligatoire et national en 1978 pour l'ensemble des espèces de grand gibier, excepté le sanglier.
Outil de gestion, le plan de chasse fut par la suite appliqué au petit gibier sédentaire (lièvre, faisan, perdrix...) ou migrateur sur la base du volontariat. Dans ces conditions, le plan de chasse prévoit de chasser moins ou pas du tout pendant une période, le temps que l'espèce abonde de nouveau, cela bien sûr avec contrôle (comptage) de l'évolution des populations.
Le principe a si bien fonctionné et l'évolution de l'environnement a joué un tel rôle que le plan de chasse doit dorénavant être appliqué pour limiter des espèces – de grand gibier uniquement – en expansion. En fait, ce moyen technique doit être considéré comme un robinet que l'on ouvre et que l'on referme en fonction de l'évolution des populations.
Pour le sanglier et le petit gibier sédentaire (lièvres, faisans, perdrix...) ou migrateur (bécasse...), des plans de chasse sont mis en œuvre à la demande des chasseurs locaux. Ces plans sont strictement volontaires.

Le plan de chasse s'accompagne du marquage et du contrôle du tableau ; pour cela, des systèmes de marquages inamovibles sont posés avant tout déplacement sur l'un des membres des animaux : bracelets plastiques, languettes autocollantes en papier plastifié, etc.

B LE PLAN DE CHASSE DU GRAND GIBIER

Objectif

Le plan de chasse fixe le nombre d'animaux à tirer sur des territoires précis, pendant la période de chasse légale. Il est fixé, après consultation des représentants des intérêts agricoles et forestiers, pour une période de trois ans révisable annuellement. Il tend à assurer le développement durable des populations de gibier et à préserver leurs habitats naturels. Sont concernés : chevreuil, cerf élaphe, daim, chamois, isard et mouflon.
Depuis 2014 est apparu le principe du plan de chasse triennal (d'une durée de trois ans). Si cela limite le nombre de réunions, allège le travail et le coût administratifs, cela offre également le risque de laisser augmenter ou de laisser chuter les populations, avec un temps de réaction décalé.

Principe

Pour assurer un équilibre agricole, sylvicole et cynégétique, le plan de chasse est appliqué sur tout le territoire national pour certaines espèces de gibier dont la liste est fixée par décret en Conseil d'État. Pour le sanglier, le plan de chasse est mis en œuvre après avis des FDC. Le plan de chasse, qui prend en compte les orientations du Schéma départemental de gestion cynégétique, est mis en œuvre après avis du Conseil départemental de la chasse et de la faune sauvage par le représentant de l'État dans le département. En cas de circonstances exceptionnelles, un nouveau plan de chasse se substituant à celui en cours peut être fixé. Depuis la loi agricole de septembre 2014, les intérêts financiers sylvicoles priment sur les intérêts faunistiques et cynégétiques dans l'élaboration des plans de chasse.
Dans le cadre du plan de chasse, il est institué, à la charge des chasseurs de sangliers, cerfs, daims, mouflons et chevreuils, mâles et femelles, une contribution au financement des dégâts aux cultures. Le montant du coût des bracelets est décidé annuellement lors de l'assemblée générale de chaque FDC.

Conséquences

- si la densité générale est jugée insuffisante, le plan de chasse global est de zéro. Dans l'Ile-de-Beauté, cas du cerf de Corse ;
- si le terrain de chasse est de surface trop restreinte, le plan individuel peut être égal à zéro ou ne pas être attribué tous les ans ;
- dès qu'il l'a rempli, le titulaire d'un plan individuel doit arrêter de chasser l'espèce en question, quelle qu'en soit par ailleurs la date de clôture ;
- le plan individuel étant lié au terrain de chasse, un titulaire n'a pas le droit de

donner ou de vendre un de ses bracelets à un autre titulaire, même s'il s'agit d'un voisin ; par contre, il peut faire chasser par ses sociétaires ou par des invités les animaux qui lui ont été attribués.

C LE PRÉLÈVEMENT MAXIMAL AUTORISÉ (PMA)

Dans des conditions déterminées par décret en conseil d'État, l'administration peut, après avis de la FDC et de l'OFB, fixer le nombre maximal d'animaux d'une espèce qu'un chasseur est autorisé à capturer dans une période déterminée sur un territoire donné. Le PMA n'est pas un outil de gestion pur comme l'est le plan de chasse ; en revanche, il est un outil de gestion éthique limitant de fait les tableaux, et surtout les abus.
Ainsi, le PMA bécasse a vu le jour le 31 mars 2011. Il autorise à chasser 30 oiseaux maximum par an et par chasseur, sachant que des FDC l'ont complété d'un quota hebdomadaire ou journalier. Chaque chasseur se voit remettre un carnet bécassier qu'il doit remplir le cas échéant et renvoyer à l'issue de chaque saison à sa FDC.

D LA VENTE DU GIBIER

Principe

La commercialisation du gibier ne peut être libre pour deux raisons : le braconnage serait non seulement plus difficile à contrôler, mais encouragé. De plus, la chasse légale pourrait tourner à des massacres motivés par l'appât du gain.

Les interdictions de vente

- tous les oiseaux gibiers, sauf le colvert, les faisans, les perdrix grise et rouge, le pigeon ramier, l'étourneau et la corneille ;
- tout le gibier à poil de montagne, sauf le mouflon ;
- les peaux et les spécimens naturalisés des petits carnassiers à fourrures : belette, hermine, fouine, martre et putois. On peut quand même faire naturaliser une fouine, une martre ou une belette, mais seulement pour la mettre chez soi.

Les limitations

Principe : la vente au détail de gibier mort n'est autorisée dans un département que lorsque la chasse de ce gibier y est ouverte. Aussi, une période d'ouverture est arrêtée à Paris, dans les Hauts-de-Seine, etc. Sans ce document, on ne pourrait trouver du gibier ni chez les commerçants, ni dans les restaurants de ces départements.

Cependant, il est interdit de vendre :

- pendant le premier mois de leur période d'ouverture, le lièvre et les perdrix dans la plupart des départements ;
- avant ou après la période d'ouverture générale, le grand gibier soumis au plan de chasse ;
- après la fermeture générale, les sangliers « détruits » en tant que « nuisibles ».

Ces règles concernent le gibier frais ou congelé. La vente au détail des conserves, pâtés ou terrines est autorisée toute l'année.

E LE TRANSPORT DU GIBIER

Principe

En règle générale, le transport du gibier est interdit pendant le temps où la chasse n'est pas permise dans le département. Cela afin de freiner le braconnage.

Les cas particuliers

- en période de non-chasse, les ACCA ou les sociétés de chasse peuvent transporter, dans le département, du gibier pour les repas associatifs non commerciaux qu'elles organisent ;
- le transport du gibier d'un département où la chasse est ouverte vers un département où elle ne l'est pas est autorisé si le gibier est transporté par un chasseur en mesure d'établir que le gibier a été légalement capturé et de justifier son origine ;
- le transport du gibier sauvage vivant nécessite, toute l'année, une autorisation individuelle délivrée par la DDT du département d'origine ;
- les détenteurs du droit de chasse et leurs préposés ont le droit de recueillir, pour les faire couver, les œufs de perdrix, faisans et cailles mis à découvert par la fauchaison ou l'enlèvement des récoltes.

Les interdictions temporaires

Dans chaque département, pendant le temps où la chasse y est permise, pour sauvegarder certaines espèces, le préfet peut, exceptionnellement, pour une période n'excédant pas un mois, en interdire la mise en vente, la vente, l'achat et le transport.
Le ministre chargé de la Chasse et le Conseil national de la chasse et de la faune sauvage peuvent, en vue d'assurer la survivance d'espèces de gibier de montagne menacées, interdire totalement, pour une durée maximum de trois ans, la mise en vente, la vente et l'achat sous toutes leurs formes, celles de pâtés et conserves par exemple, mais également le transport en vue de la vente.

6 TOUS LES MODES DE CHASSE

A LA CHASSE

Définition

Constitue un acte de chasse tout acte volontaire lié à la recherche, à la poursuite ou à l'attente du gibier ayant pour but ou pour résultat la capture ou la mort de celui-ci.

Cas particuliers

Ne constituent pas des actes de chasse les actions suivantes :

- l'acte préparatoire à la chasse antérieur à la recherche effective du gibier, y compris le repérage non armé du passage du gibier (faire le bois) ;
- la recherche du gibier faite par un auxiliaire de la chasse, (le traqueur) ;
- achever un animal mortellement blessé, aux abois ou au ferme ;
- pour un conducteur de chien de sang, procéder à la recherche d'un animal blessé ou contrôler le résultat d'un tir ;
- la curée ;
- les entraînements, concours et épreuves de chiens de chasse ou d'oiseaux de fauconnerie, autorisés par l'autorité administrative.

Les cinq modes de chasse légaux

- les chasses dites traditionnelles. Chasse à l'aide d'« engins » ;
- la chasse au vol. Ou « fauconnerie » et « autourserie » ;
- la chasse à courre, à cor et à cri. Ou « vénerie » ;
- le déterrage. Ou « vénerie sous terre » ;
- la chasse à tir. Tir à l'arme à feu et à l'arc.

Toutes les autres pratiques sont interdites, hormis des exceptions que l'on étudiera plus loin.

B LES CHASSES TRADITIONNELLES

Les chasses que la loi qualifie de « traditionnelles » sont celles employant des « engins », selon le terme ancien. Il s'agit de captures ne recourant pas à l'arme à feu, mais à des systèmes de piégeage et des filets. Ces pratiques constituent les plus anciens modes de chasse existants, antiques à préhistoriques (gluau notamment). On observe :

- la chasse du pigeon ramier (ou palombe) aux pantes et pantières dans le Sud-Ouest ;
- la chasse de l'étourneau sansonnet au filet en Normandie ;
- la chasse des grives à la tendelle dans l'Aveyron et en Lozère ;
- la chasse des grives et du merle noir au gluau (Alpes-de-Haute-Provence, Alpes-maritimes, Bouches-du-Rhône, Vaucluse, Var) ;
- la tenderie aux grives et au merle noir (Ardennes) ;

- la tenderie au vanneau huppé et au pluvier doré (Ardennes) ;
- la chasse de l'alouette des champs aux pantes (Gironde, Landes, Lot-et-Garonne, Pyrénées-atlantiques) ;
- La chasse de l'alouette des champs à la matole (Landes, Lot-et-Garonne).

Bien que ces pratiques effectuent des prises marginales, elles sont remises en cause par les associations environnementalistes et animalistes. Ainsi, la chasse au gluau a été jugée illégale par le Conseil d'État en 2021. Les quatre dernières chasses traditionnelles de la liste ont été suspendues en 2021 par le ministère en charge de l'Écologie.

C LA CHASSE AU VOL

Principe

Faire poursuivre et capturer le petit gibier à poil ou à plume, et plus rarement des chevreuils, par des oiseaux de proie dressés à cet effet.
Les rapaces étant protégés, on ne peut normalement ni les capturer, ni les détenir, ni les transporter, ni même les utiliser. Des autorisations préfectorales sont donc nécessaires, comme pour leur entraînement en dehors de la période d'ouverture générale. Chaque oiseau doit être muni d'une carte validée annuellement. Pour le reste, la chasse au vol obéit aux règles générales de la chasse à tir.

Techniques

- le bas-vol, pratiqué au ras du sol avec des autours (d'où son nom d'« autourserie »), des palombes, des éperviers ou des aigles ;
- le haut-vol, avec attaque en piqué depuis un point élevé du ciel par les diverses variétés de faucons (d'où son nom de « fauconnerie »).

Dans les deux cas, on lève en général le gibier au moyen de chiens d'arrêt.

D LA VÉNERIE OU CHASSE À COURRE

Principe

Faire poursuivre et forcer le petit ou le grand gibier à poil par une meute de chiens courants servie par des « veneurs » se déplaçant soit à pied, soit à cheval. L'ensemble s'appelle un « équipage ». Les animaux de vénerie sont : le sanglier, le cerf, le daim, le chevreuil (dite « grande vénerie »), le renard, le lièvre et le lapin (dite « petite vénerie »). Notons que seuls les cerfs mâles sont chassés à courre, car il s'agit de la seule espèce au sein de laquelle les chiens savent faire, à coup sûr, la distinction entre les sexes. Il n'existe plus d'équipage de daim.

Technique

Il s'agit d'une lutte de vitesse, d'endurance et de ruse entre le gibier (un seul animal à la fois) et les chiens, dressés à chasser en équipe. L'animal s'efforce de couper la voie odorante qu'il laisse dans son sillage et que suit la meute.

Pour cela, il multiplie les « ruses » :
- en traversant des endroits où il n'en laisse pas ou très peu (eau, cailloutis, routes) ;
- en cherchant à la mélanger à d'autres odeurs fortes (champs récemment épandés, troupeaux) ou à celle de ses congénères (change) ;
- en repassant plusieurs fois aux mêmes endroits (retour, crochet, double) ;
- en prenant un maximum d'avance (« se forlonger », ce qui permet l'atténuation du sentiment de l'animal chassé).

Résultats :
- plus l'animal est petit, plus son odeur est faible et volatile. Plus ses chances de l'emporter sont grandes. Lorsque les équipages de cerf prennent en moyenne deux fois sur trois, les succès des équipages de lièvre sont plus rares ;
- le temps joue un rôle capital. Certains jours, les odeurs les plus fortes se volatilisent presque aussitôt. D'autres jours, les plus faibles restent longtemps perceptibles. Un brutal changement (coup de vent, orage, averse de grêle) peut modifier complètement le cours d'une chasse ;
- par manque de souffle ou de jarret, les animaux malades ou blessés sont pratiquement condamnés d'avance. Au même titre que les loups dont ils ont pris la relève, les chiens courants assurent à merveille la police sanitaire des espèces qu'ils poursuivent ;
- l'homme ne peut et ne doit intervenir que le moins possible. D'une part, il a beaucoup plus de chances que les chiens de se tromper. D'autre part, une meute qu'il aiderait trop dans les difficultés deviendrait vite inefficace.

E LE DÉTERRAGE OU VÉNERIE SOUS TERRE

Principe

Il consiste à prendre sous terre un renard, un blaireau ou un ragondin à l'aide d'une petite meute de chiens spécialisés qui se relaient. On compte environ 1 500 équipages. Déjà à la Renaissance, le Poitevin Jacques du Fouilloux présente longuement son art dans son fameux traité *La Vénerie*.

Technique

Mis à la gueule d'un terrier, le chien en poursuit un occupant jusqu'à ce qu'il parvienne à « l'acculer » dans un fond de galerie dont il s'efforce de bloquer l'issue. Renseignés par les abois qu'ils localisent, les chasseurs creusent alors, à l'aide de barres de mines, une tranchée par laquelle ils saisissent l'animal avec des pinces. Celui-ci se défend soit en attaquant le chien pour forcer le passage et changer d'endroit, soit en essayant de gagner une issue dérobée (renard), soit en creusant pour s'isoler par un éboulis de terre (blaireau).
Les tranchées doivent être obligatoirement rebouchées au plus tard le lendemain. L'utilisation d'outils à moteur, de gaz explosifs ou toxiques injectés dans les terriers et de pièges est strictement interdite (arrêté du 21 mai 2015).

F LA CHASSE À TIR

Principe

Elle consiste à rechercher, à poursuivre, à guetter ou à attirer le gibier par toutes sortes de moyens, avec ou sans chiens, pourvu que la mise à mort soit faite avec une arme capable de lancer un projectile. Ce qui concerne à la fois la chasse avec une arme à feu (carabine et fusil) et avec un arc. La chasse avec une arquebuse est interdite par la loi.

Les chasses du petit gibier

la chasse au chien d'arrêt

Comme dans la chasse à courre, le véritable chasseur n'est pas l'homme mais un chien dressé à se coucher (« down ») ou à revenir au commandement (« rappel »), clefs de l'obéissance et de l'efficacité ; à quêter, à explorer le terrain de façon complète et méthodique en croisant devant son maître ; à arrêter, s'immobiliser dès qu'il a connaissance du gibier ; à couler au commandement, pour faire déguerpir (ou « lever ») le gibier une fois le chasseur en position de tir ; à rester sage au coup de feu, quel qu'en soit le résultat ; à rapporter sur ordre le gibier tué ou grièvement blessé.
Les chiens d'arrêt se divisent en deux grands groupes : les races continentales (braques, épagneuls, griffons korthals...), à la quête le plus souvent courte ou moyenne ; les races anglaises (pointer et setter), à la quête normalement plus étendue.
La chasse au chien d'arrêt se pratique seul ou par groupes de deux à trois fusils, lentement, neuf fois sur dix face au vent. Ses territoires sont aussi bien le marais (bécassines) et la montagne que le bois (bécasse ou faisan) et la plaine (perdrix).

la chasse buissonnière

Intermédiaire entre la précédente et la chasse en ligne. Ici, les chiens « bourrent » le gibier au départ sans l'arrêter. Ce sont soit des cockers, soit d'autres variétés de spaniels. Leur quête doit être très courte, sans quoi le tir serait impossible. Cette chasse se pratique dans tous les milieux plus ou moins couverts (bois, bocages, buissons, haies, maquis, garrigues), jamais en plaine. La chasse « à la billebaude » signifie chasser devant soi de manière aléatoire. Elle concerne les deux premières méthodes décrites.

la chasse en ligne

Autre mode de chasse devant soi pratiqué en grande plaine par une dizaine de chasseurs au moins se déplaçant côte à côte ou en arc de cercle, précédés de leurs chiens. En fonction du territoire et du vent, ils s'efforcent par des marches successives de concentrer le gibier dans une zone centrale bien pourvue en couverts, dont la traversée en fin de journée peut être alors particulièrement fructueuse.

la battue

Elle comprend comme ci-dessus une ligne marchante garnie ou non de chasseurs, mais également une ligne de chasseurs postés (d'autres pouvant l'être sur les ailes et en retour). Les participants ne trouvent à exprimer que leurs qualités de tireurs. Le concours de chiens de rapport (ou « retrievers ») est absolument nécessaire pour retrouver le gibier abattu : les races les mieux adaptées à ce travail sont le labrador et le golden.

la chasse aux chiens courants du lapin et du lièvre

Elle se pratique avec des meutes parfois disparates de sujets de faible taille : griffons, bassets, teckels, beagles et harriers, petit bleu de Gascogne, bruno du Jura, porcelaines... Même principe que pour la chasse à courre, mais des chasseurs tentent de se poster aux bons passages pour y tirer l'animal.

la chasse du lapin au furet

L'auxiliaire du chasseur est un proche parent du putois plus ou moins albinos et domestique. On le lâche à l'une des gueules d'un terrier dont on a préalablement débroussaillé les abords et dans lequel il pénètre. Sa forte odeur en alerte bientôt les habitants, qui jaillissent des autres gueules et qu'on tire à la sortie. À moins qu'on ait choisi de les capturer vivants (pour les relâcher sur place après vaccination ou pour repeupler d'autres territoires) dans de petits filets coulissants appelés « bourses ». Si le furet attrape un animal au trou, il en boit le sang et s'endort (on dit qu'il « colle »). Cette chasse peut être pratiquée librement dans les départements où le lapin est classé nuisible. Dans les autres, uniquement sur autorisation individuelle délivrée par le préfet.

l'affût

Il consiste à attendre ou à attirer le gibier dans un endroit déterminé. En pratique, ce mode de chasse est réservé à certains oiseaux migrateurs : pigeons, tourterelles, grives... ainsi qu'aux nuisibles.

Les chasses du grand gibier

la chasse aux chiens courants

Analogue à la chasse à courre mais dans laquelle on essaie de tirer l'animal au passage. Pratiquée surtout pour le chevreuil et le sanglier, elle emploie des sujets de grande taille provenant pour la plupart d'équipages de vénerie (grand anglo-français tricolore, français blanc et noir, billy, poitevin, grand gascon saintongeois, grand griffon vendéen, fox-hound, grand bleu de Gascogne...), mais encore des courants de petite taille (basset griffon vendéen, basset fauve de Bretagne, basset hound, basset bleu de Gascogne...).

la battue

Assez semblable à ce qu'on a vu pour le petit gibier. C'est un mode de chasse aujourd'hui des plus fréquents. Généralement, les chiens employés sont dits de petits pieds : terriers, teckels, fox et même chiens d'arrêt, labradors, springers...

la poussée

Parfois appelée « drücken », cette battue « douce » peut s'exercer à la limite avec un seul tireur (posté au passage le plus probable) et un seul rabatteur (qui s'efforce d'y « conduire » le gibier sans l'effrayer, en se déplaçant sous bois avec des allures de promeneur). Exigeant une parfaite connaissance du terrain, elle permet une identification et un tir très sûrs sans troubler la paix des bois ni décantonner longtemps les animaux.

l'approche

Parfois appelé « pirsch », ce mode de chasse individuel consiste à parcourir très lentement le territoire, à voir le gibier avant d'en être vu, à l'identifier avec précision (sexe, classe d'âge, état de santé), à l'approcher et à le tirer si possible arrêté quand on a décidé de le faire. Ou à se retirer aussi discrètement qu'on était venu dans le cas contraire. Si la chasse aux chiens courants ressemble à celle des loups, celle-ci s'apparente à celle du lynx : même importance de la vue (amplifiée par les jumelles et la lunette de tir), même aptitude à se fondre dans le décor (vérification constante du vent, tenue camouflée, marche silencieuse et masquée), même infaillibilité dans la phase finale (le tir appuyé remplaçant ici la brève poursuite ou le bond). La vigilance des vieux mâles est telle qu'on n'arrive guère à la déjouer qu'en saison de rut, y compris en imitant le brame du cerf ou l'appel de la chevrette en chaleur.

l'affût

Complément direct de l'approche, il est pratiqué par les mêmes chasseurs et souvent en même temps. Un affût pouvant déclencher une approche et une approche s'entrecouper d'affûts. L'affût permet une même sûreté dans l'identification et le tir. Les principaux instruments de cette technique sont le « mirador » et ses dérivés (« chaise haute » ou « chaise d'affût »). L'avantage de la pratique est qu'on inquiète moins les animaux en ne laissant traîner qu'un minimum d'odeurs.

la recherche au sang du grand gibier blessé

Encore plus nécessaire que celle du petit gibier, elle permet d'éviter :

- de longues agonies, d'autant qu'il n'y a plus de grands prédateurs pour les abréger ;
- des dépassements involontaires du plan de chasse ;
- un gaspillage de venaison.

Exigeant une technicité si grande qu'on peut la considérer à juste titre comme un mode de chasse à part entière, elle suppose que le chasseur :

- aille systématiquement contrôler sa balle, même s'il est convaincu d'avoir raté (le gibier doit être présumé atteint aussi longtemps qu'on n'a pas retrouvé le point d'impact) ;
- sache interpréter la réaction au coup de feu (bond, ruade, fléchissement...) et les indices laissés sur le sol (empreinte du pied, poils coupés, sang, éclats d'os et morceaux de chair ou de moelle) ;

- ne cherche pas à poursuivre lui-même au-delà de courtes distances ;
- balise soigneusement le lieu de tir et les premiers mètres de l'axe de fuite ;
- prévienne le jour même le conducteur d'un chien spécialisé.

Ce chien est très souvent un teckel ou un chien de rouge de Hanovre ou de Bavière ; mais pas forcément, la recherche étant une question de dressage plus que de race. Quant à la recherche, elle peut commencer quelques heures après le coup de feu ou le lendemain, en souhaitant qu'il ne tombe pas de pluie ou de neige pendant la nuit. Elle est parfois très longue (plus de 10 kilomètres) et souvent très difficile, un animal diminué ayant tendance à chercher refuge dans les remises les plus fourrées. La réussite se traduit soit par la découverte du cadavre, soit par une balle d'achèvement après mise au ferme par le chien.

Les chasses du gibier d'eau

la chasse à la botte

Consiste à parcourir discrètement, seul ou à plusieurs, un marais ou des prés humides en explorant tour à tour chaque plan d'eau, roselière, platière, etc. Royaume de l'inattendu, elle permet de tirer un peu de tout – bécassines et canards constituant le fond des tableaux. La présence de chiens d'arrêt est souhaitable, celle de chiens de rapport indispensable (labradors et autres). Cette chasse se pratique dans la journée en évitant de partir trop tôt, les oiseaux étant beaucoup plus fuyards de bon matin.

la battue

Très peu utilisée, sauf pour les bécassines et pour les foulques dans le Midi.

l'affût

Chasse à poste fixe sur un point de passage habituel des vols diurnes. Conditions nécessaires au succès : un camouflage parfait (naturel ou artificiel) et une patience à toute épreuve. L'utilisation de quelques colverts appelants favorise le tir des canards, celle de formes en bois ou en plastique et l'imitation de leurs cris, le tir des limicoles. Le plus grand calme est naturellement exigé du chien de rapport, dont un changement d'attitude peut toutefois révéler l'approche des oiseaux.

la passée

Autre chasse à l'affût, mais sur les parcours empruntés à l'aube et au crépuscule par des oiseaux se déplaçant entre leurs gagnages nocturnes et leurs reposoirs diurnes. Tir très rapide et toujours à courte distance, sur des ombres à peine entrevues et le plus souvent repérées au bruit (cris des limicoles, sifflements des sarcelles, ronflements d'ailes des autres canards). Temps favorables : brouillard ou tempête, les vols étant alors plus bas. L'emplacement du poste doit être choisi presque au mètre près. En raison de l'obscurité, le camouflage devient secondaire mais le chien de rapport est plus indispensable que jamais.

la hutte

Appelée aussi « tonne » ou « gabion ». Installation permanente construite au bord d'un plan d'eau douce ou salée qu'on appelle souvent une « mare ». Le but est de faire se poser les vols de canards juste devant la hutte, en les attirant par les cris d'« appelants » (« long-cri », « demi-cri », « court-cri ») « attelés » en fonction du vent. Le tir se fait « au posé », presque toujours en pleine nuit. La hutte peut être fixe ou flottante, un dispositif d'ancrage lui permet alors de monter ou de descendre au gré des marées. Pratiqué surtout dans les départements côtiers de la Manche et du Sud-Ouest (environ 8 000 installations recensées), ce mode de chasse prend toute son efficacité lors des grands coups de froid.

le hutteau

Installation mobile, parfois en bois mais d'ordinaire en toile cirée, que le chasseur enterre dans le sable ou la vase à proximité immédiate d'un lieu de nourrissage habituel des échassiers. L'élément capital est donc l'horaire des marées, l'affût proprement dit pouvant durer cinq ou six heures entre deux marées hautes. Situé le plus souvent en plein estuaire, le lieu choisi doit comporter à la fois une retenue d'eau permettant aux oiseaux d'y vermiller longtemps et un relief suffisant pour que le hutteau n'émerge qu'à peine de la vase sans prendre l'eau par le fond. Des formes judicieusement piquées (orientation, groupement) et l'imitation de ses cris aidant à leurrer le gibier.

la chasse en bateau

L'engin le mieux adapté étant appelé « punt » ou « pédalo » dans le bassin d'Arcachon. Moyen d'approcher des canards ou des foulques posés en pleine eau, mais le bateau doit être sans moteur et ne pas transporter plus de deux fusils. Sa pratique en mer est extrêmement difficile, voire dangereuse – au point d'être réservée à quelques marins expérimentés ayant reçu l'autorisation du chef de quartier des affaires maritimes.

Les interdictions

- certaines armes, munitions et équipements (tels les télémètres intégrés dans la lunette de visée à système de correction automatique de la visée) ;
- les sources lumineuses (flambeaux, lampes, torches, phares...) et les miroirs;
- les enregistrements de cris d'animaux pour les attirer ;
- les appelants ou les perdrix « chanterelles », sauf autorisations réservées au gibier de passage ou migrateur ;
- les instruments ou procédés susceptibles de capturer eux-mêmes le gibier : pièges, cages, filets, lacets, hameçons, gluaux, nasses, toxiques, poisons, drogue... Exceptions : la régulation des nuisibles ; les chasses aux oiseaux de passage dites « traditionnelles » (filets et « matoles » dans le Sud-Ouest, filets dans les Ardennes, « gluaux » dans le Midi, soit une douzaine de départements concernés) ; la reprise de certaines espèces de gibier vivant dans un but de repeuplement, sur autorisation préfectorale ;

- l'emploi de tout véhicule motorisé pour poursuivre, rabattre ou tirer le gibier (voiture, tracteur, bateau...). En plus des peines d'amende et de prison, le contrevenant s'expose à la confiscation du véhicule, même s'il appartient à un tiers ;
- les lévriers et les molosses pur-sang ou croisés et les chiens classés comme dangereux;
- la chasse à tir du faisan et de la perdrix au poste, à l'affût près d'un agrainoir, d'un sentier d'agrainage ou d'un abreuvoir ;
- la chasse à tir du gibier d'eau à l'agrainée (même principe que ci-dessus) ;
- la chasse à tir de la bécasse à la croule et à la passée ;
- la chasse à tir du grand gibier à proximité immédiate de dépôts de sel ou de dispositifs d'affouragement ;
- pour le chamois, l'isard et le mouflon, la chasse en battue et/ou l'emploi de chiens, sauf dans une quinzaine de départements.

G LES CHASSES DE DESTRUCTION

Principe

Elles consistent non pas à chasser les Espèces susceptibles d'occasionner des dégâts (Esod, autrefois appelés nuisibles) mais à les « réguler », pendant la période d'ouverture générale ou en dehors, y compris par certains moyens interdits à la chasse.
Le droit de destruction appartient au propriétaire ou au fermier. Celui-ci peut :

- y procéder personnellement ;
- y faire procéder en sa présence ;
- déléguer par écrit le droit d'y procéder. Mais dans ce cas, il ne peut pas demander en échange la moindre rémunération (en louant des postes de tir au pigeon ramier, par exemple).

Techniques

- les oiseaux de chasse au vol, sur autorisation préfectorale individuelle après la fermeture générale ;
- le déterrage du renard (qu'on peut alors enfumer à l'aide de produits non toxiques) et du lapin (au moyen de bourses et de furets) ;
- le tir, sur autorisation préfectorale individuelle et dans les conditions énumérées par l'arrêté départemental annuel obligatoirement publié avant le 1er décembre et qui entre en vigueur le 1er janvier suivant ;
- les « battues administratives » constituent un cas particulier – limite de destruction au fusil, puisqu'elles peuvent être imposées aux ayants-droit même contre leur volonté. Elles concernent généralement le renard ou le sanglier, parfois aussi le lapin ou d'autres espèces, suivant la situation locale ;
- le piégeage. Cette activité n'est soumise ni à des conditions d'âge, ni à la possession d'un permis de chasser. Aussi, les jeunes peuvent obtenir le droit de piéger sans attendre d'avoir 16 ans. Toutefois, le piégeage est très réglementé. Afin d'employer la majorité des pièges appartenant à l'une

des six catégories les répertoriant, le piégeur doit avoir suivi une session de formation et avoir reçu un agrément à vie et devenir piégeur « agréé ». Déclaration à la mairie, tenue d'un relevé des prises à envoyer au préfet sont quelques-unes des contraintes de cette technique.

Les interdictions

- l'utilisation des collets sans arrêtoir (instruments traditionnels du braconnier), des pièges à loutre, des pièges à feu ou de batteries d'armes à feu, des pièges à poteau ;
- le piégeage du sanglier (même dans les départements où il est classé nuisible) ;
- l'emploi du grand-duc vivant pour la destruction des becs droits ;
- la destruction en tout temps des nids et des couvées (cette mesure valant bien entendu a fortiori pour les oiseaux gibier ou protégés).

Dans les départements où une espèce est classée nuisible, les lâchers (sanglier et lapin) sans autorisation individuelle du préfet sont interdits.

7 INFRACTIONS ET SANCTIONS

Les risques encourus pour infraction à la législation de la chasse peuvent être regroupés en quatre catégories : trois sont de peines principales, une est de peines accessoires. Leur cumul et l'adjonction de circonstances aggravantes amènent parfois à un très haut niveau de peine. « Nul n'est censé ignorer la loi » : la bonne foi n'est jamais une excuse et ne fait donc pas disparaître l'infraction.

Amendes légères :

- défaut de port de permis ;
- passage sur un terrain préparé ou ensemencé ;
- passage sur un terrain couvert de récoltes.

Amendes :

- chasse sans permis ;
- chasse d'une espèce protégée ;
- chasse sur autrui en territoire ouvert ;
- infractions aux arrêtés ministériels, notamment l'arrêté réglementaire permanent sur la police de la chasse du département ;
- contraventions aux cahiers des charges ;
- capture ou destruction d'œufs, de couvées ou de portées ;
- transport illicite de gibier vivant ;
- dans le cadre du plan de chasse ou du PMA : non-marquage du gibier, vente, transport ou achat de gibier non marqué ;
- refus de montrer le contenu de son carnier ou de sa poche à gibier.

Amendes et possibilités de prison :

- chasse sur autrui en territoire enclos ;
- chasse dans les réserves agréées, approuvées et maritimes ;

- chasse avec des engins ou par des moyens prohibés ;
- chasse en temps prohibé. Qu'il s'agisse de la période de fermeture, des jours, des heures ou des périodes de suspension ;
- chasse en période de retrait ou de suspension du permis ;
- accidents de chasse.

Peines éventuelles:

- suspension et retrait du permis de chasser ;
- retrait du permis de conduire ;
- paiement des frais de visa et de la redevance nationale, en cas de chasse sans permis visé et validé ;
- confiscations diverses (des engins prohibés, des véhicules et même des armes).

Ceci, bien entendu, sans préjudice de poursuites civiles (dommages et intérêts) ou pénales (homicide ou coups et blessures involontaires) de la ou des parties lésées.

Circonstances aggravantes

- combinaison de plusieurs infractions. Exemple : chasse sur autrui dans des récoltes sur pied ;
- port d'un déguisement ou d'un masque, usage d'un faux nom ;
- menaces ou violences à l'agent verbalisateur ;
- emploi d'un véhicule, ne serait-ce que pour se rendre sur le lieu de l'infraction ou s'en éloigner ;
- récidive (moins de 12 mois entre le procès-verbal et l'infraction de chasse précédente) ;
- contravention à la loi sur la protection de la nature (destruction d'animaux appartenant à des espèces présentant « un intérêt scientifique particulier », chasse dans les réserves naturelles et les parcs nationaux).

Précisions utiles

- le complice peut être puni comme le délinquant lui-même :
- certains condamnés peuvent bénéficier de circonstances atténuantes ou du sursis ;
- la plupart des infractions relèvent de la compétence des tribunaux de police. Les plus graves seulement (notamment en cas de récidive) de celle des tribunaux correctionnels ;
- l'appel est toujours possible dans le second cas, mais à certaines conditions seulement dans celui de simples contraventions ;
- le délai de prescription n'est que d'un an pour celles-ci, mais de trois pour les délits sanctionnés par des peines de prison ;
- les condamnations sont inscrites au casier judiciaire suivant les dispositions du Code de procédure pénale ;
- le permis de chasser peut être retiré et les armes saisies pour une infraction à la police de la chasse.

CRÉDITS PHOTOGRAPHIQUES

Yvon J-C. : couverture
Macé T. : page 5

CHAPITRE 1

1. La sécurité et l'armement

Photos par n° de question

Allonneau F.-X. : page 9, questions n° 5, 6, 10, 30, 39, 57, 59, 60, 70, 71, 72.
Macé T. : 12, 69.

2. La faune sauvage

Illustrations par n° de question

Gall D. : 14, 20, 37, 92

Photos par n° de question

De l'agence Fotolia :

- Alonbou : 27, 57, 75, 112, 137
- Andreanita : 120
- Andreas Edelmann : 123
- andreazannella84 : 134
- Arnaud LATHUILLE : 59, 108, 110, 119
- chris2766 : 78
- creativenature.nl : 80
- crom : 15, 41
- dieter76 : 147
- dule964 : 126
- Erni : 3, 5, 12, 34, 79, 86, 95
- eSchmidt : 124
- feathercollector : 144
- Floriana : 54, 121
- foxy1 : 117
- gabylegeai : 35
- JAG IMAGES : 113, 140
- JMP de Nieuwburgh : 7, 36, 58, 85, 136
- John Maldoror : 130
- John Sandoy : 59
- johnbraid : 45, 131, 143
- joseph_hilfiger : 84
- jurryt23 : 44
- kaeptn_chemnitz : 42
- Karin Jähne : 38
- kerstiny : 111
- kyslynskyy : 129
- Maciej Olszewski : 122
- marcobarone : 83, 114, 149
- Ornitolog82 : 51
- panuruangjan : 150
- Photohunter : 26, 127, 128
- Rafael Ben-Ari : 2
- rck : 106
- Reddogs : 91
- rob francis : 148
- ryzhkov_sergey : 39, 81
- Scooperdigital : 47, 50
- sebtoja : 16, 30, 71, 72
- shalom3 : 33
- Soru Epotok : 48, 65, 66, 67, 68, 101, 116, 138
- Stephan Morris : 46, 135
- struve72 : 32, 77
- tassos1966 : 43, 107
- u.perreten : 118, 141
- UTOPIA : 90
- Uwe Ohse : 133
- vrabelpeter1 : 19, 40, 94
- Wolfgang Kruck : 52, 53, 151
- Ziga Camernik : 49

3. La chasse, la gestion et les chiens

Illustrations par n° de question

Gall D. : 1, 48, 50, 58

Photos par n° de question

Allonneau F.-X. : 6
Bûcheron O. : 25, 30

De l'agence Fotolia :

- arturas kerdokas : 31
- DragoNika : 10, 15
- Ivonne Wierink : 59
- José 16 : 9, 12, 13
- kwasny221 : 26
- Olympixel : 56
- Photohunter : 2, 27, 28
- pingu2004 : 14
- Rita Kochmarjova : 11
- Sally Wallis : 16
- Squance Photography : 20
- Vitaly Ilyasov : 7, 57
- Wolfgang Kruck : 29

4. Les lois et les règlements

Photos par n° de question

Allonneau F.-X. : 7
DR : 4, 111

De l'agence Fotolia :

- dieter76 : 67
- erikzunec : 46
- Erni : 10
- sebtoja : 5

CHAPITRES 2 À 7

Illustrations par n° de page

Gall D. : 130, 131, 132, 134, 135, 136, 137, 139, 140, 141, 142, 144, 145, 146, 148, 150, 153, 164, 168, 170, 174, 175, 178, 181, 185, 190, 191, 193, 197, 199, 200, 201, 203, 204, 205, 206, 211, 220, 225, 226, 228, 230, 235, 236, 237, 239, 257, 259, 260, 267, 286, 288, 292.

Photos par n° de page

Allonneau F.-X. : 93, 97, 105, 107, 111, 129, 157, 295.
Bûcheron O. : 258, 266 (2e et 3e).
Massit P. / OFB : 309.

De l'agence Fotolia :

- alex_bor : 211
- Alexander Erdbeer : 278
- Alois : 281 (bas)
- Alonbou : 184, 227 (haut)
- animalphotography.ch : 283
- Arnaud LATHUILLE : 231, 232 (haut)
- arturas kerdokas : 266 (4e)
- Bill : 238
- chris2766 : 247 (haut)
- chris32m : 172 (haut)
- creativenature.nl : 243 (4e)
- crom : 170
- davemontreuil : 242 (gauche)
- Devist : 232 (bas)
- dule964 : 180
- EcoView : 243 (3e)
- elharo : 234 (bas), 235 (milieu)
- Erik Mandre : 281 (haut)
- Erni : 186, 201, 209, 213, 230, 234 (haut), 243 (2e), 245 (bas), 247 (bas), 272, 279 (bas), 282
- eSchmidt : 207
- feathercollector : 233 (bas), 240 (haut)
- fotofinish100 : 237 (milieu)
- gabylegeai : 222 (haut)
- Gala_K : 243 (1er)
- geoffkuchera : 205
- hfox : 179
- impr2003 : 282
- JAG IMAGES : 229 (haut)
- JMP de Nieuwburgh : 216 (bas), 219 (droite)
- Johannes D. Mayer : 227 (bas)
- John Maldoror : 203
- johnbraid : 241 (bas)
- joseph_hilfiger : 219 (milieu)
- jurryt23 : 241 (haut)
- kaeptn_chemnitz : 239 (haut)
- kwasny221 : 182, 252 (bas)
- kyslynskyy : 198
- Lefteris Papaulakis : 276
- Luc PATUREAU : 217 (milieu)
- marcobarone : 219 (gauche), 228 (haut), 233 (haut)
- Marie Capitain : 236 (bas)
- Matteo : 234 (haut)
- mbz1 : 273
- Ornitolog82 : 235 (haut), 237 (haut)
- Photohunter : 199, 206, 251 (bas), 252 (haut), 266 (1er)
- Rafael Ben-Ari : 172 (bas)
- raulbaena : 222 (bas)
- rck : 224
- Reddogs : 217 (bas)
- Rolandst : 204
- ryzhkov_sergey : 197, 245 (haut)
- schaef : 192
- scooperdigital : 182
- sebtoja : 288 (haut)
- Soru Epotok : 187, 258 (gauche-droite)
- Stephan Morris : 196, 200
- struve72 : 264
- tassos1966 : 229 (bas)
- UTOPIA : 216 (haut)
- Uwe Ohse : 181
- veneratio : 265
- visceralimage : 239 (milieu), 244
- Vitaly Ilyasov : 164, 217 (haut)
- vrabelpeter1 : 291
- Westend61 : 279
- Wolfgang Kruck : 275, 240 (bas), 242 (droite), 251 (haut)
- Yvann K : 288 (bas)
- Ziga Camernik : 281 (haut)